三國演義 원문 읽기

삼 국 연 의

[上]

明 羅貫中 원저
清 毛宗崗 평점
陳起煥 역주

明文堂

精校全圖 繡像三國志演義

上海鴻文書局印行

一

《三國演義》의 열성 독자는 원문을 읽는다!

*《三國演義》를 읽다보니!

　필자가 처음《三國志》를 접했을 때는 소략한 번역본이었다. 그래도 그 놀라움에 필자는 압도됐었다. 나중에 漢文을 공부하고 '이 정도면 원문을 읽을 수 있겠지!' 하면서《三國志》懸吐本(현토본)을 읽기 시작했지만, 궁금한 부분이 더 많았다.

　三顧草廬(삼고초려) 이야기를 읽는데, 諸葛亮(제갈량)이 낮잠을 자다가 벽 쪽으로 돌아눕는다. 原文의 '~ 忽又朝裏壁睡着'에서 朝의 뜻을 정말 이해할 수 없었다. 옥편의 여러 뜻을 뒤져보아도 이해가 되질 않았다. 나중에 중국어를 공부하면서, 朝에 '~을 향하다'라는 뜻이 있다는 것을 알았다. 필자는 中國語를 공부한 뒤에야《三國志》를 제대로 읽을 수 있었다.

　우리나라에서《三國志》의 독자층이 많다 보니, 완역본도 여러 종류가 출판되었고 관련 서적 또한 홍수처럼 쏟아져 나왔다. 필자도《三國

志》와 관련되는 몇 권의 책을 연이어 출판하면서 독자로부터 '어떻게 하면 原文을 읽을 수 있느냐?'는 질문을 여러 번 받았다.

그러나 아직 우리나라에서는 原文을 읽을 수 있도록 독자를 도와주는 책이 없다. 우리나라《三國志》독자들의 수준이 이렇게 높고 다양한데… 소설 원문을 보여주는 책이 없다니!

＊正史《三國志》에서《三國演義》로!

이제 우리나라에서도 正史《三國志》와 소설《三國演義》를 구분하여야 한다. 그리고《삼국연의》의 고급 독자라면《삼국연의》를 바로 알고, 그 원문을 읽을 수 있어야 한다.

陶淵明(도연명)의 詩를 번역본으로 읽지만, 진정으로 도연명을 좋아한다면, 또 唐의 詩佛(시불)로 불리는 王維(왕유)의 시에 공감하는 분이라면 그들 시의 원문을 독해하고 감상할 때, 그 기쁨은 번역본을 읽을 때와는 정도가 다르다.

우리나라《삼국연의》의 독자층은 매우 다양하다. 그중에서도 漢文에 상당한 소양을 갖고 있으며 원문에 관심을 가진, 진정 열성적인 독자가 많이 있다. 그런 독자들에게 작은 도움만 준다면 그들은 원문을 읽는 '沒入(몰입)의 境地(경지)'까지 이를 수 있다.

중국인이나 우리나라 사람에게 漢字는 똑같다. 그렇지만 언어생활에서 조금 다른 감정이나 뜻으로 이해하는 차이가 있다. 《三國演義》는 文言과 古文白話가 뒤섞인 小說이다. 때문에 한자나 한문에 대한 기본 소양이 있어도 공부할 것은 공부해야 한다.

필자는 明文堂의 도움으로 《삼국연의》와 관련한 몇 권의 저서를 출간했었다. 이후 명문당에서 필자의 본 전공과 관련한 《十八史略》을 完譯하였고, 明文堂에서 예전에 출간한 《史記講讀》에 이어 「明文 中國正史 大系」 출간 계획에 따라 班固의 《漢書》 원문을 全 10권으로 완역 출간하였다. 이어 范曄(범엽)의 《後漢書》 원문 역시 전 10권으로 완역하였다. 그리고 陳壽(진수)의 正史 《三國志》도 전 6권으로 완역하여 2019년에는 간행하였다.

이로써 필자는 중국 四史를 모두 공부했고 번역한 셈이다. 중국 四史의 원문 주석과 완역은 필자의 자부심이지만, 출판계의 어려운 현실을 고려한다면 明文堂 金東求 사장님의 사명감에 따른 출혈임을 인정해야 한다.

*《三國演義》의 열성적 독자를 위하여!

《삼국연의》는 장편의 章回(장회) 소설이며 역사적 사실을 바탕으로 풀어쓴 演義 소설이다. 西晉 陳壽(진수)의 正史 《三國志》는 《三國演義》의 모태이다. 이제 正史 《三國志》 원문 전체를 완역 출간한 역자가 正史 《三國志》와 小說 《삼국연의》 원문을 직접 소개하고 설명한다면

史書와 소설에 대한 이해가 정확하고도 빠를 것이라 생각하였다.

이번에 역자는 《삼국연의》를 진정으로 사랑하는 고급 독자들을 위하여, 또 《삼국연의》에 관심을 가진 同學들을 생각하면서, 그리고 어느 정도 공부할 만하고, 또 하고 싶어 하는 여러분들을 위하여 이 책을 집필했다.

漢文에 기본 소양을 갖고 있는 수많은 독자들과, 또 中國語나 中國文學을 공부하는 동학들이 필자와 함께 《三國演義》에 몰입하게 되기를 기대한다.

2020년 1월

陶硯 陳起煥

일러두기

◆ 西晉(서진) 陳壽(진수)의 正史《三國志》와 구분하여《三國演義》로 지칭하였다.

◆ 머리글에서도 밝혔지만 本書의 목적은《삼국연의》原文 읽기와 공부를 위한 책이다. 따라서 소설을 번역하는 것처럼 원문의 뜻을 가감하거나 바꾸지 않았다.

◆《삼국연의》에서 우리에게 잘 알려졌고 재미있는 부분을 떼어내어 곧 節錄(절록)하면서 그 回數와 原題를 밝혔다. 본서에서 절록한 부분의 제목은 원본 제목을 옮겨왔거나 필자가 만들어 붙이기도 했다.

◆ 절록한 부분의 이해를 위하여 제목을, 그리고 전후 내용 파악에 필요한 해설을 [ ] 붙였다.

◆ 原文 은 역자가 적당히 문단을 나누거나 줄바꾸기를 했다.

◆ 國譯 은 원문에 충실한 직역을 원칙으로 했다. 인명과 지명, 관직명이 처음 나올 때는 한자(한글)로, 그리고 이어 나올 때는 한글로 표기했다. 그러나 정확한 의미 전달과 이해를 위해 때로는 한자를 그대로 사용하였다.

◆ 주석은 국역에 페이지 별 일련 번호를, 그리고 본문 이해를 위해 필요한 역사적 사실, 在位, 생몰 연도나 典故(전고), 기타 필요한 설명은 陳壽의 정사《三國志》의 내용을 근거로 했고 그 외에 司馬遷(사마천)의《史記》, 그리고 班固(반고)의《漢書》와 范曄(범엽)의《後漢書》

기록을 인용하여 기본적인 내용을 주로 설명했다. 어려운 한자의 경우 우리나라에서 통용되는 음훈과 중국어에서 통용되는 의미를 같이 설명하였다

◆ 정사《三國志》와 소설《삼국연의》에서 인명, 지명의 서로 다른 표기도 비교 설명하였다. 예를 들어,《三國志》의 麋竺(미축 / 큰 사슴 미)은《三國演義》에서는 糜竺(미축 / 된죽 미)으로 기록되었다.

◆ 우리가 통상 알고 있는 漢字의 뜻으로 해석되지 않는 글자나, 중국어 문장의 접속사나 量詞 같은 말은 체계적인 설명보다는 나오는 대로 설명하였다.

◆《삼국연의》에 관직이나 지명은《漢書》와《後漢書》에 의거 설명하였다. 특히 지명은 당시 後漢과 三國의 행정 구역에 따랐으며, 현행 중국 행정구역의 명칭을 병기 설명하여 독자가 현재의 중국 지도로도 위치를 파악할 수 있게 도왔다.

◆《삼국연의》에 인용되는 經史의 구절은 그 원문 출처를 밝혔으며, 인명에 대해서도 그 인물의 傳記가 나오는 史書의 출처를 밝혀 참고할 수 있게 도왔다. 經書 原文의 출처를 밝힌 것은 독자들이 경서에도 관심을 가져달라는 역자의 바램이다.

◆ 한자의 음훈이나 중국어의 문법적 설명이 두 번 세 번 거듭되기도 하는데, 이는 설명을 했어도 독자가 100% 암기할 수 없다고 생각하여 거듭 설명한 것이다.

◆ 매우 상투적인 이야기지만(老生常談), 儒家 경전이든 史書든 또 이런 소설도 많은 노력이 쌓이면 어느 날 갑자기 文理(문리)가 터지는

희열은 맛볼 수 있다. 同學들의 학습을 위하여 역자가 공부했던 것처럼 이 책을 엮었음을 다시 한 번 강조한다.

◆ 이 책은 淸代 毛宗崗(모종강)의 評點에 의거한 北京 中華書局 刊本《三國演義 上, 下》를 기본 텍스트로 삼았다. 동시에 臺北의 繁體字本(번체자본), 우리나라의 懸吐本(현토본)을 참고로 하였다.

① 《三國演義 上, 下》: 羅貫中 著, 毛綸, 毛宗崗 點評. 北京 中華書局. 2009. 6.

② 《三國演義 上, 下》: 羅貫中 原著, 毛宗崗 批, 饒 彬 校注, 臺北 三民書國, 2008. 1.

③ 《原本 懸吐 三國志》: 서울, 世昌書館, 1962. 10. 30.

◆ 筆者가 사용한 工具書는 다음과 같다.

① 《中文大辭典》10冊: 中華學術院 印行(六版). 臺北. 1982. 8.

② 《中漢辭典》: 高大民族文化硏究所 編. 서울. 1992. 2.

③ 《現代漢語詞典》: 中國社會科學院 言語硏究所 編.(第5版) 北京, 商務印書館. 2007. 4.

④ 《漢韓 明文大玉編》: 金嚇濟 編. 서울 明文堂. 2007. 1.

⑤ 《동아 국어대사전》: 동아출판사 편집부. 서울. 1981. 12.

目次

《三國演義》개관

    《三國演義》의 정식 명칭은 《三國志通俗演義》이다. 중국에서는 《三國志傳》,《三國全傳》 또는 《三國英雄志傳》으로도 불리는데, 우리나라에서는 그냥 《三國志》로 통하기에 西晉 陳壽(진수)의[1] 正史 《三國志》와 혼동할 수 있다.

    《삼국연의》는 장편의 역사 章回小說이다. 지은이는 元末明初의

---

1 西晉(서진, 서기 265 – 316년)의 陳壽(진수, 233 – 297년, 字 承祚)는 당시 蜀漢 巴西郡 安漢縣(今 四川省 동부 南充市) 출신이고, 진수가 출생한 해는 蜀漢 後主 (劉禪) 建興 11년(서기 233)이었다. 진수는 촉한에서 '觀閣令史'로 재직했는데, 당시 권신인 宦者令 黃皓(황호) 편에 서지 않아 여러 번 譴責(견책)을 당했다. 蜀漢 이 멸망할 때(263년) 진수는 31세였다. 2년 뒤, 曹魏가 司馬炎에게 선양하자(서 기 265년), 진수는 張華(장화)의 천거를 받아 佐著作郞으로 출사했고, 나중에 晉 武帝 泰始 10년에(서기 274) 陽平縣令으로 재직하며 《諸葛亮集》24편을 저술하 여 조정에 상주하였다. 晉 武帝 太康 원년(서기 280), 吳가 멸망할 때 48세의 진수 는 삼국의 역사 기록을 정리하기 시작하여 65권의 《三國志》를 완성하였다. 正史 《三國志》는 紀傳體(기전체) 斷代史이며, 중국 《二十四史》 중 '前四史'에 속한다. 우리는 司馬遷(사마천)의 《史記》, 班固(반고)의 《漢書》, 그리고 范曄(범엽)의 《後漢 書》와 함께 보통 '四史'로 통칭한다.

羅貫中(나관중)이라고 일반적으로 알려졌다.[2] 《삼국연의》는 역사적 사실을 바탕으로 史實과 虛構(허구)가 적절하게 얽혀졌고, 사건의 전개와 묘사가 극진하여 많은 사람들에게 널리 알려졌다.

　나관중의 《삼국연의》는 元나라 때의 《全相三國志平話》를 바탕으로 이루어졌다. 우리가 演義(연의) 또는 通俗演義(통속연의)라 불리는 장회소설은 史實이었던 역사적 사건을 '자세히 풀어서 이야기하다' 라는 뜻이 있는데, 상세히 이야기를 하다 보면 재미가 있도록 상황 묘사에 가감을 하게 되고, 여기에 허구적인 내용이 보태지거나 이야기의 짜임새 바꾸기는 당연한 일이었다.

　중국의 소위 4大 名著[3] 중에서도 《三國演義》는 正史 《三國志》의 역사적 사실을 근거로 꾸며진 역사소설이기에 대부분의 독자는

2　羅貫中(나관중, ?1320 - 1400년, 名 本, 字 貫中) - 보통 그의 字로 통용. 號는 湖海散人. 나관중의 生平에 대해서는 확실한 내용이 거의 없다. 그 출신지는 일반적으로 太原(今 山西省 太原市)으로 알려졌다. 나관중은 私塾에서 四書五經을 배웠고, 14세 무렵에 부친을 따라 蘇州와 杭州 일대에서 상업에 종사했으나 곧 그만두고 당시의 유명 학자인 趙寶豐(조보풍)을 따라 학문을 계속했다. 元 惠宗 至正 16년(서기 1356), 羅貫中은 趙寶豐을 떠나 張士誠(장사성) 幕府의 빈객이 되었다가, 장사성의 몰락 이후 귀향하지 않고, 河陽山(今 江蘇省 蘇州市)에서 《水滸傳(수호전)》 작가인 施耐庵(시내암)을 만났고, 시내암을 스승으로 모시고 배웠다. 元 惠宗 至正 26년(서기 1366) 무렵에 河陽山 일대에 머물며 《三國演義》를 저술하였다. 나관중은 《水滸傳》의 후반 30회 분을 완성하였으며 《三遂平妖傳(삼수평요전)》 20회를 완성한 뒤 杭州에서 병사하였다.

3　四大名著(四大小說) - 보통 四大奇書라고 알려진 《三國演義》, 《西遊記》, 《水滸傳》 및 《金瓶梅(금병매)》 또는 《紅樓夢》을 지칭한다. 역자의 《水滸傳 評說》(2010, 明文堂)과 《金瓶梅 評說》(2012, 明文堂) 참고.

《삼국연의》의 내용이 그대로 실제 史實이라고 생각하고 있다.

　사실 학식이 많은 학자나 문자를 겨우 해독한 사람, 노인과 어린아이, 영웅호걸이나 凡夫俗子를 막론하고《삼국연의》가 재미난 소설이라는 점에 이의를 달 사람은 거의 없을 것이다.

1 小說의 뜻

중국에서 小說이란 '작가에 의하여 창작되는 문학작품' 이란 현대적 의미는 없고 '하찮은 말' 혹은 '風聞(풍문)' 이란 의미를 가지고 있었다. 중국 문헌에 '小說' 이란 말이 최초로 등장하는 책은 《莊子》이다.

《莊子 外物》편에는 '任公子(任나라 公子)는 거세한 황소 50마리를 굵은 낚싯줄에 미끼로 꿰어 가지고 높은 會稽山(회계산) 꼭대기에 걸터앉아 東海에서 엄청나게 큰 고기를 잡았는데, 그 고기를 脯(포)로 떠서 수많은 사람이 실컷 먹었다.' 는 이야기가 있다.

이어 '작은 낚싯대에 가는 낚싯줄로 작은 도랑에서는 큰 고기를 잡을 수 없다.' 면서, '작은 이야기를 꾸며내어 높은(縣) 명성(令)을 얻으려는 사람은 아마 크게 영달하기는 어려울 것이다.' (飾小說以干縣令, 其於大達亦遠矣.)라고 하였다. 여기에서 장자가 말한 소설은 '큰 경륜에 미치지 못하며, 大道를 논할만한 심오한 학문이 없는 주장이나 이야기' 라는 뜻이다.

또 戰國시대의 荀子(순자)는 《荀子 正名》편에서 '故智者論道而已矣, 小家珍說之所願皆衰矣.(그러므로 지혜 있는 사람은 道를 논할 뿐이니, 小家珍說이 바라는 바는 모두 없어지게 된다.')고 하였다. 이 '小家珍說(소가진설)'의 줄임말이 바로 '小說(소설)'이다.

이로부터 소설이란 '짤막한 이야기, 간단하고 자잘한 逸話(일화)' 또는 '연애, 귀신, 괴기한 일 등 세상에 떠돌아다니는 이야기를 재정리한 글'이란 뜻으로 사용되었다.

그러다가 班固(반고, 32~92년)의 《漢書 藝文志》에는 諸子 十家 중 '小說家'가 당당히 한 학파로 등장한다.[1] 《한서 예문지》에 의하면, '소설가란 유파는 대개 稗官(패관, 小官)에서 나왔으니 街談巷語(가담항어)나 길에서 주워듣고 말하는 것들로(道聽塗說, 도청도설) 만든 것이다.'라고 기록했다.

《한서 예문지》에는 小說家로 분류되는 저술들을 간략하게 소개하고 있는데, 대개가 작가에 의하여 짜임새 있게 구성된 작품이 아니고 철학적 의미를 가진 짤막한 주장이나 정사에 수록되지 않은 野史의 내용이거나, 또는 方士들에 관한 이야기이다. 이런 소설들은 길이가 짧고 재미있으며 修身(수신)에 도움이 되거나, 변설이나 언행에 도움이 된다는 공통점이 있다.

중국문학사에서 소설과 비슷한 뜻으로 사용되는 말로는 說話(설

---

1 十家 - 儒家, 道家, 陰陽家, 法家, 名家, 墨家, 縱橫家, 雜家, 農家, 小說家.

화), 稗官(패관, 하급 관리들이 수집한 세상 사람들의 이야기), 評話(평화) 등이 있다.

소설은 唐代에 變文(변문)[2], 宋과 元代에는 說話(설화)의 형태로 발전하게 된다. 宋代 說話人의 특징은 우선 그들이 전문화된 직업적인 이야기꾼이었고 상당한 예술적 성취를 이루었으며, 청중을 염두에 두고 곧 대중성을 바탕으로 활동했다는 점을 들 수 있다.

또 平話(評話)라는 말도 宋代부터 널리 사용되었는데, 평화는 역사적 敘事(서사)뿐만 아니라 일반적 서사를 口演하는 공연으로, 이런 구연을 위하여 白話(백화)로[3] 쓰인 話本(화본)이 나왔고, 이러한 화본에서 발전한 演義小說(연의소설)은 뒷날 중국 소설의 대표작으로 자리하게 된다.

---

2 불교의 영향을 받아 중국 唐代 이후에 민중 사이에서 유행한 일종의 說唱文學으로, 산문과 운문을 섞어 佛經 故事나 민간 전설, 역사 고사 등을 서술한 문학.

3 文言文의 상대적 개념인 口語體 文章이라 할 수 있다. 明淸代에 장회소설에 쓰인 백화는 古白話라고 분류한다. 현대의 白話의 근원은 명청대의 國都인 北京 지역을 중심으로 널리 사용된 官話白話文으로 京白(경백)이라고 한다. 明淸時期에 유행하여 민간에서 의사 교류의 수단으로 널리 사용되었다. 白話文 運動 이후 中文 通行文體로 현대 표준 漢語가 되었다.

2 小說에 대한 인식

중국에서 文學의 정통은 詩(시)이며, 시인은 어느 시대이건 존경의 대상이었다. 시인 다음으로는 文章家가 존숭되었다. 일반적으로 이야기 글을(小說) 쓴다는 것은 정통 문인이나 학자가 할 일이 아니었다. 다르게 말하면, 소설은 고상한 문학이 아니었으며 결코 '고상한 자리 – 大雅之堂(대아지당)[1]에 오를 수 없는' 글이었다.

누구든 독서를 하는 사람이라면 經典이나 詩文과 史書(사서)는 단정히 앉아서 바른 마음가짐으로 읽지만, 소설은 누워서 읽는 심심풀이 책이었으며 가끔은 화장실에서도 읽었을 것이다. 이러한 종래의 통념으로 희곡이나 소설은 비속한 문학으로 여겨 문인들이

---

1 大雅 – 《詩經》300여 편의 詩를 분류하는 방법으로 '四始六義'가 있다. '四始'는 風, 大雅, 小雅, 頌(송)의 대분류이다. '六義'는 '風, 雅, 頌, 賦, 比, 興'의 구분인데, 이 중 '風, 雅, 頌'은 음악적 분류이고 '賦, 比, 興'은 詩의 표현 수법에 대한 분류라 할 수 있다. 雅는 周 왕실 직할지의 음악으로 雅는 正의 뜻이 있으니, 곧 音樂으로서 '正聲'이라는 뜻이며 '누구나 다 이해할 수 있는 典雅한 音樂'이라는 뜻으로 해석하기도 한다. 雅는 다시 〈大雅〉31편과 〈小雅〉74편으로 구분한다.

희곡이나 소설을 심심풀이로 읽기는 했어도 비평의 대상으로 삼지도 않았고 또 직접 창작하는 것을 수치로 여겼다.

그러나 도시 상공업자의 경제적 역량의 증대와 함께 희곡이나 소설에 대한 애호도가 크게 늘었기에 문인들이 희곡과 소설을 끝까지 관심 밖에 둘 수는 없었다. 물론 소설과 희곡은 宋, 元代를 거치면서 꾸준히 형식과 내용면에서 발전을 거듭하였기에 明代에 와서는 문인들도 관심을 갖고 창작하기에 이르렀다.

소설에 대한 이러한 인식은 明代 말기부터 변하기 시작하여 문인들이 소설의 주요 작가이면서 소비자가 되었으며 독자들도 계층적으로 다양해졌다. 특히 인쇄와 출판업의 발달은 소설을 통속문학의 최고봉에 오르게 하였다.

淸代에는 비평가들에 의해 그 가치를 인정받기 시작했으나 여전히 하대 받는 문학 영역이었다. 가령《儒林外史》의 작가 吳敬梓(오경재)는 몰락한 가문의 후예였고,《聊齋志異(요재지이)》의 작가 蒲松齡(포송령) 역시 과거에 급제하지 못해 불우한 생을 마친 인재였다. 그러니 그들이 지은 소설이나 창작 능력이 당시에 인정받지 못한 것은 당연했다.

앞서 말한 대로 소설은 문학으로서 大雅之堂(대아지당)에 오르지 못했다. 사대부들의 작품이라 할 수 있는 文言小說은 주로 奇聞(기문)이나 문인들의 여러 가지 잘 알려지지 않은 이야기 곧 逸事(일사)

를 적은 것인데, 그것을 유희적인 심심풀이 정도로 인식했고 또 그렇게 읽혀졌다.

그리고 일상 언어인 白話로 쓰인 백화소설에 대해서는 사대부들이 더더욱 경시하면서 더 나아가 해로운 것이라 하여 적극적인 배척을 당했다. 이런 배경에는 중국 소설이 중국인들의 정통 문학의 개념과 다른, 아래와 같은 몇 가지 특징을 갖고 있기 때문이었다.

첫째로, 소설은 본래 허구적인 것이지만 중국의 소설은 너무 비현실적이라는 점이다. 따라서 비현실적인 글을 짓거나 읽는 것은 실질이라는 측면에서 볼 때 분명 낭비이며 쓸데없는 짓이었다. 중국인들에게 힘들여 배워야 하고, 일부 상류층에서나 짓는 글은 으레 사실적인 일을 기록하거나(紀事), 세상을 바르게 이끌만한 내용이나 뜻을 가진 글이어야(立言) 했다. 이 紀事와 立言은 중국 散文(산문) 정신의 가장 중요한 핵심이었다.

그런데 중국의 소설은 재미를 위주로 하며, 현실에 안주할 수 없는 대중 사이에서 유행한 내용으로 기괴하고 초인적인 요소 또는 우연하게 벌어진 일들이 중심이 된다. 곧 소설이 갖는 비현실적 내용은 紀事나 立言의 글이 아니기에 대아지당에 오를 수 없었다.

둘째, 소설이 갖는 오락적인 측면은 중국인들이 생각하는 誠實이나 謹愼(근신)과 거리가 있다. 때문에 소설의 재미에 빠지면 독서인의 본업인 과거 시험 준비에 장애가 된다고 생각하였다.

소설의 '설(說)' 자는 '말하다' 라는 본 뜻 외에도 '기쁘다(悅)' 라는 뜻[2]을 가지고 있어 '작은 기쁨'이라고 해석할 수도 있다. 이는 소설이 갖는 오락적 기능이다. 현실적으로 경험할 수 없는 귀신의 이야기나 사나이의 의협심과 활약, 才子佳人(재자가인)의 파란만장한 사랑이야기는 소설의 단골 소재였다.

사실《사대기서》역시 따지고 보면 비현실적인 이야기에 시간과 장소, 등장인물의 신상 정보나 가문의 내역 등을 마치 사실처럼 언급하여 오락적 내용을 더욱 현실처럼 강화한 것이라고 볼 수 있다. 그리고 그 구성이 너무 완벽하기에 보통 독자는 그 내용이 사실인지 허구인지를 구분하기가 어려웠다. 소설이 갖는 이러한 오락성은 중국인들 특히 지식인들이나 상류 지배층이 갖고 있는 사상, 곧 성실과 근신을 바탕으로 지속적인 노력을 해야 성공할 수 있다는 정통 관념에 배치되는 것이었다.

셋째, 명·청대에 등장하는 여러 백화소설은 그 내용의 高尙(고상) 여부를 떠나 문체가 천하고 속된 말이 줄줄이 나올 수밖에 없다. 그러하다 보니 白話로 글을 짓는 것은 사대부들이 할 일이 아니었으며 그러한 백화 소설을 읽는 것은 배척되고 천시되었다.

중국인들이 생각하는 훌륭한 문장은 일상 언어와 다른 修辭(수사)에, 내용의 조화와 함께 간결하면서도 아름답게 다듬어진 美文이었다. 이러한 文言文을 잘 지을 수 있다면 성현들의 경전을 공부

---

2 《論語》의 첫 구절인 '學而時習之 不亦說乎'의 說은 悅. 독음은 열.

했다는 증거이며, 이러한 사람들의 식견으로 나라의 정치가 이끌어졌고, 일반 서민들을 지도하는 지배층이 되었다. 이러한 상황에서 백화소설이 문학이나 학문의 정통이 될 수 없었다.

넷째, 중국인들이 갖는 정통적인 예법과 윤리도덕 정신의 측면에서도 백화소설은 인정을 받을 수가 없었다. 예를 들어《水滸傳(수호전)》을 읽거나 그러한 이야기를 들은 서민들이야 통쾌하고 환호했지만, 사대부들로서는 입에 올리기도 싫은 범법자들이나 무식한 패거리들의 패륜행위였을 것이다. 또《金甁梅(금병매)》의 음탕한 남녀의 性愛(성애) 묘사에 대해 사대부들은 禮敎(예교)를 무너트리는 아주 나쁜 책이라고 생각할 수밖에 없었다.

중국인들은 사회적 지위가 높거나 명문가의 후예라면 언제나 정통 윤리와 사상을 고집했다. 큰돈을 번 하층민이라면 주택이나 의상에서 상류층을 따라가기도 하지만, 정통 윤리와 도덕의 실천으로 자신의 신분과 자존심을 높이고, 동시에 그를 명예로 생각했었다. 이러한 윤리적인 측면을 보더라도 소설은 중국에서 올바른 문학으로 대접을 받을 수 없었다.

그러나 일반 대중의 입장에서 본다면 소설이 갖는 여러 가지 특징은 서민들의 환영을 받을 수밖에 없었다. 중국인들에게 소설은 비록 정통문학으로 대우를 받지 못하고 사대부들의 천시를 받았지만 서민들의 환호 속에서 서민 경제의 향상에 힘입어 굳건한 뿌리를 내릴 수 있었다.

3 四大奇書의 출현

중국에서는 각 시대를 대표하는 문학형태로 '漢文(한문), 唐詩(당시), 宋詞(송사), 元曲(원곡)' 이란 말이 있는데, 明과 淸 시대에는 소설의 발달이 특히 주목할 만하다.

시와 문장은 明代에서도 여전히 문학의 중심으로 인식되었다. 詩文(시문)은 재능을 가진 엘리트 문인이 각고의 노력으로 창작하고 또 그렇게 감상해야 하는 고급 문학이며, 문인이라면 당연히 시문에 박통해야 한다고 누구나 인정하였다.

그러나 명대에는 문학의 정통으로 여겨졌던 詩, 詞(사), 古文 등이 부진하였으니, 唐의 李白, 杜甫(두보) 같은 시인이나 韓愈(한유)와 같은 문장가 또는 宋代의 歐陽脩(구양수)나 蘇軾(소식) 같은 대시인이나 문장가가 나오지 않았다. 어찌 본다면 明代에는 이름만 들어도 떠오르는 시인이나 명 문장가가 없었기에 전대에 비하여 쇠퇴했다고 볼 수도 있다.

그 대신 명대에는 희곡과 소설 같은 통속문학이 매우 높은 수준으로 발달하였다. 명대의 문인들은 문학의 전 영역에 걸쳐 관심을 갖고 활동하였다. 문인이 희곡 작가로 명성을 남기기도 했으며 문인들도 통속소설에 대하여 긍정적 안목과 인식을 갖고 있었다.

특히 소설은 장편의 章回小說(장회소설)이 창작되고 성행하였다. 장편 장회소설을 대표하는 것은 이른바 四大奇書이다.

馮夢龍(풍몽룡)[1]은 소설이 교화하는 功用性이 여러 경전보다 더 낫다고 생각하면서《三國演義》,《水滸傳》,《西遊記》와《金瓶梅(금병매)》를 '四大奇書'로 꼽았다.

그리고 李贄(이지, 1560년 전후)와 明의 袁宏道(원굉도, 1568 - 1610년. 號 石公)는 문학의 시대성과 함께 소설이 가치를 높이 평가하며 소설의 사회적 영향을 중시하였다. 원굉도는《금병매》를《수호전》과 함께 '뛰어난 작품'이란 뜻으로, '逸典(일전)'이라 높이 평가하면서《금병매》에서 생동감 있게 묘사한 酒(주)·色(색)·財(재)·氣(기)야 말로 '인생 최대의 비애'라고 했다. 또 毛宗崗〔모종강, 1632 - 1709년 이후, 號 子庵(혈암)〕과 張竹坡(장죽파)[2] 같은 문인들의 평점(評點 ; 소설 내용의 비

---

1 馮夢龍(풍몽룡, 1574 - 1646년, 號 龍子猶) -《喩世明言(유세명언 : 세인을 가르치는 명철케 하는 이야기)》,《警世通言(경세통언 : 세인을 경계케 하고 통달케 하는 이야기)》,《醒世恒言(성세항언 : 세인들을 각성케 하는 오래 남을 이야기)》의 三言小說이라는 단편소설집과 장편소설인〈三邃平妖傳(삼수평요전)〉의 작자이다. 명말청초의 작가 李漁(이어, 1610 - 1680)도 풍몽룡의 '四大奇書' 지정에 동의하였다.

2 張竹坡(장죽파, 字 自得, 號 竹坡) - 淸初의 著名한 文藝理論家.《金瓶梅》를 평점하여 이름을 남김. 과거에 5번이나 낙방. 26세부터《金瓶梅》를 評點함. 康熙 35년(1695)《皐鶴堂批評第一奇書金瓶梅》를 간행함. 29세에 요절.

평과 우열을 평가함)이 소설의 성행과 보급에 기여하였다.

이처럼 명대에 소설이 발달한 원인으로는 우선 도시와 서민경제의 발달을 꼽아야 한다.

명대에는 산업의 각 분야가 모두 크게 발달하였다. 명대의 사대부나 관료들은 기본적으로 도시의 상공업자의 경제력에 의지하지 않을 수 없었으며 도시 서민층이 소설의 수요자로 등장하였다. 실제《삼국연의》같은 장편 소설은 그 인쇄와 제본에서 시문집에 비교할 수 없을 정도로 고가였으나 이런 소설을 구매하고 읽을 만한 도시의 서민층이 있었기에 유행할 수 있었다.

중국인들은 종이가 발명되기 전에 고가의 비단이나 금속, 돌 또는 저가의 죽간이나 목판에 많은 노력을 기울여 글을 기록했다. 또 종이가 발명되었어도 대량 인쇄기술이 발달하지 못했기에 글을 짓거나 유포시키는 일은 매우 어려운 일이었다. 때문에 적은 글자로 심오한 뜻을 표현할 수 있는 詩歌(시가)가 먼저 발달할 수밖에 없었다.

그러나 명대에 들어와 활자와 인쇄술의 보급은 60여만 자의《삼국연의》나, 80만 자가 넘는《수호전》의 출판을 가능케 했다.[3]

당시 소설 독자는 사농공상의 각 계층은 물론이거니와 도시에서 농촌에 이르기까지 광범위하였으며, 明의 神宗(萬曆帝)도《수호전》

---

3 참고 :《史記》원문은 52만여 자.

을 즐겨 읽었다고 한다.

다음으로는 白話文(백화문)의 성숙과 표현기교의 발달을 들어야한다.

唐代에 유행하던 變文(변문)이 백화를 채용하기 시작한 이래 宋代의 話本에 유려한 백화문이 등장하였고, 元代 雜劇(잡극)의 대부분은 口語體 백화문이 사용되었다. 이러한 발전은 명대에 이르러한층 성숙하였고 소설에 그대로 반영되었다.

소설이 지배계층의 억압과 천대를 받았지만 민간에 유행하였기에 소설이 미치는 영향력을 무시할 수 없었다. 곧 功用的(공용적)인측면에서 소설은 시나 산문보다 효용이 있다는 각성이 나타나기시작했다.

4 《三國演義》의 기원과 판본

　　三國 시대의 역사적 사건에 대한 이야기가 민간에서 유행한 것은 매우 오래라고 한다. 唐代 초기 劉知幾(유지기, 서기 661-721년, 史學者)의 《史通》에도 '죽은 제갈량이 산 司馬仲達(司馬懿, 사마의)을 달아나게 했다.(死諸葛能走生仲達.)'는 이야기가 수록되어 있다.

　　宋이나 元代에 도시에서 크게 성행한 오락장에서 說話(설화)의 소재는 아주 다양하고 작품도 많았는데, 그중에서도 민간에서 가장 환영받는 소재는 삼국시대를 배경으로 하는 〈說三分〉이었다고 한다. 또 金과 元나라 시절에 三國시대를 배경으로 연출되는 연극 제목 30여 종이 있었다. 元朝(1271-1368년) 英宗 至治(지치, 1321-1323) 연간에는 《全相三國志平話》가 간행되었다.

　　이어 元末 明初에 羅貫中(나관중, ?1320-1400)이 민간에 알려진 傳說과 戲曲(희곡), 話本(화본) 등을 陳壽의 正史 《三國志》와 裴松之(배송지)[1]의 주석 등 史料에 결합시켜 《三國志演義》를 지었다.(三國

---

1 裴松之(배송지, 372-451년, 字 世期)는 河東 聞喜縣(今 山西省 남부 運城市 관

演義는 簡稱이지만 통용)

《三國演義》의 作者는 羅貫中(나관중)으로 알려졌지만 羅貫中과 그의 스승인 施耐庵(시내암)의 合著라는 주장도 있으나 명확한 입증은 불가능하다고 알려졌다.

胡適(호적, HúShì, 1891 - 1960)은 1930년대에 "《三國演義》는 한 개인의 창작이 아닌 5백 년을 이어온 演義 작가들의 공동작품"이라고 하였으니 원작자에 이어 修改者, 최후 寫定者 모두가 평범하고 고루한 서생도 아니었지만, 그렇다고 천재적 文學家나 뛰어난 사상가도 아니었을 것이다.

《三國演義》의 주요 版本은 대략 다음과 같다.

　　明代 嘉靖(가정) 원년(1522년) —《三國志通俗演義》(속칭 嘉靖本)
　　　— 現存하는 가장 빠른 간행본. 全書 24권.
　　明代 志傳本 —《新刻按鑑全像批評三國志傳》
　　明代 李卓吾(이탁오) 評本 —《李卓吾 先生 批評 三國志》
　　清代 李笠翁(이립옹) 評本 —《李笠翁 批閱 三國志》
　　清代 毛宗崗(모종강) 評改本 —《四大奇書第一種》

할 聞喜縣) 출생인데 東晉과 劉宋의 史學家로《三國志注》를 지었으며, 아들 裴駰(배인), 증손 裴子野(배자야)의 祖孫 三代가 '史學三裴' 라는 美稱을 들었다. 西晉 陳壽가 撰修한《三國志》는 내용이 精潔(정결)하지만 너무 간략하기에 裴松之가 作注하였는데, 裴松之는 약 140종의 각종 자료를 인용한 것으로 알려졌다.

清朝 康熙(강희) 연간에(1661 - 1722년) 毛綸(모륜, 字 德音. 號 聲山, 明末 淸初, 생졸년 미상)과 毛宗崗(모종강)[2] 부자가 역사적 사실을 근거로 내용을 바로잡으며 문자를 추가, 삭제하여 120回本으로 改修하였는데, 이것이 오늘날 통행하는 120回本《三國演義》로 속칭 '毛本' 이다.

근대에 잘 알려진 校注本으로는 沈伯俊(심백준)의《校理本 三國演義》가 있는데 여러 가지 작은 서술상의 오류를 바로잡아 학술적으로도 높은 평가를 받으며 '沈本《三國演義》'로 알려졌다.

---

2 毛宗崗(모종강, 1632 - 1709년 이후, 字 序始, 號 孑庵 혈암, 子庵으로 된 책은 착오임) - 淸代 초기의 문학 비평가. 毛宗崗은 그의《讀三國志法》에서 특히 三國時代 歷史人物 3인에 대한 본인의 의견을 제시하였다. 「三國 시대에 三奇가 있었으니 가히 三絶이라 할 수 있다. 곧 諸葛亮이 一絶이고, 關雲長 또한 一絶이며, 曹操 역시 一絶이다. 역사 기록에 역대 수많은 賢相이 있었지만 제갈공명만큼 유명한 사람은 없었다. … 또 역사에 구름처럼 많은 名將이 있었지만 관운장만큼 탁월한 사람은 없었다. … 史書 기록에 奸雄이 어느 시대건 존재했지만 그 지모로 인재를 끌어 모으고 천하 전체를 속인 자로는 曹操만한 인물이 없었다.~」라고 모종강은 말했다. 모종강은 그의 부친 毛綸(모륜)의 뒤를 이어 明代 羅貫中의《三國志通俗演義》의 回目(목차)와 내용을 삭제 또는 더 보태어 전체적으로 총 120회의 체제를 갖추었다. 이렇게 모종강의 개편을 거친《三國演義》가 후세에 이어져 現在 通行하는《三國演義》가 되었다. 모종강의 수정 보완은 羅貫中의 文辭와 각 회 또는 사건마다 필요한 곳에 시문을 삽입하는 개편 작업이었다. 예를 들어, 유비가 제갈량을 두 번째 찾아갔을 때 제갈량의 草堂에 걸린 「淡泊以明志, 寧靜而致遠」이라는 對聯을 보고 감탄하는 장면 등은 모종강의 삽입이며, 明代 文學家인 楊愼(양신)의 〈臨江仙·滾滾長江東逝水〉의 가사를 소설의 벽두에 삽입하였고, 唐代 詩人 劉禹錫(유우석)의 〈西塞山懷古(서새산회고)〉를 「唐人有詩嘆曰, 王濬樓船下益州, 金陵王氣黯然收. ~ 今逢四海爲家日, 故壘蕭蕭蘆荻秋」 끝 부분에 삽입한 것도 모종강이었다.

5 《三國演義》의 史實과 虛構

　《삼국연의》의 내용 중 얼마만큼이 역사적 사실과 일치하고, 어느 정도가 虛構(허구)인가에 대해서는 많은 논란이 있다. 그러나 제일 먼저 분명히 인정할 것은 《삼국연의》가 역사적 사실에 바탕을 두고 있지만 소설이란 점이다. 소설은 당연히 虛構(허구, fiction)이다.

　옛날 우리나라에서 〈조선왕조실록〉이라는 제목으로 大河 史劇이 방영될 때, 많은 시청자들은 대하사극 인물들의 언행 모두가 사실인 줄 알고 있었다. 그리하여 필자에게도 "역사 선생이 왜 사극을 안 보느냐?" "그런 것도 모르면서 어떻게 수업하느냐?"고 묻기도 했다. 그러나 세세한 대화 내용은 당연히 극작가의 보탬이나 삭제를 거친 창작이다.

　《삼국연의》는 대체적으로 역사적 사실에 부합하지만 역사적 사실이라는 전제하에서 합리적 허구와 내용이 가미된 것이다. 《삼국연의》에 등장하는 모든 사람이 正史《三國志》나 다른 史書에 모두 수록된 인물은 아니다.

우선 《삼국연의》는 상세한 역사기록을 바탕으로 이루어졌다. 《삼국연의》는 西晉 陳壽(진수)의 正史 《三國志》를 바탕으로 풀어쓴 이야기이지만, 소설의 소재로서 아주 적합한 특성을 가지고 있다.

중국사에서 秦(진)의 건국과 성장, 그리고 始皇帝(시황제)에 의한 통일은(前 221) 前漢 劉向(유향, 前 77 - 前 6년)의 《戰國策》에 상세한 기록이 있는데, 정말 흥미로운 테마이지만 우선 戰國時代[1]가 시간 적으로 너무 오랜 기간이고 7국의 흥망을 모두 다 언급하려면 너무 복잡다단하여 소설가나 독자에게 정말로 큰 부담이 된다.

秦 始皇帝(前 259 - 247 - 210年)의 죽음(前 210년 8월)[2] 이후 項 羽(항우)와 劉邦(유방, 沛公, 漢王)의 쟁패와 漢(한) 건국과(前 206년) 통일은(前 202년) 정말 극적인 대 사건이지만 기간이 짧고 항우 대 유방이라는 단순한 대결 구도로 전개되었다.

이에 비하여 후한 말 황건적의 난 이후 후한의 붕괴와 魏, 蜀, 吳 삼국의 정립과 멸망은 약 100년간에 걸쳐 진행되는데 전국시대처 럼 복잡다단하지도 않고, 楚漢의 대결처럼 단순하지도 않아 소설 의 소재가 되기에 아주 적합했다고 한다.

《삼국연의》의 인기와 광범위한 유포는 역사적 사실 중에서도 특

---

1 戰國時代(기원전 476년, 一說 前 403년 - 前 221년), 東周 歷史의 일부분.(秦의 통 일 이전). 이 기간에 중국에 철기가 완전히 보급되면서 생산의 증가와 함께 각국 의 混戰(혼전)이 그치지 않았다.

2 秦 始皇帝(기원전 259 - 210년), 전국 말기 秦의 君主. 13세 王位에 올랐고, 39세 에 六國을 통일하고 황제라 칭함. 50세에 남쪽 지방을 순행 중 병사함.

히 삼국의 鼎立(정립)이라는 특별한 소재를 채택하고 있다는 점이다. 삼국정립의 무대에는 강자와 약자, 善者와 惡人이 고정되어 있지 않다. 또한 정립의 과정에서 끝없이 계속되는 전략과 전투에는 승자와 패자가 계속 뒤바뀌게 된다. 그리고 움직일 수 없는 역사적 사실, 예를 들면 赤壁 大戰의 과정을 설명하는 데에는 작가의 창의적 창조 능력이 돋보일 수밖에 없었다.

清代의 章學誠(장학성)은[3] 《삼국연의》가 '역사적 진실에 배치되는 허구의 옛 이야기(背馳信史 虛構故事)'로 '내용의 70%만 사실이며 30%는 허구(惟三國七分事實 三分虛構)로 읽는 사람을 자주 현혹한다.'고 말하였다.

실제로 《삼국연의》 속의 조조, 제갈량, 유비, 관우, 장비 등은 모두 실존 인물로 역사상의 행적도 거의 일치한다. 때문에 소설 속에서 묘사된 형상이 실제의 모습으로 잘못 인식되는 경우가 많다.

이를 바꾸어 말하면, 《삼국연의》의 70%는 이미 역사에 기록이 있는 것이기에 작가에게는 이미 만들어진 기본 틀이 있고 그 틀 외에 약 30% 정도만 작가의 영역으로 남겨졌다는 뜻이다.

《삼국연의》는 그 시작과 끝이 분명하다. 또 등장인물이나 그들의 개성이나 성격도, 행적도 이미 고정된 것이 있기에 《삼국연의》 작가가 소설적 능력을 발휘할 공간은 그만큼 좁았다.

---

3 章學誠(장학성, 1738 - 1801년, 字 實齋, 號 少巖) - 清代 史學家, 思想家. 浙江 會稽(今 浙江省 紹興市) 출신. 《文史通義》를 저술.

그러나 실제 역사소설에서 정말로 중요한 것은 70%의 역사적 사실이 아닌 30%의 허구라고 말할 수 있다. 그 30%는 역사가가 기록하거나 생각하지 못한 그 인물의 영혼이기에 만약 그 30%를 부정한다면, 아무도《삼국연의》를 읽지 않을 것이다.

유비와 가까운 관우와 장비에 대하여 여러 가지 신비한 윤색이 보태지고 개성이 뚜렷한 인물로 창조한 소설 그 자체를 부정한다면, 처음부터 역사책만 읽고 공부하면 된다. '역사적 사실과 틀린다.'고 하면서 역사소설의 가치를 폄하할 필요는 없는 것이다.

소설은 소설로 재미가 있고, 신화처럼 각색된 이야기는 그 신화로 가치가 있다. 그런 신화를 읽고 각자 느끼면 되는 것이다. 신화를 종교로 강요받지 않는 이상 신화 자체를 부정할 필요는 없다고 생각한다.

적벽대전(서기 208)은 역사적 사건이지만 그 과정에서 제갈량의 지략이라든지, 周瑜(주유)의 숨은 의도와 충성심, 조조의 남하를 막아내면서 내부 결속을 강화해야 하는 東吳의 국내 정치 상황 등을 고려한다면 적벽대전은 일어나지 않을 수 없는 필연으로 인식되게 된다. 그런 인식을 바탕에 깔아놓고 거기에 작가의 상상력과 추임새가 보태어졌기에《삼국연의》의 인기는 창조되었다고 볼 수 있다.

사실, 중국문학사에서 신화를 이야기해온 그 많은 옛사람들의 思考나, 관우와 장비를 독특한 캐릭터로 만들어 온 그 수많은 사람들의 창의적 감정을 '비합리적이다.' 또는 '역사적 진실이 아니다.' 라고 큰 소리로 외쳐대는 사람이 오히려 이상한 사람일 것이다.

그리고 또 한 가지《삼국연의》가 대중에게 어필할 수 있는 것은 역사적 사실을 기본 바탕으로 깔고 있기에 매우 친근하면서도 강한 호소력이 있다는 점이다. 다시 말해, 이미 많은 사람들이 역사적 사건의 기본을 알고 있는데다가 약간의 허구만 보태어도 그것은 새로운 사실이기에 관심을 끌 수 있다는 점이다. 즉 약간의 허구가 독자에게는 새로운 지식으로 뇌리에 남는 효과가 있을 수 있다.

거기에 작가의 새로운 시각이 첨부되어 된다면, 마치 정면 사진만 보아온 사람에게 측면 사진을 보여주었을 때 느끼는 효과가 있다. 역사적 인물에 대한 측면 사진은 역사적 인물에 대한 구체적이고 입체적인 영상으로 독자에게 다가오고, 그 언행은 대단한 호소력을 가지고 독자에게 다가갈 것이며 특별한 대리 만족의 효과까지 줄 것이다.

아마 이 점이 우리나라에서도《삼국연의》가 인기를 누릴 수 있는 비결일 것이다. 우리나라에서《삼국연의》의 인기도를 고려해 보더라도《삼국연의》는 중국 역사소설의 최고봉이며 그 이후 어느 역사소설도《삼국연의》의 경지를 넘어서지 못했다.《삼국연의》의 웅장한 스케일과 등장인물들에 맞춰진 특별한 캐릭터[4], 풍부한 상상

---

4 소설에 등장하는 인물이나 작품 내용에 의하여 독특한 개성과 이미지가 부여된 존재. 예를 들면 제갈공명의 지혜, 관우의 의리, 조조의 奸智(간지)는 毛宗崗(모종

력으로 만들어진 각종 사건과 이야기, 과장이나 정밀 묘사에 의한 표현기법 등은 앞으로도 이만한 대작의 출현은 없을 것이라는 생각을 하게 해 준다.

강)이 '三國의 三絶'이라고 지칭할 정도로 특별한 캐릭터이다.

6 《三國演義》구조적 특징

    《三國演義》에서 서술한 시대적 배경은 後漢 靈帝 때 黃巾賊의 亂 (서기 184년)에서 司馬炎(사마염, 司馬懿의 손자)의 西晉(서진) 건국 (서기 265)과, 이후 東吳(孫吳)의 멸망(서기 280)에 따른 천하통일까지 약 100년의 역사인데, 삼국시대의 정치적 대립과 군사적 투쟁 및 각종 사회 모순의 노출과 변화, 그리고 인물들의 심리를 묘사하였다.

    《三國演義》의 주제의 바탕에는 劉備(유비)[1]의 蜀漢 正統論과 옹호, 그리고 曹操(조조)에 대한 반박과 東吳에 대한 비하(卑下), 곧 尊

---

1 劉備(유비, 161 – 223년, 字 玄德)는 涿郡 涿縣〔今 河北省 중부 涿州市(탁주시), 北京市 서남 연접〕출신. 蜀漢 개국 皇帝, 시호 昭烈皇帝, 보통 先主로 지칭, 아들 劉禪(유선)은 '後主'로 지칭한다. 유비는 본래 讀書를 좋아하지 않았고 評馬論犬, 音樂, 華美한 衣服 등을 좋아하였다. 신장 七尺五寸(약 173cm, 漢代 1척은 23.1cm), 팔이 무릎에 닿을 정도였다니 약간 기형에 大耳하여 '大耳兒'로 조롱당했다. 다른 사람을 잘 대우했고 喜怒의 감정을 안색에 나타나지 않았으며 豪俠義士와 잘 사귀었다. 《三國志 蜀書》2권, 〈先主傳〉에 立傳.

劉, 反曹, 鄙吳(존유, 반조, 비오)의 기조가 깔려있고, 유비 집단을 중심으로 서술이 이루어졌다. 여기에는 중국인들의 漢室 부흥의 희망과 劉氏 황실이 정통이라는 사상을 강조하고 있다. 물론 이런 기조는 삼국 존립 당시의 시대 사조도 아니었고, 지금도 받아들여지지 않고 있지만, 적어도 소설 속에서는 그러하였다.

清代에 毛氏 부자가 《삼국연의》을 개작할 당시에는 明代 이후 전파 계승된 판본 중에서 비현실적인 묘사나 怪力亂神(괴력난신)에 관한 내용 등을 삭제하며 바로잡았다.

魯迅(노신, LüXùn, 本名 周樹人, 1881 - 1936年, 魯迅은 筆名)은 그의 《中國小說的歷史的變遷》에서 「三國의 존속과 대립 시기는 (唐末 이후) 五代와 같은 분란의 시대가 아니었다. 그러나 楚漢(초한, 項羽와 劉邦)의 항쟁처럼 그렇게 단순한 구조도 아니었으니, 간단하지도 또 그렇다고 번쇄하지도 않아 소설의 구조에 적합하였다. 게다가 三國 시대의 영웅준걸과 지략과 술수, 그리고 무예와 용기는 많은 사람들에게 감동을 줄 수 있었기에 그들의 모든 이야기가 소설의 재료로 적합하였다.」라고 말했다.

그리고 《三國演義》에 묘사된 2백여 명의 등장인물 모두가 마치 생동감 있게 그리고 모두 자신이 처해야 할 위치에서 담당한 역할을 충실하게 수행하였다. 물론 그중에서 가장 중요한 배역은 단연 유비와 조조, 孫權(손권) 등 역사의 주역과 제갈량과 주유와 사마의, 관우와 장비와 魯肅(노숙) 등등이다.

제갈량[2]은 作者의 心目에서 '賢相'의 화신으로 묘사하였는데, 제갈량은 '자신의 최선을 다하고 죽어야만 끝이 나는(鞠躬盡瘁, 死而後已) 일생이었으며, 經世濟民(경세제민)하여 太平盛世(태평성세)를 再造한다는 雄心과 壯志를 실현코자 했으며, 그런 과정에서 呼風喚雨(호풍환우)하는 초능력의 소유자였으며, 그의 神機妙算(신기묘산)은 어느 누구보다도 탁월하였다.

이에 비하여 曹操[3]는 漢의 國祿(국록)을 받는 신하로서 능력을 발휘하지만 '내가 천하를 속일지언정(寧敎我負天下人), 천하가 나를 배신하게 할 수 없다(休敎天下人負我).'는 奸雄(간웅)으로 묘사되

---

2 諸葛亮(제갈량, 181 – 234년, 字 孔明) – 중국 역사상 걸출한 정치가이며 전략가, 문장가, 徐州 琅琊郡(낭야군) 출신. 南陽郡에 이주, 독서. 臥龍先生으로 통칭. 劉備의 三顧茅廬(삼고모려) 후 출사. 諸葛亮의 작위는 武鄕侯, 후주 劉禪(유선)을 보좌. 전후 5차 북벌, 五丈原에서 죽음. 시호는 忠武. 보통 諸葛武后로 통칭. 中國의 傳統 개념상 충신과 智者의 대표. 제갈량은 227年과 228년에 두 차례 〈出師表〉를 올리고 북벌에 나섰다.

3 曹操(조조, 155 – 220년)는 一名 吉利(길리)이고 어렸을 字는 阿瞞(아만)이라고 했다. 阿는 行列(항렬)이나 兒名, 또는 姓 앞에 붙여 친근함을 나타낸다. 瞞은 속일 만. 吳에서는 조조를 曹瞞(조만, 瞞은 속일 만)으로 표기한 기록도 있다. 王沈(왕침)의 《魏書》에 의하면, 그 먼 조상 曹俠(조협)이 邾(주)에 봉해져서 戰國시대까지 이어오다가 楚에 의해 멸망되었으며 그 일족이 각지에 흩어지면서 일부가 沛(패)에 거주했었다. 조조는 身長 七尺에 가느다란 눈(細眼), 긴 구레나룻으로(長髥) 《三國演義》에 처음 등장할 때는 騎都尉이었다. 조조는 《三國演義》에서 사실상의 主人公이다. 劉備나 諸葛亮, 孫權의 행적은 거의 曹操와 관련이 있다고 볼 수 있다. 小說에서 뿐만 아니라 歷史에서도 曹操는 劉備나 孫權보다 훨씬 큰 비중을 차지한다. 政治, 軍事的으로 중요한 인물일 뿐만 아니라, 뛰어난 詩人이었기에 中國文學史에도 등장한다. 曹操 직위는 漢 丞相, 작위는 魏王, 사후 시호는 武王. 曹丕(조비)가 稱帝 後 武皇帝, 廟號 太祖로 추존했다.

었고, 시종일관 그렇게 일생을 마쳤다. 조조의 雄才와 大略, 또 殘暴(잔폭)과 奸詐(간사)는 정치적 야심과 음모의 방편으로 묘사되었다.

그리고 關羽(관우)[4]의 위엄과 굳은 지조는 그의 '산처럼 무거운 大義(義重如山)'의 외형적 發露(발로)로 묘사되었다. 그리고 유비는 백성에게 은택과 愛憐(애련)을 베풀고 자신을 낮춰 현사를 예우하며 능력에 따라 인재를 적재적소에 배치하는 賢君으로 묘사하였는데, 이는 어느 시대이건 모든 백성의 마음속에 그리는 이상적 주군의 형상이었다. 물론 이런 묘사는 자연스럽게 조조와 크게 대비가 되었다.

《삼국연의》에 서술된 전쟁은 그 수법이 아주 다양하여 독자들은 매 전투 장면마다 생생한 체험을 겪게 된다. 특히 조조와 원소의 패권을 다툼의 결정판인 官渡(관도)의 전투[5]나, 조조의 남하를 저지시

---

4 關羽(관우, 162 – 219년, 字 雲長)는 河東郡 解縣(今 山西省 運城市). 建安 四年(199年), 漢壽亭侯(한수정후, 漢의 壽亭侯가 아님)에 봉해졌다. 관우는 忠義와 勇武의 形象으로 중국인에게 關公, 關老爺로 추앙받으며 武聖으로 文聖孔子와 나란한 명성을 누리고 있으며, 關聖帝, 關帝君, 關帝 등으로 불린다. 道教에서는 協天大帝, 伏魔大帝, 불교에서는 護法神將으로 '伽藍菩薩'로 불린다. 민간신앙에서 관우 숭배는《三國演義》의 영향이라고 볼 수 있다.《三國演義》에서 關羽, 張飛, 馬超, 黃忠, 趙雲은 五虎上將이라 했다. 關羽는《三國志 蜀書 6권》〈關張馬黃趙傳〉에 立傳되었다.

5 官渡(관도, 官度) – 魏郡 黎陽縣(여양현)의 지명. 今 河南省 중부 鄭州市 관할 仲牟縣(중모현). 황하 작은 지류의 나루터. 조조와 원소의 河北 패권을 결정지은 官渡大戰(서기 200년)이 있었던 곳.

킨 赤壁之戰[6]의 전쟁 묘사는 파란만장한 구도와 설정, 예상하지 못한 반전 등으로 독자의 心魂(심혼)을 몽땅 앗아갈 정도이다. 전쟁 상황의 상황 묘사와 전개 구조가 이처럼 치밀한 기록은 有史 이래 없었다고 말할 수 있다.

《삼국연의》의 시작에서 33회 까지는 황건적의 봉기(서기 184년)와 桃園結義(도원결의), 그리고 조조가 冀州, 靑州, 幽州(유주), 幷州(병주)를 차지하여 華北을 장악하기(서기 206년)까지 23년의 상황을 33회에 걸쳐 서술하였다.

그리고 유비의 三顧草廬(삼고초려)부터(서기 207년) 제갈량이 五丈原(오장원)에서 죽는 서기 234년까지 27년간은 71회 분량으로 (104회까지) 정밀하게 묘사하고 설명했다.

제갈량이 죽은 뒤, 晉의 司馬炎이 東吳를 합병하는(서기 280년) 46년의 세월은 16회(105회 – 120회)에 걸쳐 서술하였으니, 《삼국연의》의 큰 재미는 사실 제갈량의 죽음으로 끝난다고 말할 수 있다.

---

6 서기 208년, 赤壁大戰은 魏와 吳의 싸움이었다. 형세가 약한 유비가 吳를 끌어들였다. 諸葛亮(孔明)이 孫權을 격분케 한 논쟁이나 孔明이 智激周瑜했다든지, 孔明借箭, 曹操賦詩, 諸葛祭風, 雲長義釋曹操 등 수많은 얘깃거리를 제공했다. 적벽 싸움의 장소가 어딘가에 대해서는 논의가 분분하다. 여러 이론을 근거로 1998年, 湖北省 蒲圻市(포기시)는 咸寧市 관할 赤壁市로 정식 改名하였다.

7 《三國演義》의 영향과 성취

　《三國演義》가 중국인들에게 널리 유포된 그 범위와 영향은 정말 깊고도 컸으며, 중국의 문학작품, 역사소설 중에서도 오직 유일무이할 정도였으니, 학자들이나 보통 사람들도 후한 말년에서 삼국시대의 역사 전개상황을 상당히 상세하게 알게 되었다. 뿐만 아니라 인물들의 활약과 사건, 그 인물의 성격이나 인격적 결합까지도 꿰뚫고 논평할 정도가 되었으며 소설의 전개 상황은 그대로 역사적 사실처럼 굳어버렸다. 《三國演義》는 소설로서의 바람뿐만 아니라 각종 문학작품의 소재로 특히 현대에서는 TV의 주요 소재가 되어 오늘날에도 큰 영향을 끼치고 있다.

　《三國演義》는 등장인물의 형상이나 특히 그 성격 묘사에 뛰어난 성취를 이룩했다. 제갈량과 유비, 관우와 장비, 조조와 그 참모, 손권과 그 신하들의 관계 형성, 서로 다른 성격 묘사와 처세와 행사, 그리고 성격 묘사는 나관중에 의하며 아주 뛰어난 세밀화처럼 또

생동감으로 충만된 형상으로 그려졌기에, 독자들은 등장인물을 직접 만나보고 그 목소리를 듣고 그 현장을 파노라마처럼 주시하듯 체험하게 된다. 특히 전투 상황이나 지략 다툼의 과정이나 묘사나 너무 실제적이기에 독자들은 그런 상황에 실제 참가한 듯 빠져들며 전투 현장에서의 발휘하는 용맹과 사실적 서술은 주인공을 영웅의 형상으로 각인시켜주는 효과를 거두었다.

《삼국연의》의 소설적 結構(결구, plot, 줄거리) 또한 웅장하며 엄밀하게 잘 짜여 있으며 수많은 등장인물, 그리고 그들의 상호 관계와 구성 또한 치밀하며, 사건의 원인과 발생, 전개와 결말 역시 완벽하게 짜여있다.

그 구성의 대강은 유비와 제갈량, 그리고 촉한을 중심축으로 전개되면서도, 나라와 세력 간의 관계나 모순과 충돌 또한 일관된 원칙 하에 완벽하게 전개되며 그 규모 또한 아주 웅장하여 한 번 빠져들면 쉽게 손에서 놓지 못하는 매력이 있는 소설이라 아니할 수 없다.

《삼국연의》의 문장은 文言文과 초기 白話文을 혼용하였는데 그 서술이 명쾌 생동하며, 고대 文言文의 精華(정화)를 잘 활용하면서도 적절한 통속적 서술을 가미하였기에 그 문장은 난해하거나 심오하지 않고, 그 언사는 비속하지도 않은, 雅俗(아속)이 조화를 이룬 문장이라고 평가받는다.

8 章回小說《三國演義》

《삼국연의》는 형식상 章回小說(장회소설)의 대표작품이라 일컬어
지는데, 장회소설은 중국에서 수백 년을 이어져 내려온 소설의 주요
한 형식이다.

그 연원을 거슬러 올라가면 說書(설서)의 전통을 이어온 宋代의
話本(화본) 및 元代의 雜劇(잡극)인데, 장회소설은 그 이전 魏晉南北
朝(서기 220 – 265 – 589) 시대에 구체적 형식을 갖추고 明淸 시대
에 들어와 완성되었다.

明代(1368 – 1644)와 淸代(1616 – 1912)에는 전체적으로 인구가
급증하고 도시 경제의 비약적 발전으로 전대에 비하여 크게 번영
을 누렸는데, 이 시대에 오락물로 통속적 읽을거리의 수요가 급증
하였다. 明淸 시대 인쇄술의 발전 또한 소설의 유행에 크게 기여했
다. 그러는 동안 士人 계층의 소설에 대한 관념의 변화도 변하였는
데, 유가 사상에 비하여 경시되면서도 나름대로 ‘小道’로 인정을
받았다.

明代 公安派의 문인인 袁宏道(원굉도, 1568 - 1610년, 號 石公, 明朝 湖北省 公安縣 출신), 馮夢龍(풍몽룡), 凌濛初(능몽초, 1580 - 1644, 號 初 成) 등은 章回小說의 가치를 적극 인정하는 문인 학자였다. 그러나 장회소설은 그 오락적 기능 때문에 경시되며 가치를 인정받지 못 하여 淸代의《四庫全書》에 수록되지 못했다.

여기서 장회소설이 성립 과정을 한번 생각해 볼 필요가 있다. 곧 어떤 사람에 의하여 재미있는 소재가 발굴이 되었다면 그 소재를 바탕으로 여러 사람에 의하여 이야기가 다듬어지고, 보다 더 재미 있는 구성으로 다시 짜여지는 것은 극히 자연스러운 일이었을 것 이다.

중국의 文人들은 어떤 유명인의 잘 알려진 詩句(시구)를 그대로 따오는 것은 상당히 꺼렸으나, 남의 이야기에 자신의 상상력을 가 감하여 더 재미있게 만드는 것은 비난받을 일이 아니었다. 어찌 보 면 이는 효율적이면서도 더 많은 사람들을 소설 창작에 참여시키는 방법이었을 것이다.

이러다 보니 중국문학사에서 송·원대를 거치면서 소설의 장편 화가 이루어지고 마침내《사대기서》의 위대한 탄생이 이루어진다. 말하자면,《사대기서》는 여러 사람에 의하여 오랜 세월에 걸쳐 진 행된 집단창작의 결과물이라 보아도 틀림이 없을 것이다.

이를 一次 作家가 아닌 二次 작가에 의해 새롭게 완성되어 나가는 積層(적층) 문학이라 볼 수 있다. 적층문학은 오랜 기간에 걸쳐 작품이 계속 보태지면서 내용이 변하기 때문에 流動文學(유동문학)이라고도 하는데, 우리나라의 경우 소설《春香傳》이 바로 이러한 예라 할 수 있다.

예를 들어,《삼국연의》는 곧 어떤 개인의 – 일반적으로 알고 있는 羅貫中 – 독창적이거나 천재적인 능력에 의한 1인 작품은 아니다. 특히《삼국연의》나《수호전》은 元나라 말기에 이미 책의 윤곽이 다 이루어졌다는 것이 학자들의 일반적인 견해이다.

다시 말해《金瓶梅》를 제외한 다른 소설들의 작자는 천재다운 일면이 보이기는 하지만 그들은 '작자'라기보다는 필사의 마지막 단계를 완성한 '寫定者(사정자)'라는 말이 더 정확할 것이다.

이러한《사대기서》의 완성에 관여했을 수많은 작가들이나 연기자, 필기하거나 판각을 새기던 사람들, 이차 작가에서 이런저런 내용을 보태어 좀 재미있게 고쳐달라고 부탁을 했을 법한 서적 상인들, 그들이 서로 간에 어떤 협의나 약속은 없었지만 '이야기의 틀이 어떻게 짜였는가?'라는 관점에서 본다면 공통성과 함께 쉽게 비교가 된다.

章回小說의 형식적 특징은 소설을 章이나 回로 나누어 서술, 묘사하는데 운문으로 된 적당한 제목을 붙인다. 장편 연의소설 각 回의 소설적 내용은 단편과 같으면서도 이들이 하나의 맥락으로 이어져 장편을 이루었는데, 그 작품의 성숙도나 구성의 치밀함과 묘사의 迫眞感(박진감) 등은 지금 사람들이 읽거나 분석하더라도 찬탄을 금할 수가 없다.

正文(本文)의 앞부분에 '楔子(설자)'[1]를 두어 章이나 回의 요지를 요약하기도 한다. 매회의 제목은 대개 雙句(쌍구)로 이뤄지는데, 그 對句가 엄정하면서도 辭藻(사조)가 잘 다듬어진 문장이다. 또한 매 장회의 시작에 詩歌로 시작하고 또 시가로 결말을 짓는데, 주요 부분에서는 중간중간의 敍事에 詩句(시구)를 첨가하였다.

장회소설의 시구는 장회의 결말과 함께 다음 회의 내용을 암시하거나, 또는 인물평을 담고 있는데 그 문사에는 서정이 넘친다. 그리고 제목 다음에는 보통 七言의 絶句(절구)나 律詩(율시) 한두 수로 시작하는데, 이 시를 開場詩(개장시)라고 한다. 보통 개장시는 그 回의 내용을 유추할 수 있는 시가이며, 역사적인 성격을 요약하기도 한다.

개장시에 이어 본 이야기로 들어가는데, 이를 보통 正話 또는 正傳(정전)이라고 한다.

매 章回의 劈頭(벽두, 開頭)에 '話說하나니', 또는 '卻說(각설)하고', 또는 '且說(차설)하니'의 말로 正文을 시작한다. 《삼국연의》나 《수호전》의 경우 한 回를 보통 두 개의 이야기로 나눌 수 있다.

---

1 楔子(설자, 楔은 문설주 설, 쐐기) – 장회소설의 시작 부분에 이야기의 전체를 개관하거나 요약하는 부분. 元代 雜劇의 형식에서 유래하였다.

正話 중간중간에 중요한 부분은 詩나 詞(사), 對句 등을 넣기도 하는데, 보통 '正是(정시)', '但見(단견)', '有詩爲證(유시위증)하니', '後人有詩하니', 또는 '常言道하나니(상언도, 道는 말하다)', '古人云(고인운) 하되' 등으로 시작한다.

그리하여 한 가지 내용의 이야기가 최고조에 도달했을 때 그 회를 끝맺게 된다. 매회의 끝부분에서는(結尾) 그 사건을 요약하는 시를 읊는데, 이를 보통 '散場詩(산장시)' 또는 '收場詩(수장시)'라고 한다. 산장시는 '正是(바로 이와 같으니)' 하면서 對偶(대우)의 구절로 끝을 맺는다.

그러면서 '欲知後事如何(다음 이야기가 어찌되는지 알고 싶다면), 且聽下回分解(그러면 다음 회를 듣고 이해하시오).'라고 말한다.

또는 듣는 사람이나 독자의 궁금증을 유발하기 위하여 다음의 이야기의 주제를 말해 주는데, 예를 들어 《삼국연의》 제1회의 끝은 '畢竟董卓性命如何? 且聽下文分解.(필경 동탁의 생명은 어찌 되겠는가? 다음 글의 설명을 들어 보시오.)'라고 끝을 맺는다.

장회소설이 제자리를 잡으면서 모든 소설 형식의 문학은 여기에 흡수되지만 소설의 주제는 더욱더 확대된다. 그리하여 歷史演義(역사연의)나 英雄傳奇 외에도 애정, 神怪(신괴), 公案(공안, 범죄와 조사, 재판 과정 서술), 世情(세정) 등 여러 제재를 다룬 장편의 장회소설들이 출현했다.

章回小說은 옛날에 '四大奇書'라 하였지만 지금은 보통 '四大小說名著'라 말한다. 주요 작품으로는 元末明初 羅貫中의《三國演義》(或稱 四大奇書第一種), 明代 施耐庵(시내암)의《水滸傳》[2]과 吳承恩(오승은, 1506 - 1582년)의《西遊記》, 그리고 笑笑生(소소생)의《金瓶梅》[3]가 있고 淸代 吳敬梓(오경재)의《儒林外史》[4] 및 曹雪芹(조설

---

2 施耐庵(시내암, 1296 - 1372년, 名 耳, 耐庵은 齋號)은《三國演義》의 작자. 羅貫中은 시내암의 門人으로 알려졌다. 明의 통속소설가인 馮夢龍(풍몽룡)은《水滸傳》을《三國演義》,《西遊記》,《金瓶梅》와 함께 '宇內四大奇書(중국의 사대기서)'라 지칭하면서《수호전》에 대하여 '나쁜 생각과 心術을 불러일으킬 수 있기에, 기이하지만 해로운 책'이라고 평가했다. 우리나라에서는 보통《수호지(水滸志)》라고 통용되지만《수호전》이 바른 명칭이다. 明末淸初의 문학비평가인 金聖嘆(김성탄)은《수호전》을 '중국의 六才子書'의 하나로 꼽았다. 김성탄이 꼽은 육재자서는 '莊子(장자), 離騷(이소), 史記(사기), 杜甫의 律詩, 水滸傳, 西廂記(서상기)'를 지칭하는데, 특히《수호전》은《第五才子書》라는 별칭으로 불렀다. 김성탄은 "《수호전》을 읽지 않으면 천하의 奇(기)를 알지 못한다."라고 극찬했는데, 이런 평가는 약간의 과장이 있기에 '천하'를 '고대소설'로 좁힌다면 사실과 거의 부합한다고 생각된다. 하여튼《수호전》은 읽으면 읽을수록 빠져들게 만드는 흡인력이 있는데, 아마 이런 점에서《수호전》의 '奇異'를 생각할 수 있을 것이다.

3《金瓶梅》또는《금병매 詞話》는 중국 명대에 山東 지방의 유능한 인재(本名 미상, 笑笑生은 필명)에 의해 완성된 전체 100회의 장편 소설이다. 소설 제목은 중요 인물인 세 여인의 이름에서 나왔다. 潘金蓮(반금련), 李瓶兒(이병아), 春梅(춘매)에서 각각 한 글자씩을 취해 소설 제목으로 삼았다는 것 자체가 매우 특이하다.《금병매》를 하나의 단어로 보아 '금속(金)의 병(瓶)에 꽂은 매화(梅)'라고 해석하기도 한다. 그러나 일반적으로 西門慶과 관계가 깊었던 세 여인의 이름을 따서 지었다는 견해가 받아들여지지만 다만 그 뜻을 달리 해석하고 있다. 여기서 金은 경제력 곧 재물이고, 瓶(병)은 술(酒), 그리고 梅(매)는 매화로 대표되는 미녀를 의미한다. 사나이가 얻고자 하는 가장 원초적인 욕구는 돈과 술과 미인이다. 물론 권력욕도 중국인 남자에게 중요한 것이지만 권력은 막강한 경제력이라면 거의 얻을 수 있

근)의《紅樓夢》등을 들 수 있다.

《三國演義 원문 읽기》

1 滾滾長江東逝水
곤 곤 장 강 동 서 수

도도한 長江은 동쪽으로 흐른다.

中國文學史에서 '漢文, 唐詩, 宋詞, 元曲, 明淸 小說'이라 하여 문학 장르의 시대별 차이를 강조하는 말이 있지만, 어느 시대건 韻文, 곧 詩(五言, 七言, 絶句, 律詩)가 정통문학의 지위를 누렸다.

《三國演義》는 소설이니 문체로는 산문이다. 그러나 소설《삼국연의》에서 주요한 인물의 등장이나 죽음, 중요한 사의 발생이나 전환점에는 작가의 뜻이나 후인의 평가를 어김없이 韻文(운문, 詩)으로 묘사하거나 서술하였다. 《삼국연의》는 詩로 시작하여 장엄한 시로 대미를 장식한다.

原文

臨江仙

詞曰, 滾滾長江東逝水, 浪花淘盡英雄.

是非成敗轉頭空, 青山依舊在, 幾度夕陽紅?

白髮漁樵江渚上, 慣看秋月春風.

一壺濁酒喜相逢, 古今多少事, 都付笑談中.

臨江仙(임강선)¹

노래하기를(詞曰),²

도도한 長江³ 물은 東으로 흘러가는데

영웅도 강물 따라 모두가 씻겨갔도다.⁴

是非와 성공 패배 전부가 헛일이었고,⁵

靑山은 옛날 모습 그대로 남아있지만,

夕陽은 그간 붉게 몇 번이나 졌던가?⁶

강가에 만난 백발 어부와 나무꾼⁷은

---

1 臨江仙(임강선) — 詞牌(사패, 曲牌. 詞를 唱하기 위한 곡조) 이름.

2 詞曰 — 詞(사)는 韻文의 한 종류. 음악에 맞추어 노래로 부르는 詩. 唐代에 출현, 宋代에 성행했음. 詩句의 길이가 曲調에 따라 바뀌기에 長短句라고도 부른다. 이 詞는《歷代史略詞話》에 수록된 明代 楊愼(양신, 16세기 초)이란 사람의 詞인데, 이를 毛宗岡이《三國演義》의 卷頭辭로 轉用했다.

3 滾滾長江 — 滾滾(곤곤)은 물이 도도히 흐르는 모양. 滾은 큰물 흐르는 모양 곤. 長江은 우리나라에서는 보통 揚子江(양자강)이라고 하는데, 양자강은 長江의 하류인 揚州(양주) 부근의 강을 지칭한다. 錦江(금강)의 夫餘 부근을 白馬江이라 부르는 것과 같다. 江은 長江을 지칭하는 고유명사이고, 河는 黃河를 지칭한다. 東逝水의 逝는 갈 서. 흘러가다.

4 浪花(낭화) — 물보라. 물거품. 물결. 淘는 일 도. 물에 넣고 흔들어서 가려내다. 盡은 다할 진. 淘盡(도진)은 씻어가다.

5 轉頭空 — 굴러(변해서) 空이 되다. 轉은 구를 전. 뒤집히다. 頭는 접미사, '머리' 란 뜻이 없음.

6 幾度夕陽紅 — 幾는 거의 기, 얼마 기. 몇? 확실하지 않은 수. 의문사. 幾度는 몇 번.

7 漁樵(어초) — 어부와 나무꾼. 樵는 나무할 초. 渚는 물가 저.

秋月과 春風을 얼마나 바라봤던가!⁸

만나서 탁주 한 병으로 기뻐하면서,⁹

고금의 그 많던 일을 회상하지만¹⁰

모두가 웃음 속 옛날 이야기로다.¹¹

※《三國演義》의 주제는 '人生 無常'일 것이다. 전날의 帝王, 名臣, 英雄豪傑은 다 어디로 갔는가? 영웅호걸이라도 도도한 長江에 잠깐 생겼다가 사라지는 물거품과 같은 것이 人生이라고 作者는 생각했다.

原文

第一回 宴桃園豪傑三結義 斬黃巾英雄首立功

話說, 天下大勢, 分久必合, 合久必分. 周末七國分爭, 倂入於秦. 及秦滅之後, 楚漢分爭, 又倂入於漢. 漢朝自高祖斬白蛇而起義, 一統天下, 後來光武中興,

---

8 慣看 – 익숙하게 (늘) 바라보다. 慣은 버릇 관. 익숙하다. 看은 볼 간.

9 壺 – 병 호. 喜相逢은 기뻐 상봉하다. 만나 즐거워하다.

10 古今多少事 – 多少는 얼마? 몇? 不定의 數를 의미.

11 都付笑談中 – 모두가 웃으며 하는 이야기가 된다. → 영웅들의 큰 업적이나 행동이나 일생도 지금은 그저 웃으며 하는 이야기의 소재일 뿐이다. 都付~는 모두 ~로 부치다. 付之一笑는 웃어넘기다.

傳至獻帝, 遂分爲三國.

推其致亂之由, 殆始於桓,靈二帝. 桓帝 禁錮善類,
崇信宦官, 及桓帝崩, 靈帝卽位, 大將軍竇武,太傅陳
蕃, 共相輔佐.

時有宦官曹節等弄權, 竇武陳蕃謀誅之, 作事不密,
反爲所害, 中涓自此愈橫.

國譯

第一回[12]

桃園의 연회에서 3명 호걸은 의형제를 맺었고,
황건적 참수하여 영웅들은 처음 공을 세웠다.

이야기를 하자면(話說),[13]
天下의 대세는 분열한지 오래면 必合하고, 합한지 오래면 必分한

---

12 《三國演義》는 제1회~120회까지 章回小說이다. 보통 하나의 回는 대략 2개의
주제로 구성되어 있고, 그 주제를 요약한 2개의 題目(7字나 8字의 對句)이 있다.
節錄한 부분의 제목은 소설 原文을 인용했거나 筆者가 만든 것이다.

13 《三國演義》를 들려주는 이야기꾼이(講說人) 처음에 하는 말. 소설《三國演義》가
講說人의 臺本을 바탕으로 발전했다는 증거이다. 每回마다, '話說~' 또는 '且說
~', '却說~'로 시작하고, 每回의 끝은 '且聽下文分解' (그러면 다음 이야기를 들
으시라), 또는 '且看下回分解'로 끝난다.

다.[14] 周나라 말기에(戰國時代) 7國(戰國七雄)이 分爭하다가 秦(진)에 병합되었었다.[15] 秦이 멸망한 뒤에(서기 前 206년), 楚(項羽)와 漢(劉邦)이 分爭하다가 다시 漢에 통합되었다(前 202년). 漢朝는 高祖(劉邦)가 白蛇(백사)를 잘라 죽이고[16] 起義(蜂起)하여 천하를 하나로 통일하였고, 나중에 光武帝[17]가 중흥하여(서기 25년) 獻帝(헌제)[18]까지 이어지다가 결국 三國으로 분할되었다.

그 분란에 이른 연유를 추정해 보면, 대체로 桓帝(환제)와 靈帝(영제)의 두 황제 때[19] 시작되었다. 환제는 선량한 인재를 禁錮(금고)에

---

14 分久必合 - 久는 오랠 구. 우리나라 懸吐本(현토본)에는 '天下大勢는 分久必合하고, 合久必分하나니~'로 되어 있다. 이는 經書의 현토와 같다.

15 七國 - 秦, 楚, 燕, 趙, 韓, 魏, 齊. 幷은 아우를 병. 秦(진)의 천하통일(서기 前 221년).

16 漢 高祖 劉邦(유방, 前 256 - 195년, 壽 62세, 前 206년 漢王, 漢 건국. 前 202년 칭제)은, 秦의 泗水 亭長(요즈음 지방 파출소장격)으로 죄수를 驪山(여산) 공사 현장으로 호송 하던 중, 길을 막은 白蛇(白帝之子의 化身)를 베고 전진했다. 劉邦은 이를 하늘의 계시라 생각하고 秦에 대항하여 봉기했고, 자신은 赤帝의 아들이라고 믿었다.《史記 高祖本紀》,《漢書 高帝紀 上, 下》.

17 光武帝 劉秀 - 서기 前 6년 12월에 출생하였고(양력으로 계산하면 前 5년 1월), 王莽(왕망) 地皇 3년(서기 22년, 28세)에 起兵한 뒤, 서기 25년(31세)에 鄗縣(호현, 今 河北省 서남부 石家莊市 관할 高邑縣)에서 즉위하고 연호를 建武, 國號를 漢(史稱 東漢, 後漢)으로 정했다. 32년을 재위하고 建武中元 2년(57년, 63세)에 낙양에서 죽었고, 시호는 光武, 廟號는 世祖. 陵墓는 原陵이다.

18 孝獻皇帝諱協 - 名은 協(협), 後漢 최후 황제. 재위, 189 - 220년. 諡法에 '聰明叡智曰獻'이라 했다. 220년 魏 曹丕(조비, 曹操의 아들)에게 선양. 劉協은 山陽公에 봉해졌다. 선양한 다음 해, 헌제가 피살되었다는 소문에 劉備는 獻帝에게 孝愍(효민)皇帝라는 시호를 올리고, 漢室의 계승을 자처하여 제위에 올랐다(蜀漢). 劉協은 魏 青龍 2년(234)에 54세로 죽었고, 孝獻皇帝라는 시호는 魏에서 올린 시호이다.

19 殆는 위험할 태. 대개, 간신히. 桓帝(환제)는 재위 146 - 167년. 靈帝(영제)는 재위

처하고 宦官(환관)을 중시하고 따랐는데,[20] 환제가 붕어한 뒤, 靈帝가 즉위하자 大將軍인 竇武(두무)[21]와 太傅(태부)인 陳蕃(진번)[22]은 함께 영제를 보필하였다. 그때 환관인 曹節(조절)[23] 등이 정권을 농단했는데, 두무와 진번이 조절을 죽이려 일을 꾸몄지만 일이 치밀하지 못하여 도리어 해를 당했는데[24] 中涓(중연, 환관)[25]은 이때부터 더욱 날뛰었다.

原文

建寧二年四月望日, 帝御溫德殿. 方陞座, 殿角狂風

168 - 189년.

20 錮는 틈을 막을 고, 가둘 고. 禁錮(금고)는 벼슬길을 막다. 善類는 士族 出身 官吏, 또는 正人君子. 宦은 벼슬 환, 宦官(환관)은 내시(內侍), 中官. 閹人(엄인). 1차 黨錮의 禍는 桓帝인 말기인 延憙 9년(서기 166), 2차는 靈帝 초년인 서기 168년에 일어났다. 당시 黨人의 門生, 故吏, 父子, 兄弟는 現職에서 배제하고(免官) 신규 임용도 불가한 禁錮(금고)에 처했다. 《後漢書》, 67권, 〈黨錮列傳〉 참고.

21 竇武 - 인명. 竇는 구멍 두. 성씨. 竇武는 桓帝의 3번째 황후인 桓思竇皇后의 生父. 영제를 옹립했다.

22 太傅(태부) - 後漢시대에는 어린 황제의 스승 격으로 三公보다 上位 職責이었다. 陳蕃(진번)은 太尉와 太傅 역임. 《後漢書》66권, 〈陳王列傳〉에 입전. 蕃은 우거질 번. 輔는 바퀴에 덧대는 나무 보, 도울 보. 佐 도울 좌.

23 曹節(조절) - 《三國演義》에 등장하는 '十常侍' 의 한 사람. 십상시는 張讓, 段珪, 趙忠, 封諝(봉서), 曹節, 侯覽, 蹇碩(건석), 程曠, 夏惲(하운), 郭勝 등이다.

24 反爲所害 - 反은 도리어, 되돌아오다. 所는 爲, 被와 같이 쓰여 被動을 나타낸다.

25 中涓(중연) - 내시, 환관. 본래는 황제 곁에서 청결 청소의 일을 담당하는 사람. 涓은 작은 시내 연, 깨끗할 연. 제거하다.

驟起, 只見一條大青蛇, 從樑上飛將下來, 蟠於椅上.
帝驚倒, 左右急救入宮, 百官俱奔避, 須臾蛇不見了.
忽然大雷大雨, 加以冰雹, 落到半夜方止, 壞却房屋
無數.

建寧四年二月, 洛陽地震, 又海水泛濫, 沿海居民盡
被大浪捲入海中. 光和元年, 雌雞化雄. 六月朔黑氣
十餘丈飛入溫德殿中. 秋七月, 有虹現於玉堂, 五原
山岸盡皆崩裂.

種種不祥, 非止一端. 帝下詔問群臣以災異之由, 議
郎蔡邕上疏, 以爲蜺墮雞化, 乃婦寺干政之所致, 言
頗切直. 帝覽奏嘆息, 因起更衣.

第一回 宴桃園豪傑三結義 斬黃巾英雄首立功 中 節錄.

國譯

(靈帝) 建寧 2년(서기 169) 4월 보름에,[26] 황제가 溫德殿(온덕전)
에 행차했다. 황제가 막 옥좌에 올라서자,[27] 溫德殿 모퉁이에서 갑
자기 狂風이 불더니,[28] 크고 검은 뱀 한 마리가[29] 대들보 위로부터

---

26 建寧 – 後漢 靈帝의 연호(서기 168-171년). 望日은 음력 보름.

27 方陞座 – 陞은 오를 승.

28 狂風驟起 – 驟는 달릴 취, 갑작스러울 취(突然). 驟起는 홀연히 일어나다.

29 一條大青蛇 – 條는 가지 조. 기다란 물건을 세는 양사(量詞). 中國語에는 사람이

떨어져 내려와 의자 위에 똬리를 틀었다.[30] 황제가 놀라 쓰러지자 좌우에서 급히 부축하여 內殿으로 들어갔고, 百官은 모두 피해 달아났는데 뱀은 곧 보이지 않았다.[31] 그리고 갑자기 크게 천둥이 치더니 큰 비가 내렸는데 우박까지 쏟아지다가 한밤이 되어서 겨우 그쳤으며, 셀 수 없이 많은 가옥이 무너졌다.[32]

建寧 4년(서기 171) 2월, 洛陽(낙양)에 地震(지진)이 있었고, (해안 지방의) 海水가 泛濫(범람)하여,[33] 沿海(연해)에 살고 있는 백성이 모두 큰 파도에 휩쓸려 바닷속으로 빨려 들어갔다.

(靈帝) 光和 원년(서기 178), 암탉(雌雞)이 수탉으로 변했다. 6월 초하루(朔), 10여 길(丈, 장)이나 뻗친 黑氣가 溫德殿에 들어왔다. 가을인 7월, 무지개가 玉堂(옥당)에 뻗쳤고,[34] 五原郡(오원군)[35]에서

나 사물, 동작의 단위를 표시하는 品詞인 量詞가 매우 다양하다. 例 一張紙, 一陣雨에서 張과 陣은 量詞이다. 一條小路는 한 줄기 오솔길, 三條魚는 물고기 3마리. 여기 條도 量詞이다. 靑(qīng)은 '검다'는 뜻도 있다. 靑布는 '검은 천', 靑衣는 '검은 빛깔의 옷'으로 평민이나 하인의 '일상복'을 의미한다.

30 從樑上飛將下來 - 將은 장수 장. 겨우, 막, 곧, ~을. 어떤 동작의 시작이나 지속을 뜻하는 조동사. 여기서는 將帥나 將軍의 뜻은 전혀 없다. 蟠은 서릴 반. 감돌다. 구불구불하다.

31 須臾蛇不見了 - 須臾는 잠시, 금방. 須는 모름지기 수. 臾는 잠깐 유. 了는 마칠 료. 동작이나 상황의 종료를 나타낸다.

32 壞却房屋無數 - 壞는 무너질 괴. 못 쓰게 되다. 나쁜. 却은 물리칠 각. ~해 버리다. 동작의 완성을 의미. 壞却(궤각)은 무너져 버린. 房屋은 가옥, 집, 건물.

33 又海水泛濫 - 又는 또 우. 泛은 뜰 범. 떠다니다. 濫은 퍼질 람(남).

34 有虹現於玉堂 - 무지개가 玉堂에 걸쳐 나타나다. 虹은 무지개 홍. 무지개는 陽보다 陰이 성한 소치이기에 祥瑞롭지 못한 氣運이라 생각했다.

35 五原은 郡名. 치소는 九原縣, 今 內蒙古 黃河 북안 包頭市 九原區. 呂布의 출신지.

는 산언덕이 모두 무너지거나 갈라졌다.

이런 여러 가지(種種)의 상서롭지 못한(不祥) 일들은 결코 하나 둘이 아니었다. 이에 영제는 조서를 내려 여러 신하들에게 災異(재이)의 원인에 대하여 물었는데, 議郎인 蔡邕(채옹)[36]은 상소하여 무지개가 나타나고 암탉이 수탉이 된 것은 부녀자나 내시가 정사에 간여한[37] 所致(소치)라고 말하였는데[38] 그 언사가 자못 간절한 직언이었다. 영제는 상주된 상소를 읽고 탄식한 뒤, 일어나 변소로 갔다.[39]

---

36 議郎蔡邕 – 蔡는 풀 채, 큰 거북 채. 성씨. 邕 화할 옹. 蔡邕〔채옹, 133~192년, 字, 伯喈(백개)〕은 음률에 정통했고 박학했다. 名筆로 飛白書의 창시자. 後漢의 유명한 才女 蔡琰(채염, 文姬, 177?~249?, 음악가이며 여류 시인)의 부친. 채옹은 뒷날 옥사. 채옹은 《後漢書》60권, 〈馬融蔡邕列傳〉에 立傳. 蔡琰(채염)은 《後漢書》84권, 〈列女傳〉에 입전.

37 婦寺干政 – 寺 절 사, 관청 시, 내관 시. 干은 방패 간, 막을 간. 간섭하다.

38 以爲霓墮雞化 – 以爲는 ~라 생각하다. 以~爲~는 ~을 ~라 하다. 霓는 무지개 예. 墮는 떨어질 타.

39 因起更衣 – 更衣는 옷을 갈아입다. → 변소에 가다. 이런 표현을 완사(婉辭, 유순할 완)라고 한다.

2 宴桃園豪傑結義

도원에서 잔치하며 호걸들이 結義하다.

後漢 말 黃巾賊 亂의 주동 인물은 太平道의 지도자 張角(장각, ? – 184년)이다. 장각은 본래 낙방한 秀才였는데, 입산하여 採藥(채약)하다가 南華老仙(남화노선)이라는 노인을 만나 동굴 안에 들어가 天書 3권을 받았고, 그 책을 읽어 道通했다고 하였다.

장각은 '蒼天已死(창천이사)니 黃天當立(황천당립)이라. 歲在甲子에 天下大吉한다.'고 백성을 선동하였다. (靈帝) 中平 원년(서기 184)에, 張角은 그 동생 張寶(장보), 張梁(장량)과 함께 신도를 거느리고 봉기하니, 이를 역사에서는 '黃巾之亂(黃巾起義)'이라 하였다.

황건적의 난에 幽州牧(유주목, 牧은 刺史, 郡 太守의 직속상관) 劉焉(유언)[1]의 의병을 모집한다는 격문이 涿郡(탁군)의 治所인 涿縣(탁현)[2]에도 나붙었다.

---

1 劉焉(유언, ? – 194년, 字 君郞) – 焉은 어조사 언, 어찌 언. 삼국 형성 시기 이전, 후한 군벌 세력 중 하나. 漢 (景帝의 아들) 魯 恭王(劉余)의 後裔(후예)로, (後漢) 章帝 元和 연간에 竟陵(경릉)에 옮겨 봉해진 支孫(지손)의 가문이었다. 유언은 雒陽 縣令, 冀州(기주) 자사, 南陽 태수와 宗正, 太常 등을 역임했고 益州牧이 되었지만 幽州牧을 역임했다는 기록은 없다. 서기 214년에, 아들인 益州 자사 劉璋(유장)이 劉備에 투항하며 그 세력은 종결되었다. 陳壽《三國志 蜀書》1권, 〈劉二牧傳〉에 立傳.

2 後漢은 전국을 13刺史部(사예교위부 포함 14州)로 나누고, 관할 郡(太守)을 감독케 하였다. 자사는 牧으로 칭호를 변경했지만 습관상 자사와 목이 혼용되었다. 幽州太守는 잘못된 칭호이다. 郡의 명칭과 治所인 縣名은 서로 혼용했다.

이 격문을 보고 劉備(유비)와 張飛(장비), 그리고 關羽(관우)가 만나게 된다. 劉·關·張 3人의 桃園結義(도원결의)[3]는 《三國演義》의 본격적인 시작이다. 소설 속의 도원결의는 중국인에게 義理의 표본이 되었다.

榜文行到涿縣, 引出涿縣中一個英雄. 那人不甚好讀書, 性寬和, 寡言語, 喜怒不形於色. 素有大志, 專好結交天下豪傑, 生得身長八尺, 兩耳垂肩, 雙手過膝, 目能自顧其耳, 面如冠玉, 脣如塗脂.

中山靖王劉勝之後, 漢景帝閣下玄孫, 姓劉 名備, 字玄德. 昔劉勝之子劉貞, 漢武時封涿鹿亭侯, 後坐酎金失侯, 因此遺這一枝在涿縣, 玄德祖劉雄, 父劉

---

3 桃園結義 – 陳壽의 正史《三國志》에는 도원결의 내용이 없다. 다만 正史《三國志 蜀書》6권, 〈關張馬黃趙傳〉에 「先主爲平原相, 以羽,飛爲別部司馬, 分統部曲. 先主與二人寢則同床, 恩若兄弟. 而稠人廣坐, 侍立終日, 隨先主周旋, 不避艱險.」 「유비가 平原 相이 되었을 때, 관우와 장비를 別部司馬에 임명하여 군사를 나눠 지휘케 하였다. 유비는 관우, 장비와 같은 침상에서 기거하며 그 恩義가 형제와 같았다. 많은 사람들이 모인 장소에서는 유비를 모시고 종일 侍立(시립)하였으며 유비를 따라 정벌에 나서는 등 곤경과 위험을 피하지 않았다.」 라는 기록만 있다.

弘. 弘曾擧孝廉, 亦嘗作吏, 早喪.

國譯

　幽州牧 劉焉(유언)의 榜文(방문)이 涿縣(탁현)에 나붙자,[4] 탁현에서 한 英雄이 출현하였다. 그 사람은 독서를 아주 좋아하지는 않았고,[5] 성품은 너그러웠고 말 수는 적었으며, 喜怒(희노)의 감정을 얼굴(顔色)에 나타내지 않았다. 평소에 大志를 품고, 오로지(專) 천하 호걸들과 사귀기를(結交) 좋아하였으며,[6] 타고 난 신장이 8尺이고,[7] 양쪽 귀는 어깨까지 늘어졌고,[8] 양팔은 무릎 아래까지 닿았으며,[9] 눈은 자신의 귀를 볼 수 있고, 얼굴은 冠玉(관옥)과 같고, 입술(脣)은 연지를 바른 듯 붉었다.[10]

---

4 榜文行到涿縣 − 榜은 나무 조각 방. 榜文은 告示文. 涿은 물방울 떨어질 탁. 涿縣은 今 河北省 중부 保定市 관할 涿州市(탁주시). 北京市 서남방.

5 那人不甚好讀書 − 那는 어느 나, 어찌 나. 저것, 그것. 那人은 그 사람. 말하는 당사자로부터 멀리 떨어진 사람.

6 專好結交天下豪傑 − 專은 오로지, 전적으로, 몰두하다. 豪은 클 호. 호방한, 뛰어난 재능을 가진 사람. (예) 文豪. 傑은 뛰어날 걸.

7 生得身長八尺 − 漢代의 1尺은 약 23.1cm. 180cm 정도의 당당한 체구. 七尺五寸으로 나온 책도 있는데, 이 경우 172cm 정도의 보통 체구.

8 兩耳垂肩 − 垂는 드리울 수. 肩은 어깨 견. 귀가 커서 소설 속에서는 '大耳兒'로 조롱을 당했다.

9 雙手過膝 − 膝은 무릎 슬. 팔이 무릎에 닿았다면 일종의 奇形이나, 여기서는 영웅의 형상으로 과장되었을 것이다.

10 脣如塗脂 − 脣은 입술 순. 塗는 바를 도. 脂는 기름 지. 臙脂(연지).

그 사람은 中山國 靖王(정왕) 劉勝(유승)의 후손으로,[11] 漢 景帝 閣下 (각하)의 먼 후손이며,[12] 姓은 劉이고 名은 備이며, 字는 玄德(현덕)이다. 옛날 劉勝의 아들인 劉貞(유정)이 漢 武帝 때 涿鹿亭侯(탁록정후)[13]에 봉 해졌는데 뒷날 酎金(주금)[14]에 연좌되어 제후의 지위를 잃었고, 그 때문 에 후손의 한 갈래가 涿縣(탁현)에 살게 되었으며, 玄德의 祖父는 劉雄 (유웅), 부친 劉弘(유홍)인데, 유홍은 그전에 孝廉(효렴)[15]으로 천거되어 관리가 되었지만 일찍 죽었다.

---

11 中山靖王 — 劉勝(유승, ?－前 113)은 景帝의 9子, 武帝의 이복형. 趙王 劉彭祖의 同 母弟. 中山國 영역은 常山郡의 동부 지역. 치소는 盧奴縣(今 河北省 중부 定州市). 《漢書》53권, 〈景十三王傳〉에 입전. 劉勝의 아들 劉貞의 먼 후손이 劉備(玄德)이다.

12 閣下玄孫 — 閣下는 貴人에 대한 존칭. 玄孫은 孫子의 孫子. 여기서는 먼 후손이라는 뜻. 劉備(서기 161－223년)가 중산정왕(유승, ?－前 113) 손자의 손자가 될 수 없다.

13 涿鹿亭侯(탁록정후) — 황제의 아들은 郡 단위를 식읍으로 받고 제후국 王이 되었다. 그 왕의 아들은 縣 단위에 봉해지고 國이라 칭했지만 격이 크게 달랐다. 그 후손들은 鄕이나 亭 단위를 식읍으로 받아 鄕侯, 亭侯라고 불렀다.

14 酎金(주금) — 정월 초하루에 술을 담가 8월까지 숙성시킨 술을 酎(진한 술 주)라 하는 데, 이를 종묘에 바치며 제사하고 제후들이 모여 음주했다. 제후는 인구 1천 名에 황 금 4兩을 종묘 제사비용으로 국가에 바쳐야 하는데, 이를 酎金이라 하였다. 이 주금 의 무게가 부족하거나 품질이 불량할 경우에 酎金律(漢 文帝 때 제정)에 의거 削縣 (삭현) 또는 파면되었다.

15 孝廉(효렴)은 選擧(선거, 인재 등용) 과목의 하나. 孝子와 廉吏란 뜻. 본래 二科이나 하 나처럼 통칭. 전한 武帝 이후 入仕의 正道로 인식되었다. 후한에서는 인구 20만을 기 준으로 효렴 1인을 천거했다. 효렴과 함께 茂才(무재, 전한에서는 秀才, 後漢에서는 光 武帝를 諱하여 茂才로 개칭)도 인재 천거 과목의 하나였다.

宴桃園豪傑三結義(연도원호걸삼결의)

繡像 三國志演義(수상 삼국지연의) – 上海 鴻文書局 印行, 국립중앙도서관 소장

玄德孤幼, 事母至孝, 家貧, 販屨織席爲業. 家住本
縣樓桑村. 其家之東南, 有一大桑樹, 高五丈餘, 遙望
之, 童童如車蓋.

相者云, "此家必出貴人." 玄德幼時, 與鄉中小兒戲

於樹下, 曰, "我爲天子, 當乘此車蓋."

叔父劉元起奇其言, 曰, "此兒非常人也!" 因見玄德家貧, 常資給之. 年十五歲, 母使游學, 嘗師事鄭玄, 盧植, 與公孫瓚等爲友. 及劉焉發榜招軍時, 玄德年已二十八歲矣.

國譯

玄德은 어려서 아버지를 여위었지만[16] 어머니를 지극한 효성으로 섬겼고, 집안이 가난하여 신발을 팔고 자리(席) 짜기가 본업이었다.[17] 집은 탁현의 樓桑村(누상촌)이었다. 유비 집의 동남쪽으로 큰 뽕나무가 한 그루 있는데, 그 높이가 5길(五丈)이 넘었으며 멀리서 바라보면 마치 수레 덮개처럼 무성했다.[18]

관상가(相者)는 "이 집에서 틀림없이 貴人이 나올 것이다."라고 말했었다. 玄德은 어렸을 때, 마을의 아이들하고 그 뽕나무 아래에서 놀면서 "나는 天子가 되어, 꼭 이런 덮개가 있는 수레를 탈 것이다."라고 말했었다.

叔父인 劉元起(유원기)는 현덕의 말을 기특하게 여기며 "이 아이

---

16 孤幼 - 幼而無父曰孤. [참고] 老而無子曰獨.

17 販履織席爲業 - 履는 신발 리. 밟다. 織은 짤 직. 이 때문에 유비는 소설에서 '織席小兒'라고 놀림을 당했다.

18 童童은 나무가 무성한 모양. 蓋는 덮을 개. 대개, 아마도.

는 보통 아니가 아니다!'라고 말하면서 玄德이 家貧하기 때문에 물자를 자주 공급해 주었다.[19] 현덕이 15살이 되자 모친은 현덕을 游學(遊學)하게 시켰는데,[20] (현덕은) 일찍이 鄭玄(정현)[21]과 盧植(노식)[22]을 師事하였고 公孫瓚(공손찬)[23]과 벗이 되었다.

(幽州牧) 劉焉(유언)이 榜文(방문)을 붙여 군사를 모집할 때, 玄德은 나이가 28세였다.[24]

---

19 常資給之 — 常은 자주, 때때로. 資給은 供給(공급). 之는 사람이나 사물을 대신하여 목적어로 쓰이는 代詞.

20 年十五歲 母使游學 — 孔子의 '吾十有五而志于學'에 맞춰 쓴 것임. 정말 그러했다면 신발은 누가 팔고, 자리는 언제 짰는가? 使는 ~하게 하다, 시키다. 游는 유람하다, 떠돌다. 교제하다. 游學은 外地에 나가 스승을 찾아 공부하다.

21 鄭玄(정현, 127 – 200년, 字 康成)은 北海郡 高密縣 출신. 後漢의 經學을 집대성한 경학자 鄭玄(정현)은 馬融(마융)의 제자. 정현은 後漢 말기 난세에 오로지 학문의 등불을 밝히려 애를 썼던 사람이다. 그의 명성은 그가 벼슬길을 기웃거리지 않았고 학문의 길만을 걸었기에 얻은 명성이니, 그의 경력 자체가 당시로서는 특이하고 또 어려운 일이었다. 《後漢書》35권, 〈張曹鄭列傳〉에 立傳.

22 盧植(노식, ? – 192, 字 子幹) — 後漢 末 政治家, 장군, 經學者. 涿郡 涿縣(탁현) 사람이다. 8尺2寸의 長身에, 목소리는 종소리와 같았다. 젊어 鄭玄(정현)과 함께 馬融(마융)에게 사사하여 古今學에 능통했으며 정밀 硏學하였지만 章句의 학문을 좋아하지 않았다. 公孫瓚(공손찬), 劉備 등이 그 문하생이었다.

23 公孫瓚(공손찬, ? – 199, 字는 伯珪) — 遼西郡 令支縣(영지현) 사람이다. 집안이 대대로 태수를 역임하였다. 공손찬은 모친이 천하여 나중에 郡의 小吏가 되었다. 사람됨이 외모가 훌륭하고 목소리가 굵었으며 능변에 똑똑하였다. 요서태수가 그 재능을 기특하게 여겨 딸을 아내로 주었다. 공손찬은 劉備와 함께 盧植(노식)에게 師事했었다. 나중에 袁紹에게 패망. 《後漢書》73권, 〈劉虞公孫瓚陶謙列傳〉에 立傳.

24 年已二十八歲矣 — 劉備가 죽은 해와 나이를 逆算하면 24세이어야 한다.

當日見了榜文, 慨然長嘆. 隨後一人厲聲言曰, "大丈夫不與國家出力, 何故長嘆?" 玄德回視其人, 身長八尺, 豹頭環眼, 燕頷虎鬚, 聲若巨雷, 勢如奔馬. 玄德見他形貌異常, 問其姓名.

其人曰, "某姓張, 名飛, 字翼德. 世居涿郡, 頗有莊田, 賣酒屠豬, 專好結交天下豪傑. 恰纔見公看榜而嘆, 故此相問."

玄德曰, "我本漢室宗親, 姓劉, 名備. 今聞黃巾倡亂, 有志欲破賊安民, 恨力不能, 故長嘆耳." 飛曰, "吾頗有資財, 當招募鄉勇, 與公同擧大事, 如何?" 玄德甚喜, 遂與同入村店中飲酒.

(현덕은) 그날 방문을 읽으며 분개한 듯 크게 탄식했다.[25] 그러자 뒤에 있던 한 사람이 큰 소리로 말했다.[26]

"대장부가 나라를 위해 힘을 쓰지 못하고 어찌 탄식만 합니까?"

현덕이 고개를 돌려 그를 보니 8척 신장에 크고 우락부락한 얼굴

25 慨然長嘆 – 慨는 강개할 개. 한숨을 쉬다. 嘆 탄식할 탄.

26 隨後一人厲聲言曰 – 隨는 따를 수. 厲는 사나울 여(려). 厲聲은 성난 목소리.

에 부리부리한 눈,[27] 제비턱처럼 큰 턱에 호랑이 같은 수염이었고,[28] 목소리는 꼭 우레와 같으며 그 기세가 마치 달리는 말과 같았다.[29] 현덕은 그 특이한 모습을 보고 성명을 물었다. 그 사람이 말했다.

"저의 姓은 張이고 이름은 飛(비), 字는 翼德(익덕)[30]입니다. 대대로 涿郡(탁군)에 살면서 제법 많은 전답을 갖고서[31] 술도 팔고 돼지도 도살하면서[32] 오로지 천하 호걸과 사귀고 있습니다. 마침 公께서 방문을 읽고[33] 장탄식을 하시기에 말을 걸었습니다."

玄德이 말했다.

"나는 본래 漢室의 宗親으로, 姓은 劉, 이름은 備입니다. 지금 황건적이 창궐한다 하는데,[34] 황건적을 격파하고 安民하고픈 뜻은 있

---

27 豹頭環眼 ─ 豹는 표범 표(虎類而小者也). 豹頭는 크고 우락부락한 얼굴. 環은 고리 환. 環眼은 고리 모양의 부리부리한 눈.

28 燕頷虎鬚 ─ 燕은 제비 연. 頷은 턱 함. 제비턱은 넓고 긴 턱. 鬚는 수염 수. 보통 燕頷虎鬚(연함호수)는 武將의 당당한 용모를 묘사하고, 燕頷虎頭는 富貴之相이라고 알려졌다.

29 勢如奔馬 ─ 奔은 급히 달릴 분.

30 張飛(장비, 167 ─ 221년, 字 益德,《三國演義》에서는 翼德) ─ 幽州 涿郡 출신, 今 河北省 保定市 관할 涿州市(北京市 연접). 關羽와 함께 '萬人敵'으로 일컬음. 陳壽는 關羽, 張飛, 馬超, 黃忠, 趙雲을 正史《三國志 蜀書》6권, 〈關張馬黃趙傳〉에 입전.《三國演義》에서는 '五虎上將'으로 통칭. 中國 傳統 文化에서 張飛의 캐릭터는 거칠고 剛烈(강렬)하며 好酒하는 성격으로 고정화되었는데, 이는 소설의 영향이라 할 수 있다. 그러면서 장비는 수많은 속담의 단골 소재로 사랑을 받고 있다. 장비의 두 딸이 연이어 촉한 後主의 황후가 되었으니, 기본 미모는 갖추었을 것이다.

31 頗有莊田 ─ 頗는 자못 파. 꽤, 상당히. 莊田은 田莊, 田地와 莊園.

32 賣酒屠猪 ─ 屠는 짐승을 잡을 도. 猪는 돼지 저(猪는 俗字).

33 恰纔見公看榜而嘆 ─ 恰은 마치 흡. 적당하다. 마침. 纔는 겨우 재(才와 같음).

34 黃巾倡亂 ─ 倡은 부를 창, 광대 창. 倡亂은 소요(난동)를 주동하다.

지만 능력이 모자라 한이 되기에 탄식했습니다."[35]

장비가 말했다.

"제가 가진 재산이 좀 있으니 鄕黨의 용사를 모아[36] 公과 함께 큰 일을 해보고 싶은데 어떤지 모르겠습니다."

현덕은 크게 기뻐하며 함께 마을의 주점에 들어가 술을 마셨다.

原文

正飮間, 見一大漢, 推着一輛車子, 到店門首歇了, 入店坐下, 便喚酒保, "快斟酒來吃, 我待趕入城去投軍."

玄德看其人, 身長九尺, 髥長二尺, 面如重棗, 脣如塗脂, 丹鳳眼, 臥蠶眉, 相貌堂堂, 威風凜凜. 玄德就邀他同坐, 叩其姓名. 其人曰 "吾姓關, 名羽, 字長生, 後改雲長, 河東解良人也. 因本處勢豪, 倚勢凌人, 被吾殺了, 逃難江湖, 五六年矣. 今聞此處招軍破賊, 特來應募."

玄德遂以己志告之, 雲長大喜. 同到張飛莊上, 共議

---

35 故長嘆耳 - 耳는 ~일 뿐이다. 종결어미(斷定).
36 當招募鄕勇 - 招募는 불러 모으다. 鄕勇은 향당의 용사. 鄕兵. 義勇軍, 官軍이 아님.

大事.

國譯

　(현덕과 장비가) 술을 마시고 있는데,[37] 당당한 체구의 한 사람이 수레를 끌고 와[38] 客店의 문 앞에 멈추더니[39] 들어와 자리에 앉으며, 바로 酒保(酒母)를 불러[40] "빨리 술을 갖다 주시오.[41] 나는 성 안에 들어가 입대할[42] 것이오." 라고 말했다.

　玄德이 그 사람을 보니 9척 장신에 수염이 2자나 되며,[43] 얼굴은 큰 대추처럼 야무지고[44] 입술은 연지를 바른 것처럼 붉으며, 눈은 鳳凰(봉황)의 눈이고,[45] 누에 눈썹(진하고 굵은 눈썹)에 당당한 체구이면서도 늠름한 위엄이 있었다.[46] 현덕은 그를 불러 합석하면서

---

37 正飮間 – 正은 마침, 바야흐로. 동작이나 상태의 지속을 나타내는 副詞.

38 推着一輛車子 – 着 ~하고 있다(동작의 지속). ~하면서, ~한 채로(완료). 車子는 수레. 子는 하나씩 셀 수 있는 물건을 뜻하는 접미사. 帽子(모자), 椅子(의자)의 子와 같음.

39 到店門首歇了 – 門首는 문 앞. 歇은 쉴 헐. 멈추다.

40 便喚酒保 – 便은 곧, 즉시, 바로. 酒保는 酒母.

41 快斟酒來吃 – 快는 빨리. 斟은 (술, 차를) 따를 짐. 來는 어떤 동작이 話者 쪽으로의 진행을 뜻함. 吃은 마실 흘, 먹다(喫 마실 끽). 먹는 것.

42 我待趕入城去投軍 – 待는 기다릴 대. ~하려 한다. 趕 쫓을 간. 서두르다. 投軍은 입대하다.

43 髥長二尺 – 髥은 구레나룻 염. 턱수염(鬚는 수염 수).

44 面如重棗 – 重은 무거운, 큰. 棗는 대추 조.

45 鳳凰이 상상 속의 새이니, 어떤 모습인지 定形이 없다. 그 봉황의 눈이 어떠한가는 독자의 상상에 따라 다를 것이다.

46 威風凜凜 – 凜은 차가울 늠(름). 엄숙하다.

성명을 물었다.[47]

그가 말했다.

"나의 姓은 關, 名은 羽(우)이며, 字는 長生이었는데 나중에 雲長 (운장)[48]으로 바꾸었고, 河東郡 解良縣(해량현)[49] 사람입니다. 본향에 살 때, 세력을 믿고 남을 능멸하던 자를 내가 죽여버린 뒤, 피난하여 江湖를 떠돈 지 5, 6년입니다. 이번에 여기서 군사를 모아 황건적을 격파한다 하여 일부러 응모하러 왔습니다."[50]

현덕이 자신의 생각을 운장에게 말하자 雲長도 크게 기뻐했다. 그리고 함께 장비의 장원으로 가서 함께 대사를 논의했다.

原文

飛曰, "吾莊後有一桃園, 花開正盛, 明日當於園中祭告天地, 我三人結爲兄弟, 協力同心, 然後可圖大事."

玄德雲長 齊聲應曰, "如此甚好."

---

47 就邀他同坐 — 就는 나아갈 취. 곧, 당장에. 邀는 맞이할 요. 叩其姓名의 叩는 두드릴 고. 탐문하다.

48 關羽(관우, 서기 160 − 220년, 字 雲長, 本字 長生) — 河東郡 解縣 출신, 今 山西省 서남단 運城市. 劉備의 장군, 張飛와 함께 '1만 명을 상대할 수 있는 사람(萬人敵)'으로 알려졌다.

49 河東郡 解良은 解縣, 今 山西省 서남단 運城市. 全市 總人口 500만이 넘는 대 도시이다.

50 特來應募 — 特은 우뚝할 특. 일부러.

次日於桃園中, 備下烏牛白馬祭禮等項, 三人焚香再拜而說誓曰,

"念劉備關羽張飛, 雖然異姓, 旣結爲兄弟, 則同心協力, 救困扶危, 上報國家, 下安黎庶, 不求同年同月同日生, 只願同年同月同日死. 皇天后土, 實鑒此心. 背義忘恩, 天人共戮."

誓畢, 拜玄德爲兄, 關羽次之, 張飛爲弟. 祭罷天地, 復宰牛設酒, 聚鄕中勇士, 得三百餘人, 就桃園中痛飮一醉.

第一回 宴桃園豪傑三結義 斬黃巾英雄首立功 中 節錄.

國譯

이에 장비가 말했다.

"저의 농장 뒤에 복숭아밭이 있는데 마침 桃花(도화)[51]가 한창이니 내일 桃園(도원)에서 天地神明께 제사를 지내 고한 뒤에, 우리 세 사람이 형제가 되어 한마음으로 협력한다면 큰일을 이룰 수 있을 것입니다."

玄德과 雲長은 다같이 "그거 정말 좋을 것이요."라고 말했다.[52]

---

51 花開正盛 − 正은 마침, 한창, 바야흐로.

52 齊聲應曰 − 齊는 가지런할 제. 마음이 맞다. 일제히. 如此甚好의 甚은 심할 심. 몹시.

다음 날(次日), 장비의 도원에서 검은 소(烏牛, 오우)와 白馬, 그리고 여러 가지 제물을 준비한 뒤에, 3인은 향을 사르고 再拜하며 하늘을 두고 서약하였다.

"생각건대, 劉備와 關羽, 張飛는 비록 姓은 다르지만, 이제 형제가 되었으니 한마음으로 도울 것이며 어려움과 위기를 함께 극복할 것입니다. 위로는 나라에 보답하고, 아래로는 백성[53]을 편안케 할 것이며 한 해의 같은 달, 같은 날에 태어나지는 않았지만, 같은 해, 같은 달, 같은 날에 죽기를 바랍니다. 皇天后土께서는 우리 이 마음을 지켜봐 주십시오. 恩義를 잊거나 져버린다면 天人이 함께 벌을 내릴 것입니다."[54]

맹서를 마치자,[55] 玄德을 兄으로 모셨고, 關羽가 다음, 그리고 장비가 아우가 되었다. 제사를 마친 뒤 다시 소를 잡고[56] 술상을 차려 향촌의 용사 3백여 명을 모아 도원에서 크게 잔치를 벌리며 마음껏 마셨다.[57]

매우.

53 黎庶 – 백성, 서민. 黎는 검을 려. 많은 사람. 庶는 많을 서.

54 天人共戮 – 戮은 죽일 육(륙).

55 誓畢 – 誓는 다짐할 서. 畢은 마칠 필.

56 復宰牛設酒 – 宰는 재상 재. 주재하다. 가축을 도살하다.

57 就桃園中痛飲一醉 – 就는 나아갈 취. 가까이 하다. 곧, 즉시, 바로. 어떤 동작이 짧은 시간에 이루어지는 것을 말함. 痛飲(통음)은 술을 맘껏 마시다.

도원결의 이후, 中山國의 大商으로 수천 金의 재산을 가진 張世平(장세평)과 蘇雙(소쌍) 등이 탁군을 돌며 말을 판매하다가 유비를 만나 특별하게 여기면서 재물을 많이 내주었다. 유비는 이를 바탕으로 군사를 모을 수가 있었다.

3 亂世之奸雄曹操
亂世의 간웅 조조

曹操(조조)는 《三國演義》에서 사실상의 주인공이다. 劉備나 諸葛亮, 孫權의 행적은 거의 조조와 관련이 있다고 볼 수 있다.

소설에서뿐만 아니라 역사에서도 조조는 유비나 손권보다 훨씬 큰 비중을 차지한다. 정치, 군사적으로 중요한 인물일뿐만 아니라 뛰어난 시인이었기에 중국문학사에도 등장한다. 그래서 《삼국연의》에서 조조의 첫 등장을 節錄(절록)했다.

原文

殺到天明, 張梁·張寶引敗殘軍士, 奪路而走. 忽見一彪軍馬, 盡打紅旗, 當頭來到, 截住去路. 爲首閃出一將, 身長七尺, 細眼長髥, 官拜騎都尉, 沛國譙郡人也, 姓曹名操, 字孟德. 操父曹嵩, 本姓夏侯氏, 因爲中常侍曹騰之養子, 故冒姓曹.

曹嵩生操, 小字阿瞞, 一名吉利. 操幼時, 好遊獵喜

歌舞, 有權謀, 多機變. 操有叔父, 見操游蕩無度, 嘗
怒之, 言於曹嵩, 嵩責操.

操忽心生一計, 見叔父來, 詐倒於地, 作中風之狀.
叔父驚告嵩, 嵩急視之, 操故無恙. 嵩曰, "叔言汝中
風, 今已愈乎?"

操曰, "兒自來無此病, 因失愛於叔父, 故見罔耳."
嵩信其言. 後叔父但言操過, 嵩並不聽. 因此, 操得恣
意放蕩.

國譯

(유비가 魯植을 도와 황건적의 무리를) 날이 밝을 때까지 공격하
자[1] (張角의 동생) 張梁(장량)과 張寶(장보)는 패하여 남은 군사를
이끌고 샛길을 찾아 달아났다.[2] 그때 갑자기 한 떼의 軍馬가 나타
났는데[3] 모두 붉은 깃발을 꽂고[4] 앞에서 도망가는 길을 가로막았

----

1 殺到天明 - 殺은 죽이다, 싸우다, 돌격하다, (敵勢를) 약화시키다, 없애다 등 다양
한 뜻이 있다.

2 奪路而走 - 奪은 빼앗을 탈. 쟁취하다. 走는 우리말로 '달릴 주'라고 訓讀하지만
걷다, 가다, 이동하다, 출발하다, 도망치다 등 여러 의미로 쓰인다.

3 忽見一彪軍馬 - 忽은 갑자기 홀. 돌연. 彪는 칡 범 표. 一彪는 一支, 一隊, 한 무리
의 군대.

4 盡打紅旗 - 모두가 紅旗를 꽂고. 盡은 다할 진. 전부, 모두.《三國演義》에는 '打'
字가 많이 쓰였는데 그만큼 뜻이 다양하다. 打는 치다, 부수다, 공격하다, 싸우다,
내걸다, 쏘다, 퍼내다. (술 따위를) 사다. ~하다 등 다양한 뜻으로 쓰인다.

다.[5] 맨 앞에 번개같이 한 장수가 달려 나오는데, 7尺의 보통 키에 눈이 가느다란 騎都尉(기도위)[6]인데, 沛國 譙郡(譙縣, 초현)[7] 출신으로 姓은 曹이고, 이름은 操(조)이며, 字는 孟德(맹덕)[8]이었다. 曹操(조조)의 부친 曹嵩(조숭)[9]은 그 本姓이 夏侯氏(하후씨)이었는데, 中常侍 曹騰(조등)의 養子가 되었기에 조씨가 되었다.[10]

曹嵩(조숭)이 조조를 낳았는데 조조의 어릴 적 字는 阿瞞(아만),[11] 一名은 吉利(길리)이었다. 조조는 어려서부터 사냥을 좋아하고 歌舞를 즐겼으며, 權謀가 많고 임기응변에 뛰어났다. 조조에게 叔

---

5 截住去路 – 截은 끊을 절. 차단하다. 멈추게 하다. 住는 머무를 주. 동작이나 상태의 지속을 뜻한다.

6 騎都尉(기도위) – 騎兵都尉, 황제를 경호하는 기병부대 지휘관. 한 郡의 행정 사법 책임자가 太守이고(질록 二千石), 郡의 군사 및 치안 책임자를 도위라 하였다. 질록 比二千石. 도성의 각 성문에는 성문도위가, 주요 關門에는 관문도위를 두었다. 도위는 단위부대 지휘관 격이다.

7 沛國 譙郡(譙縣, 초현) – 제후의 왕국과 郡은 행정단위로는 동급이다. 譙縣(초현)이 맞다. 沛國 譙縣은, 今 安徽省(안휘성) 서북부의 亳州市(박주시).

8 孟德(맹덕) – 字에는 형제 서열을 뜻하는 伯(孟) – 仲 – 叔 – 季가 많이 들어간다. 조조는 長男이었다.

9 曹嵩(조숭, 字 巨高)은 司隸校尉(사예교위)가 되었다가, 靈帝 때 국가 재정을 담당하는 大司農으로 승진했고 이어 大鴻臚(대홍려)가 되었으며, 최고 군사 책임자인 太尉가 되었다. 魏 文帝 黃初 元年(서기 221년) 조숭을 太皇帝로 추존하였다. 조숭은 본래 夏侯氏(하후씨)로 夏侯惇(하후돈)의 叔父였는데 曹騰(조등)의 양자로 입적했기에 그 본말을 아는 사람이 없다고 하였다.

10 故冒姓曹 – 冒姓(모성)은 養子나 데릴사위 등으로 남의 姓을 갖다. 남의 성을 사칭하다.

11 小字阿瞞 – 阿는 언덕 아. 접두사. 항렬, 이름, 성씨 앞에 붙어 친밀함을 나타낸다. 瞞은 속일 만.

父가 있었는데, 조조의 절제 없는 방탕에[12] 화를 내며 꾸짖었고[13] 이를 조숭에게 말했기에 조숭은 조조를 크게 책망하였다.

이에 조조는 문득 마음속으로 계책을 꾸며 숙부가 오는 것을 보고 거짓으로 땅바닥에 쓰러져 中風을 맞은 듯 꾸며대었다. 숙부가 놀라 조숭에게 말했고, 조숭이 급히 달려오자 조조는 아무렇지도 않았다.[14] 조숭이 말했다.

"네 숙부 말에 네가 중풍을 맞았다는데 지금은 괜찮으냐?"[15]

조조는 "저는 본래 그런 병이 없는데 아마 제가 叔父에게 인정을 못 받았기 때문에 모함을 받은 것 같습니다."[16]

조숭은 조조의 말을 믿었다. 뒤에 숙부가 조조의 과오를 말하더라도 조숭은 그 말을 믿지 않았다. 그래서 조조는 멋대로 놀아날 수 있었다.

原文

時人有橋玄者, 謂操曰, "天下將亂, 非命世之才不能濟. 能安之者, 其在君乎?" 南陽何顒見操, 言 "漢

---

12 遊蕩無度 – 遊蕩(유탕)은 빈둥거리다. 방탕한 생활을 하다.

13 嘗怒之 – 嘗은 맛볼 상. 겪다. 당하다. 일찍이, 이전에.

14 操故無恙 – 조조가 아프지 않은 것을 보고. 恙은 근심할 양.

15 今已愈乎? – 지금(今) 벌써(已) 나았느냐? 愈는 병 나을 유.

16 故見罔耳 – 見은 당하다. 罔은 속일 망. 거짓말.

室將亡, 安天下者, 必此人也."

　汝南許劭, 有知人之名. 操往見之, 問曰, "我何如人?" 劭不答. 又問, 劭曰, "子治世之能臣, 亂世之奸雄也." 操聞言大喜.

　年二十, 擧孝廉爲郎, 除洛陽北都尉. 初到任, 卽設五色棒十餘條於縣之四門, 有犯禁者, 不避豪貴, 皆責之. 中常侍蹇碩之叔, 提刀夜行, 操巡夜拿住, 就棒責之. 由是 內外莫敢犯者, 威名頗震. 後爲頓丘令. 因黃巾起, 拜爲騎都尉, 引馬步軍五千, 前來潁川助戰.

　第一回 宴桃園豪傑三結義 斬黃巾英雄首立功 中 節錄.

[國譯]

　그때 橋玄(교현)[17]이란 사람이 있었는데, 젊은 조조를 만나보고 말했다.

　"天下가 어지러워지면,[18] 세상에 이름난 사람(命世之才)이 아니

---

17 時人有橋玄者 – 橋玄(교현, 110 – 184年. 字 公祖)은 靈帝 때 三公과 太尉를 역임했다. 젊은 날의 曹操를 격려해준 사람. 조조는 자신을 알아준 교현의 은공에 늘 감사하였다. 뒷날 교현의 묘소를 지나가다가 옛일을 갑자기 떠올리고 슬퍼하며 스스로 제문을 지어 제사를 올렸다. 《後漢書》 51권, 〈李陳龐陳橋列傳〉에 立傳.

18 天下將亂 – 將은 장차, 곧.

라면 구제할 수 없다.[19] 세상
을 안정시킬 사람은 아마 그
대가(君) 아니겠는가?"[20]

南陽郡 사람 何顒(하옹)[21]
은 조조를 보고서는 "漢室은
곧 망할 것이나 천하를 안정
시킬 자는 틀림없이 이 사람
일 것이다."라고 말했다.

汝南郡(여남군) 출신 許劭
(허소)[22]는 사람을 잘 본다고
소문이 났었다. 조조가 허소
를 찾아가서 "나는 어떤 사람

曹操(조조, 155-220)

입니까?"라고 물었지만 허소는 대답하지 않았다. 조조가 또 다시
다그쳐 묻자, 허소가 말했다.

---

19 非命世之才不能濟 – 命世는 名世. 세상에 이름이 알려진.

20 其在君乎 – 其는 그 기. 아마도, 혹시(추측을 나타냄). 乎는 의문 語氣詞.

21 南陽何顒 – 南陽郡 治所는 宛縣(완현), 今 河南省 서남부 南陽市. 何顒(하옹, 字는
伯求)은 後漢 末 學者로 南陽郡 襄鄕縣 사람. 젊어 洛陽에 遊學하였고, 뒷날 荀彧
(순욱)을 보고 특이하다 생각하며 '王을 보좌할 인재(王佐才也)'라고 말했다.
《後漢書》67권, 〈黨錮列傳〉에 立傳. 顒은 큰 머리통 옹, 힘셀 옹.

22 汝南許劭 – 汝南은 郡名. 치소는 治所 平輿縣, 今 河南省 남부 駐馬店市 관할 平
輿縣. 許劭(허소)의 字는 子將인데 汝南郡 平輿縣 사람이다. 젊어서도 높은 명망
과 지조가 있었고 人物評을 좋아했으며 많은 사람이 허소를 찾아왔었다. 허소는
난세를 당하여 徐州자사 陶謙(도겸)에게 의지했다가, 다시 曲阿(곡아)의 揚州刺

"그대(子)는 治世에는 能臣이지만, 亂世에는 奸雄(간웅)이다."[23]

조조는 그 말을 듣고 크게 기뻐하였다.

조조는 20세에 孝廉(효렴)으로 천거되어 낭관이 되었다가, 洛陽縣의 북부 都尉가 되었다. 조조는 부임하면서 바로 5가지 색의 몽둥이 10여 개를 성문의 사방에 매달아 놓았다가 法禁을 어기는 자가 있으면 富豪나 貴人을 막론하고 모두 처벌하였다.

中常侍인 蹇碩(건석)[24]의 숙부가 칼을 차고 밤에 돌아다니자, 조조는 야간 순찰을 하다가 체포하여 몽둥이로 체벌하였다. 이때부터 도성 내외를 막론하고 감히 법을 어기는 자가 없었고 조조의 威名(위명)이 자못 진동하였다.[25] 조조는 뒷날 (東郡) 頓丘(돈구) 縣令이 되었다. 黃巾賊의 난이 일어나자 조조는 騎都尉를 제수 받았는

史 劉繇(유요)를 찾아갔다. 孫策(손책)이 吳 땅을 차지한 뒤에 허소와 유요는 남쪽 豫章(예장)으로 옮겨가 죽으니, 그때 나이 46세였다. 《後漢書》 68권, 〈郭符許列傳〉에 立傳.

23 子治世之能臣, 亂世之奸雄也 - 子는 너, 그대. 자식, 男子에 대한 美稱. 이 말은 正史 《三國志》에 주석을 단 裴松之(배송지, 372 - 451년)의 기록이다. 조조를 보고 난세의 영웅이라고 평한 사람은 許劭(허소)이다. 허소의 字는 子將인데, 汝南郡 平興縣 사람이다. 젊어서도 높은 명망과 지조가 있었고 人物評을 좋아했다. 조조가 미천할 때 늘 겸손한 말씨와 후한 예물로 자신의 미래를 점쳐달라고 했으나 허소는 조조의 인물됨을 낮게 평가하여 대답하지 않았는데, 조조가 어느 날 틈을 보아 허소를 협박하자, 허소는 할 수 없이 말했다. "君淸平之姦賊, 亂世之英雄.(君은 淸平한 시대에는 姦賊이나, 亂世에는 영웅이다.)"《後漢書》 68권, 〈郭符許列傳〉 참고.

24 蹇碩(건석) - 蹇은 다리를 절 건. 성씨. 《三國演義》에 등장하는 '十常侍'의 한 사람.

25 威名頗震 - 頗는 자못 파. 제법, 꽤. 震은 우뢰 진, 벼락 칠 진. 흔들리다.

데, 기병과 보병 5천을 거느리고 潁川郡(영천군)²⁶에 주둔하며 황건적 토벌을 도왔다.

---

26 潁川郡(영천군)의 治所는 陽翟縣(양책현), 今 河南省 중부 許昌市 관할의 禹州市(우주시).

4 張翼德怒鞭督郵
장 익 덕 노 편 독 우

장비는 화가 나서 독우를 매질하다

유비가 황건적 토벌에 참가하여 얻은 (中山國) 安喜縣 縣尉(현위)로
근무할 때, 감독 차 내려온 督郵(독우)를 張飛가 매질한 사건은 아주
통쾌한 장면이다. 이 사건에서는, 실제로 매질을 한 사람이 누구냐는
논쟁을 떠나 劉 · 關 · 張 3인의 성격이 극명하게 나타난다.

原文

到縣未及四月, 朝廷降詔, 凡有軍功爲長吏者當沙
汰. 玄德疑在遣中. 適督郵行部至縣, 玄德出郭迎接,
見督郵施禮. 督郵坐於馬上, 惟微以鞭指回答. 關, 張
二公俱怒. 及到館驛, 督郵南面高坐, 玄德侍立階下.

良久, 督郵問曰, "劉縣尉是何出身?"

玄德曰, "備乃中山靖王之後, 自涿郡剿戮黃巾, 大
小三十餘戰, 頗有微功, 因得除今職."

督郵大喝曰, "汝詐稱皇親, 虛報功績! 目今朝廷降詔, 正要沙汰這等濫官汚吏!"

玄德喏喏連聲而退. 歸到縣中, 與縣吏商議. 吏曰, "督郵入威, 無非要賄賂耳." 玄德曰, "我與民秋毫無犯, 那得財物與他?"

次日, 督郵先提縣吏去, 勒令指稱縣尉害民. 玄德幾番自往求免, 俱被門役阻住, 不肯放參.

國譯

(玄德이 中山國 安喜縣(안위현)의 縣尉[1]에 임명되어) 부임한 지 4개월이 안 되어, 조정에서는 軍功으로 지방관이나 관리가 된 자를 모두 파직하라는[2] 詔書(조서)[3]를 내렸다. 현덕은 자신도 관직을 버려야 할지 걱정하였다.

---

1 縣尉(현위) – 郡에 太守와 都尉가 근무하고, 郡 하부 縣에는 縣令과 현의 군사와 치안을 담당하는 현위가 있었다.

2 沙汰(사태) – 淘汰(도태)와 같음.

3 漢의 制度에 皇帝의 下書는 4종류로, 策書, 制書, 詔書, 誡勅(계칙)으로 구분한다. 策書는 1尺2寸의 編簡에 篆書(전서)로, 年月日을 기록하는 皇帝가 諸侯王에 대한 명령이다. 三公의 죄가 있어 면직시킬 때도 策書를 내리는데 隷書(예서)로 기록했다. 制書는 제도에 관한 명령으로 國璽(국새)를 찍어 封하고 尙書令의 인장으로 다시 한 번 봉하여 州郡에 반포한다. 詔書의 詔는 告의 뜻으로, 그 문장은 告某官云~으로 시작한다. 誡勅(誡勅, 계칙)은 刺史(자사)나 太守를 훈계하는 내용의 글이다.

張翼德怒鞭督郵(장익덕노편독우)

繡像 三國志演義(수상 삼국지연의) − 上海 鴻文書局 印行, 국립중앙도서관 소장

마침 中山國(郡)에서 파견한 督郵(독우)[4]가 관내를 순시하면서[5] 안위현에 도착했고, 현덕은 현 경계까지 나아가 영접하며 독우를 만나 예를 올렸다. 독우는 말 위에 걸터앉은 채, 다만 채찍을 약간

---

4 督郵(독우) − 郡 太守의 속관, 관할 현의 업무를 감찰, 조세 납부 독려, 군사동원 관련 직무도 監査하였다. 동시에 太守의 耳目 역할을 하며 필요한 정보도 수집하였다.

5 行部 − 소속 부서나 현을 시찰하며 실적을 평가하다.

들어 응답하였다. 이에 관우와 장비는 둘 다 화가 났다. 독우가 驛館(역관, 客館)에 도착하자 독우는 남쪽을 바라보며 높이 앉았고, 현덕은 계단 아래 侍立(시립)하였다.

한참 있다가(良久), 督郵가 물었다.

"劉 縣尉는 出身이 무엇인가?"(어찌해서 현위 자리를 얻었는가?)

현덕이 말했다.

"저는 바로 中山靖王의 후손으로, 涿郡(탁군)에서 黃巾賊을 무찌르며[6] 크고 작은 30여 회 전투를 치렀고 약간의 軍功이 있어 현직을 제수 받았습니다."

그러자 독우가 크게 소리 질렀다.

"너는 皇親을 사칭하고 전공을 허위보고하였다! 지금 조정에서는 조서를 내려 이 같은 濫官(남관)이나 汚吏(오리)를 내쫓으려 하는 것이다!"[7]

玄德은 그저 예, 예하며 대답하고 물러나왔다.[8] 현덕은 현으로 돌아와 縣吏와 상의하였다. 현리가 말했다.

"독우가 위세를 부리는 것은 뇌물 요구가 아닌 것이 없습니다."[9]

---

6 剿戮(초륙) - 진압하다. 剿는 끊을 초. 戮은 죽일 륙.

7 正要沙汰這等濫官汚吏 - 要는 ~하려 하다. 汰는 넘칠 태. 沙汰(사태)는 도태하다. 這는 이 저. 이(뒤에 명사가 옴), 이것. 濫은 넘칠 남(람). 함부로. 濫官(남관)은 공적이나 자격도 없이 관리가 된 사람. 汚는 더러울 오. 汚吏(오리).

8 喏喏連聲而退 - 喏는 대답하는 소리 야. 공손히 말하는 소리.

9 無非要賄賂耳 - 賄는 뇌물 회. 賂는 뇌물 줄 뢰. 無非는 ~ 아닌 것이 없다.

그러자 현덕이 말했다.

"나는 백성에게 秋毫(추호)도 나쁜 짓을 안 했거늘[10] 어떻게 독우에게 재물을 줄 수 있겠는가?"[11]

다음 날, 督郵는 먼저 속관을 데리고 떠나려 하면서 현위(劉備)를 지적하여 백성을 해쳤다고 억지 명령을 내렸다.[12] 이에 현덕은 몇 번 직접 찾아가서 용서를 구하려 했지만, 번번이 문지기에게(門役) 저지당했고[13] 독우는 만나주려 하지 않았다.

原文

却說, 張飛飮了數盃悶酒, 乘馬從館驛前過, 見五六十個老人, 皆在門前痛哭. 飛問其故, 衆老人答曰, "督郵逼勒縣吏, 欲害劉公, 我等皆來苦告, 不得放入, 反遭把門人趕打!"

張飛大怒, 睜圓環眼, 咬碎鋼牙, 滾鞍下馬, 逕入館驛, 把門人那裏沮擋得住. 直奔後堂, 見督郵正坐廳

---

10 與民秋毫無犯 – 毫는 가는 털 호. 秋毫는 가을철 털갈이를 하고 새로 나는 작은 털. 극히 적음. 無犯은 침해하지 않다. 나쁜 짓을 한 것이 없다.

11 那得財物與他 – 那는 어찌 나. 與는 줄 여. 주다. ~ 함께.

12 勒令指稱縣尉害民 – 勒은 억지로 할 늑(륵). 勒令은 명령하여 강제로 하게 하다.

13 俱被門役阻住 – 俱는 모두 구. 전부. 門役은 문지기. 阻는 막을 조(沮는 막을 저同). 住는 阻한 상태의 지속을 의미.

上, 將縣吏綁倒在地.

　飛大喝, "害民賊! 認得我麼?"

　督郵未及開言, 早被張飛揪住頭髮, 扯出館驛, 直到縣前馬椿上縛住, 扳下柳條, 去督郵兩腿上着力鞭打, 一連打折柳條十數枝.

國譯

　却說(각설)[14]하고, 張飛는 홧김에 술을 몇 잔 마시고[15] 말을 타고 (독우가 머무는) 객관 앞을 지나가는데 5, 60명의 노인들이 객관에 모여 통곡하는 것을 보았다.

　장비가 무슨 일인가 묻자, 노인들이 대답하였다.

　"독우가 縣吏들을 핍박하여[16] 劉公(劉備)을 해치려 한다기에 우리가 와서 그렇지 않다고 말하려 했지만 들어가지도 못하고 되레 문지기에게 얻어맞기만 했습니다."[17]

　그러자 장비는 대노하며 둥그런 눈을 크게 떠 노려보고[18] 어금니

---

14 却說 – 각설하고, 한편. 章回小說에서 話題를 바꾸는 發語辭. 却은 물리칠 각. 그치다. 쉬다.

15 飮了數盃悶酒 – 悶은 속이 답답할 민. 悶酒는 홧김에 마시는 술.

16 逼勒縣吏 – 逼은 닥칠 핍. 다그치다. 勒은 굴레 륵(늑), 억지로 강요하다. 逼勒은 강제하다.

17 反遭把門人趕打 – 反은 도리어. 遭는 우연히 만날 조. ~을 당하다. 趕은 쫓을 간. 기회를 얻다. 내몰리다.

18 睜圓環眼 – 睜은 노려볼 정. 눈을 크게 뜨다.

를 악물고 갈며¹⁹ 말안장에서 미끄러지듯 내려와²⁰ 驛館으로 바로 들어가는데,²¹ 문지기가 어찌 장비를 막을 수 있으리오?²² 장비는 곧바로 後堂으로 달려갔는데, 독우는 대청에 앉아 있고, 여러 현리는 묶인 채 땅에 쓰러져 있었다.²³ 이에 장비가 큰 소리로 꾸짖었다.

"백성을 해치는 도둑놈아! 내가 누군지 아는가?"²⁴

독우가 말도 꺼내기 전에, 벌써 장비에게 머리채를 잡혀 역관 밖으로 끌려나왔고²⁵ 곧장 縣 관아 앞의 말 매는 말뚝에 묶어 놓은 뒤,²⁶ 버드나무 가지를 꺾어²⁷ 독우의 두 허벅지를 힘대로 매질하는데²⁸ 버드나무 몽둥이 수십 개가 부러졌다.

---

19 咬碎鋼牙 – 咬는 이 악물 교. 碎는 부술 쇄. 鋼은 단련한 쇠 강. 牙는 어금니 아.

20 滾鞍下馬 – 滾은 흐를 곤. 구르다, 미끄러지다. 鞍은 안장 안(馬具).

21 逕入館驛 – 逕은 지름길 경.

22 把門人那裏沮擋得住 – 那裏(나리)는 어디서. 沮는 가로막을 저. 擋은 막을 당, 가릴 당.

23 將縣吏綁倒在地 – 綁은 동여맬 방. 倒는 넘어갈 도, 거꾸로 도. 將은 ~를, ~하려 하다.

24 認得我麽 – 나를 알겠느냐? 麽는 작을 마. 무엇, 의문조사.

25 早被張飛揪住頭髮 扯出館驛 – 早는 아침 조. 벌써, 진작, 이미. 시간적으로 빠름. 揪는 묶을 추. 붙잡다, 끌어당기다. 扯는 끌어낼 차. 찢어버리다. 撦의 俗字.

26 直到縣前馬樁上縛住 – 樁은 말뚝 장. 縛은 묶을 박. 縛住는 묶어 놓고.

27 扳下柳條 – 扳은 당길 반. 꺾다. 柳條는 (몽둥이가 될 만한) 버드나무 가지.

28 去督郵兩腿上着力鞭打 – 腿는 허벅지 퇴. 着은 입을 착, 손댈 착. 着力은 힘을 쓰다.

　玄德正納悶間, 聽得縣前喧鬧, 問左右, 答曰, "張將軍綁一人在縣前痛打." 玄德忙去觀之, 見綁縛者乃督郵也. 玄德驚問其故. 飛曰, "此等害民賊, 不打死等甚!" 督郵告曰, "玄德公救我性命!" 玄德終是仁慈的人, 急喝張飛住手.

　旁邊轉過關公來曰, "兄長建許多大功, 僅得縣尉, 今反被督郵侮辱. 吾思枳棘叢中, 非棲鸞鳳之所, 不如殺督郵, 棄官歸鄉, 別圖遠大之計."

　玄德乃取印綬, 掛於督郵之頸, 責之曰, "據汝害民, 本當殺却, 今姑饒汝命. 吾繳還印綬, 從此去矣!"

　第二回 張翼德怒鞭督郵 何國舅謀誅宦豎 中 節錄

　玄德이 한창 번민하고 있는데,[29] 관아 앞에서 시끄러운 소리가 들려[30] 옆 사람에게 물었는데 "張將軍(張飛)이 관아 앞에 어떤 사람을 묶어놓고 힘껏 때려주고 있습니다."라고 말했다.

---

29 正納悶間 – 納은 드릴 납. 참다, 견디다. 悶은 걱정할 민. 納悶은 (걱정으로) 답답하다. 갑갑해하다.

30 聽得縣前喧鬧 – 聽得의 得은 '얻다'는 뜻이 아니라 聽하는 동작이 이미 완성되

이에 현덕이 서둘러 나가 보니 밧줄로 묶인 사람이 바로 독우였다. 현덕이 놀라 까닭을 물었다. 장비가 말했다. "이 자는 백성을 해치는 도적이니 때려죽이지 않으면 어찌하겠습니까?"[31]

그러자 독우는 "玄德公은 나를 좀 살려주시오!"라고 말했다. 玄德은 본래 인자한 사람이라[32] 급히 장비를 꾸짖으며 장비의 손을 막았다.[33] 옆에서 關公이 마침 지나가다가 말했다.[34]

"형님께서는 무수히 많은 큰 공을 세우고서도 겨우 현위가 되었는데,[35] 지금 도리어 독우에게 모욕을 당했습니다. 제가 생각할 때 가시덤불은 봉황이 살만한 곳이 아니니,[36] 이참에 독우를 죽이고 관직을 버린 뒤 귀향하여 별도로 원대한 일을 꾸미는 것만 못할 것입니다."

었음을 뜻한다. 喧은 시끄러울 훤. 鬧는 시끄러울 뇨(요). 喧鬧는 떠들썩하다.

31 不打死等甚 – 때려죽이지 않고 어찌하겠습니까! 甚은 심할 심. 무엇, 무슨. 什과 同. 什么(shénme). 무엇? 무슨? 等甚은 어찌하겠는가? ~하지 않을 수 없다. 부정적인 결과를 강조함.

32 玄德終是仁慈的人 – 終은 부사어로 쓰였음. 마침내, 결국, 끝내. 仁慈的은 인자한. 的은 여기서는 우리말로 '~한'의 뜻.

33 急喝張飛住手 – 喝은 꾸짖을 갈. 소리치다, 마시다. 住手는 손을 멈추다, 일을 멈추다. 멈춰!

34 旁邊轉過關公來曰 – 玄德처럼 字나, 張飛처럼 이름을 말하지 않고 關羽를 關公이라고 칭했다. 이는 元이나 明代에 이미 관우의 神格化가 이루어졌음을 뜻한다.

35 僅得縣尉 – 僅은 겨우 근. 得은 얻을 득.

36 枳棘叢中 非棲鸞鳳之所 – 枳는 탱자나무 지. 棘은 대추 극. 枳棘은 가시가 있는 나무. 叢은 모일 총. 덤불. 棲는 깃들 서. 鸞은 난새 난(봉황의 한 종류). 鳳은 봉

玄德은 바로 인수를 풀어 독우의 목에 걸어놓고[37] 꾸짖었다.

"백성을 해치는 너 같은 자는 응당 죽여 없애야 하지만, 이번만은 네 목숨을 살려주겠다.[38] 내 인수를 네게 줘 반환케 하고,[39] 나는 떠나가노라!"[40]

황의 수컷 봉(神鳥).

37 掛於督郵之頸 – 掛는 걸 괘. 걸어놓다. 頸은 목 경.

38 今姑饒汝命 – 姑는 잠시. 시어미 고. 饒는 배부를 요. 용서하다. 汝는 너 여.

39 吾繳還印綬 從此去矣 – 繳은 줄살 작, 돌려보낼 작. 얽어맬 교. 繳還(교환)은 반환하다. 印은 官吏의 신분(권한) 증명용 印信. 皇帝의 것은 璽(새). 綬 인(印)끈 수. 印綬는 印信과 綬. 관직을 의미.

40 陳壽 正史《三國志 蜀書》2권, 〈先主傳〉의 기록은 다음과 같다.
「마침 督郵(독우)가 公事로 안희현에 왔는데 유비가 만나길 청했지만 만나주질 않자, 곧바로 들어가 독우를 결박하고, 杖(장) 2백 대를 때린 뒤, 말을 매는 말뚝(馬柳, 말뚝 앙)에 묶어놓고 인수를 풀어 독우의 목에 걸어놓고서 관직을 버리고 도주하였다.」

5 饋金珠李肅說布

궤 금 주 이 숙 설 모

金珠를 주며 이숙은 여포를 설득하다.

중국인의 속담에 '人中呂布 馬中赤兎(사람은 呂布, 말은 적토마)' 라는 말이 있다. 呂布[1]는 그만큼 잘난 美男子이었다. 여포의 字는 奉先(봉선)으로 五原郡 九原縣 사람이다. 당시 幷州刺史이던 丁原(정원)이 河內郡에 주둔할 때 여포를 主簿(주부)로 삼아 가까이 하며 매우 후대하였다.

靈帝가 붕어하자 丁原(정원)[2]은 군사를 거느리고 낙양에 들어왔다. 정원은 何進(하진)과 함께 환관을 주살할 계획을 세웠고 執金吾(집금오)가 되었다. 그러나 하진은 환관의 손에 죽었고, 낙양에 들어온 董

---

1 呂布(여포, ? - 198년, 字 奉先)는 幷州 五原郡 九原縣(今 內蒙古 黃河 북안 包頭市 九原區) 출신이었다. 曹操는 여포를 '狼子野心, 誠難久養' 이라고 했으며, 荀攸(순유)는 '呂布勇而無謀' 라고 하였고, 程昱(정욱)은 여포를 '粗中少親하고 剛而無禮하니 匹夫之雄이라.'고 평했다. 范曄(범엽)은 《後漢書》75권, 〈劉焉袁術呂布列傳〉에서 '그 어찌 지나치지 않았는가? 땅도 몸도 다 잃었다. 袁術은 욕심으로 망했고 呂布 역시 그래서 망했다.' 라고 평했다. 《後漢書》75권, 〈劉焉袁術呂布列傳〉에 立傳.

2 丁原(정원, ? 140 - 189년, 字 建陽)은 거칠지만 용기가 뛰어났고 활을 잘 쏘았다. 何進(하진)의 천거로 執禁吾가 되었다. 정원이 여포의 義父라고 한 것은 《三國演義》의 허구이다. 執金吾(집금오)는 질록 中二千石. 집금오의 吾는 御(막을 어)의 뜻. 궁외 순찰과 어가 출궁 시에 淸道를 담당하며 황제의 의장대 역할을 담당했다. 수도 군사의 兵器 공급과 비상대기, 화재 예방 역할도 담당했다.

卓(동탁)³은 정원을 죽여 그 병력을 장악하려고 했다.

동탁은 여포가 정원의 신임을 받고 있는 것을 알고 여포를 꾀여 정원을 죽이려 했다. 동탁의 참모 李肅(이숙)은 여포와 동향 사람이었다. 이숙은 여포가 '勇而無謀하고 見利忘義하니' 金珠(금주)와 赤兎馬(적토마)로 회유할 수 있다고 말했다.

原文

李肅齎了禮物, 投呂布寨來. 伏路軍人圍住.

肅曰, "可速報呂將軍, 有故人來見." 軍人報知, 布命入見.

肅見布曰, "賢弟別來無恙!" 布揖曰, "久不相見, 今居何處?"

肅曰, "見任虎賁中郞將之職. 聞賢弟匡扶社稷, 不勝之喜. 有良馬一匹, 日行千里, 渡水登山, 如履平地, 名曰赤兎, 特獻與賢弟, 以助虎威."

---

3 董卓(동탁. 141 – 192년, 字는 仲穎 중영)은 涼州 隴西郡 臨洮縣 출신. 今 甘肅省 定西市 관할 岷縣(민현). 後漢 말 涼州 軍閥(군벌)이며 權臣, 포악한 행위로 역사상 가장 부정적 평가를 받는 인물. 《後漢書》72권, 〈董卓列傳〉에 입전. 正史 《三國志 魏書》6권, 〈董二袁劉傳〉에 입전.

布便令牽過來看. 果然那馬渾身上下, 火炭般赤, 無
半根雜毛, 從頭至尾, 長一丈, 從蹄至項, 高八尺, 嘶
喊咆哮, 有騰空入海之狀. 後人有詩單道赤兔馬曰,

奔騰千里蕩塵埃, 渡水登山紫霧開.

掣斷絲韁搖玉轡, 火龍飛下九天來.

國譯

李肅(이숙)이 禮物을 가지고[4] 呂布의 병영에[5] 들어오자 길에 매복
했던 군인들이 이숙을 에워쌌다. 이숙이 말했다.

"呂將軍에게 옛날 벗이 찾아왔다고 빨리 아뢰어라!"

군인이 보고하자 여포는 데리고 들어오게 하였다. 이숙이 여포
에게 말했다.

"아우님은 그간 별일 없으신가?"[6]

여포도 손을 들어 예를 표하며(揖) 말했다.

"오랫동안 만나지 못했는데, 지금은 어디에 계십니까?"

이숙이 말했다.

"虎賁中郎將의 직책에 있소이다. 아우님께서 사직을 보필한다는
소식을 듣고 정말 기뻤습니다. 하루에 천리를 달릴 수 있고 물을 건

---

4 齎了禮物 - 齎는 가져올 제(俗音 재), 가져가다. 보낼 제.

5 投呂布寨來 - 投는 찾아들다, 들어가다. 寨는 목책 채, 軍營.

6 賢弟別來無恙 - 賢弟는 나이가 적은 친구. 別來는 헤어진 이후. 恙은 근심 양. 病.

너고 산 넘기를 마치 평지를 달리듯 하는 赤兎(적토)라는 좋은 말 한 필이 있어 특별히 아우님께 드려 장군의 맹위를[7] 높여주려 합니다."

여포는 즉시 말을 끌고 오게 하여 말을 구경했다. 과연 그 말은 온몸[8] 아래 위 모두가 숯불처럼 붉고 잡 털 한 올도 없고[9] 머리부터 꼬리까지 길이가 한 길(1丈)이나 되고 발굽부터 정수리까지 높이가 8자인데(23.1cm×8=185cm) 말이 울거나 포효하면서[10] 마치 하늘에 솟아오르고 바닷속으로 뛰어드는 형상과도 같았다. 뒷날 어떤 사람이 시로 간단히 이 적토마를 읊었다.[11]

千里를 치달리니 흙먼지도 쓸려가고,[12]
물 건너 산오를 제 짙은 안개도 걷힌다.
고삐를 끊어내고 옥재갈을 흔들어대니,[13]
火龍이 저 먼 하늘에서 날아 내려왔도다.[14]

無恙은 병(탈)이 없다.

7 以助虎威 – 虎威는 武將의 권위.

8 渾身上下 – 渾은 흐릴 혼, 클 혼. 渾身은 온몸 전체.

9 無半根雜毛 – 根은 가늘고 긴 물건을 세는 量詞(單位). '뿌리' 란 뜻 無.

10 嘶喊咆哮 – 울음과 포효. 嘶는 (말이) 울 시. 喊은 고함 지를 함. 咆는 으르렁거릴 포. 哮는 성낼 효.

11 後人有詩單道 – 道는 말하다.

12 奔騰千里蕩塵埃 – 奔騰(분등)은 말이 내달리다. 蕩은 쓸어버릴 탕. 埃는 먼지 애.

13 掣斷絲韁搖玉轡 – 掣는 끌 체, 당길 철. 韁은 고삐 강. 搖는 흔들 요. 轡는 재갈 비.

14 火龍飛下九天來 – 九天은 가장 높은 하늘. 九泉은 깊은 땅속. 저승.

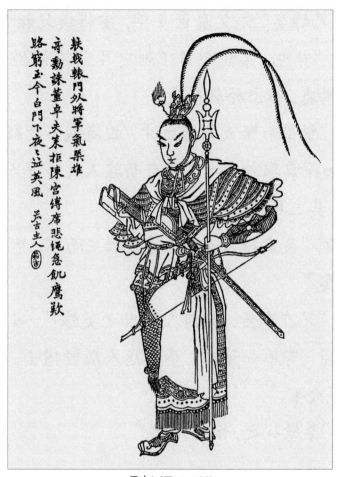

呂布(여포, ?-198)

原文

　布見了此馬, 大喜, 謝肅曰, "兄賜此良駒, 將何以爲
報?" 肅曰, "某爲義氣而來, 豈望報乎?" 布置酒相待.

　酒酣, 肅曰, "肅與賢弟少得相見, 令尊卻常會來."

布曰, "兄醉矣! 先父棄世多年, 安得與兄相會?" 肅大笑曰, "非也, 某說今日丁刺史耳." 布惶恐曰, "某在丁建陽處, 亦出於無奈."

肅曰, "賢弟有擎天駕海之才, 四海孰不欽敬? 功名富貴, 如探囊取物, 何言無奈而在人之下乎?" 布曰, "恨不逢其主耳."

肅笑曰, "良禽擇木而棲, 賢臣擇主而事. 見機不早, 悔之晚矣."

布曰, "兄在朝廷, 觀何人爲世之英雄?" 肅曰, "某遍觀群臣, 皆不如董卓, 董卓爲人敬賢禮士, 賞罰分明, 終成大業."

布曰, "某欲從之, 恨無門路."

國譯

여포가 적토마를 보고서는 아주 기뻐하며 李肅(이숙)에게 사례하였다.

"형께서 이처럼 좋은 말을[15] 주셨으니 어찌 보답해야 합니까?"

이숙은 "나야 아우의 義氣를 생각하여 찾아왔을 뿐, 어찌 보답을

---

15 良駒 - 駒는 망아지 구. 좋은 말. 千里馬를 千里駒라고도 말한다.

바라겠는가?"[16]라고 말했다. 여포는 술을 준비하여 이숙을 대접했다. 술이 어지간히 돌자,[17] 이숙이 말했다.

"내가 아우와 자주 만나질 못했지만, 아버님은 그래도 자주 뵈었다네."[18]

그러자 여포가 말했다.

"형님도 취하셨네! 선친께서 돌아가신 지 오래되었는데, 형이 어찌 만날 수 있습니까?"[19]

이에 이숙은 크게 웃으며 말했다.

"아닐세, 나는 오늘 丁刺史(丁原)님을 말한 것이네."[20]

이에 여포가 황공한 듯 말했다.

"내가 丁建陽(丁原)의 아래에 있는 것은 어쩔 수 없어[21] 그런 것입니다."

---

16 豈望報乎? - 豈는 어찌 기. 反語의 뜻을 표현하는 疑問副詞로 어찌 ~하겠는가?

17 酒酣 - 술이 어느 정도 돌자. 酣은 술 즐길 감.

18 令尊却常會來 - 令尊은 춘부장, 상대방 부친에 대한 존칭. 却(却)은 물리칠 각. 도리어, 오히려. 逆接을 표현. 常會來는 늘 만나다. 자주 뵙는다.

19 安得與兄相會? - 安得은 어찌 ~할 수 있는가? 反問의 뜻. 安은 代詞로 쓰이면, 어디. 예 而今安在? - 너는 지금 어디 있는가? 반문을 나타내는 의문부사로 쓰이면, 어떻게. 예 不入虎穴 安得虎子 - 호랑이 굴에 들어가지 않으면 어찌 그 새끼를 잡을 수 있겠는가?

20 非也, 某說今日丁刺史耳 - 非也는 아니다. 某는 어느, 아무개, 話者의 이름 대신 自身을 나타냄. 刺史는 자사. 州의 행정 실권자. 소속 군현을 감독. 지방관은 곧 軍 지휘관이었다. 丁原은 幷州(병주) 刺史이었다가 하진의 부름을 받고 執禁吾(집금오)이었지만《삼국연의》에서는 여전히 병주자사로 나온다.

21 亦出於無奈 - 無奈(무내, 無奈何)는 부득이 하다. 어찌할 도리가 없다.

이숙이 말했다.

"賢弟는 하늘이라도 떠받치고 바다라도 달려갈 수 있는 재능이니[22] 천하에 어느 누가 우러러보지 않겠는가?[23] 功名이나 부귀를 마치 주머니 속 물건을 끄집어내듯 쉬운 일이거늘[24] 어찌 어쩔 수 없이 남의 밑에 있다고 말하는가?"[25]

여포는 "섬길 주군을 만나지 못해 한스러울 뿐입니다."라고 말했다. 이에 이숙이 웃으며 말했다.

"좋은 새는 나무를 가려 둥지를 틀고[26] 賢臣도 主君을 골라 섬긴다오. 기회가 왔는데도 서두르지 않는다면 후회해도 소용이 없다오."[27]

여포가 말했다.

"형님은 조정에 계시니, 누구를 당세의 영웅으로 보십니까?"

---

22 擎天駕海之才 - 擎은 받칠 경. 들어 올리다. [참고] 擎天柱는 하늘을 떠받치는 기둥. 天下의 重責을 짊어진 사람. 駕는 멍에 가. (말을) 몰다.

23 四海孰不欽敬 - 四海는 天下. 이 세상. 孰은 누구 숙. 누가? 어느? 무엇? [예] 孰能知之 - 누가 이를 알겠는가? 孰知는 어찌 알랴? 欽敬(흠경)은 흠모 공경하다.

24 如探囊取物 - 주머니를 뒤져 물건을 꺼내는 것과 같거늘, → 아주 쉬운 일. 囊은 주머니 낭.

25 何言無奈而在人之下乎 - 어찌하여 어쩔 수 없이 다른 사람 아래에 있다고 말하는가? 何는 어찌, 무슨, 어느. 疑問代詞. 乎는 의문 또는 反問을 표시하는 助詞. 口語의 嗎(마)에 해당. 在人之下乎의 人은 他人.

26 良禽擇木而棲 - 禽은 새 금. 棲는 깃들 서. 둥지를 틀다.

27 見機不早·悔之晚矣 - 기회가 있는데 서둘지 않으면 후회해도 늦다. 早는 새벽 조. 일찍이, 오래 전에, 진작, 때가 이르다, 빠르다. 悔之의 之는 앞에 나온 不早를 뜻함.

이숙이 대답했다.

"내가 여러 신하들을 두루 다 겪어 보았지만 모두가 董卓(동탁)만 못하니, 동탁은 사람됨이 아랫사람을 잘 대우하며 상벌이 분명하니 끝내는 대업을 성취할 것이오!"

여포는 "나도 따라 섬기고 싶지만 길이 없어 한스럽습니다."라고 말했다.

原文

肅取金珠玉帶列於布前. 布驚曰, "何爲有此?" 肅令叱退左右, 告布曰, "此是董公久慕大名, 特令某將此奉獻. 赤兔馬亦董公所贈也." 布曰, "董公如此見愛, 某將何以報之?"

肅曰 "如某之不才, 尙爲虎賁中郎將, 公若到彼, 貴不可言."

布曰, "恨無涓埃之功, 以爲進見之禮." 肅曰, "功在翻手之間, 公不肯爲耳." 布沈吟良久曰, "吾欲殺丁原, 引軍歸董卓, 何如?"

肅曰, "賢弟若能如此, 眞莫大之功也! 但事不宜遲, 在於速決."

　이숙이 황금과 寶珠, 玉帶 등을 여포 앞에 늘어놓았다. 여포가 놀라며 "이것들은 어디서 났습니까?"라고 물었다. 이숙은 좌우 사람들을 다 내보내고 여포에게 말했다.

　"이것들은 董公(董卓)께서 오랫동안 아우(大名)를 흠모하시다가,[28] 이번에 특별히 나를 시켜 이를 보낸 것이네. 赤兎馬(적토마) 역시 동공께서 보내신 것이네."

　여포는 "동공께서 이렇듯 아껴주시니 나는 앞으로 어찌 보답해야 합니까?"라고[29] 물었다.

　이숙이 말했다.

　"나처럼 재능이 없어도 虎賁中郎將이 되었거늘,[30] 만약 아우께서 동공에 간다면 부귀는 다 말할 수 없을 것이요."

　이에 여포가 말했다.

　"제가 아무런 공도 없이[31] 찾아뵈어야 하는 것이 恨(한)입니다."

---

28 久慕大名 - 大名(尊名, 尊啣, 상대방인 呂布를 지칭)을 오랫동안 흠모하다. 中國 人들이 처음 만났을 때 건네는 인사말 '久聞大名'과 같은 뜻.

29 某將何以報之? - 某는 나, 呂布는 자신. 將何以는 무엇으로써. 之는 董卓.

30 尙爲虎賁中郎將 - 尙은 높일 상. 오히려, 아직, 더욱이. 賁은 클 분. 虎賁은 虎賁 衛. 황궁을 호위하는 부대. 後漢의 武官 중 지휘관으로는 將軍 - 中郎將 - 校尉 의 三級이 있는데, 中郎將은 光祿勳(궁궐 수비 및 황제 호위)의 속관. 질록 比二 千石의 武官. 五官中郎將, 左, 右中郎將, 虎賁中郎將, 羽林中郎將 외 使匈奴中郎 將도 있었다.

31 無涓埃之功 - 涓은 작은 시내 연. 除하다. 埃는 티끌 애. 涓埃는 미세한 것.

그러자 이숙은 "功이야 금방이라도 세울 수 있지만,[32] 아우가 하지 않을 뿐이요."라고 말했다. 여포는 한참동안 깊이 생각하다가[33] 말했다.

"내가 丁原을 죽이고서 그 군사를 인솔하여 동탁 장군에게 귀부한다면 어떻겠습니까?"

"만약 賢弟가 그렇게 해준다면 이보다 더 큰 공은 정말 없을 것이요![34] 다만 무슨 일이든 늦어서는 안 되고 속히 결단해야 하오."

原文

布與肅約於明日來降, 肅別去.

是夜二更時分, 布提刀逕入丁原帳中. 原正秉燭觀書, 見布至, 曰 "吾兒來有何事故?" 布曰, "吾堂堂丈夫, 安肯爲汝子乎!"

原曰, "奉先何故心變?" 布向前一刀砍下丁原首級, 大呼左右. "丁原不仁, 吾已殺之. 肯從吾者在此, 不

---

32 翻手之間 – 翻은 뒤집을 번. 翻手는 손바닥을 뒤집다. 쉬운 일. 不肯은 ~하려 하지 않다. 耳는 ~일 뿐이다.(斷定)

33 沈吟良久 – 沈은 가라앉을 침. 빠지다. 吟은 탄식할 음. 沈吟은 깊이 생각하다. 망설이다. 良久는 오랜 시간.

34 眞莫大之功也 – 莫大는 ~보다 더 클 수 없다.

從者自去!"

軍士散其大半.

國譯

여포는 이숙과 다음 날 투항하기로 약속했고, 이숙은 돌아갔다. 그날 밤 이경 무렵에 여포는 칼을 들고 정원의 장막 안으로 바로 들어갔다. 정원은 마침 촛불을 밝히고[35] 책을 읽고 있다가 여포가 들어오는 것을 보고 "아들은 무슨 일로 왔는가?"라고 물었다.

이에 여포가 말했다.

"나는 당당한 대장부거늘 어찌 너의 아들이 되겠는가!"

정원은 "奉先(봉선, 여포)은 왜 마음이 바뀌었는가?"라고 물었다.

여포는 앞으로 다가가서 단칼에 정원의 목을(首級) 자른 뒤,[36] 좌우를 향해 크게 외쳤다.

"丁原이 不仁하여 내가 벌써 죽여 버렸다. 나를 따를 자는 여기에 남고, 나를 따르지 않겠다면 각자 떠나거라!"

군사는 절반이 넘게 흩어졌다.[37]

---

35 正秉燭觀書 – 正은 마침, 그때. 秉은 잡을 병. 秉燭은 촛불을 들다. 촛불을 켜다.

36 一刀砍下 – 砍은 벨 감. 下는 동작이 위에서 아래로 이루어지다. 首級(수급)은 목, 머리. 본래 秦에서 적군의 목을 하나 잘라오면 백성의 작위를 1級을 올려주었다.

37 軍士散其大半 – 大半은 太半, 過半數. 이후 여포는 동탁을 찾아갔고, 동탁은 여포를 騎都尉에 임명하고 크게 신임하며 父子 관계를 서약하였다. 그렇지만 나중에 동탁은 여포의 손에 죽는다.

6 寧敎我負天下人
차라리 내가 天下 사람을 져버릴지언정~

曹操는 누워 있는 董卓을 죽이려다가 동탁이 돌아눕자 엉겁결에 "操有寶刀一口¹하여 恩相께 헌상하나이다."라며 機智를 발휘하고 도주한다. 동탁의 수배를 받게 된 조조는 고향을 찾아가는 길에 中牟縣(중모현)²에서 잡히고, 縣令(현령)인 陳宮(진궁)³은 曹操를 알아본다. 조조는 "燕雀이 安知鴻鵠志哉아!"(참새가 어찌 큰 기러기의 뜻을 알겠느냐?)⁴ 하면서 자신은 漢에 충성을 바치려 했다고 말한다. 조조의 忠義에 감명을 받은 진궁은 관직을 버리고 조조를 따라 나선다.

1 操有寶刀一口 – 一口는 한 자루. 사람이나 사물, 동작의 단위 등을 표시하는 품사를 量詞(양사)라 하는데 보통 數詞 뒤에 붙여 쓴다. 中國語에서는 量詞가 아주 다양하게 쓰인다. 一口의 口는 양사인데, 입에 넣는 물건(예 一口飯은 밥 한술)이나 칼을 세는 단위이다.(一口刀는 칼 한 자루).

2 中牟縣 – 河南尹 中牟縣(중모현)은, 今 河南省 중부 鄭州市 관할 中牟縣, 河水 남안. 전한의 京兆尹처럼 후한의 河南尹은 행정구역 명칭이면서 그 관직을 의미한다.

3 陳宮(진궁, ? – 198년, 字 公臺)은 쫓기는 조조를 따라가려고 中牟(중모) 縣令의 관직을 버렸던 사람. 그러나 조조를 떠나 여포를 섬겼고, 徐州城이 함락되고 여포가 죽을 때, 진궁은 당당하게 죽었다.

4 燕雀이 安知鴻鵠志哉아! – 燕雀(연작)은 제비나 참새. 되새. 소인. 鴻鵠(홍곡)은 큰 기러기와 고니, 큰 새. 영웅, 큰 뜻을 품은 사람. 秦末에 최초로 봉기한 陳勝(진승)

行了三日, 至成皋地方, 天色向晚. 操以鞭指林深
處, 謂宮曰, "此間有一人 姓呂名伯奢, 是吾父結義弟
兄, 就往問家中消息, 覓一宿 如何?" 宮曰, "最好."
二人至莊前下馬, 入見伯奢.

奢曰, "我聞朝廷遍行文書, 捉汝甚急, 汝父已避陳
留去了. 汝如何得至此?" 操告以前事曰, "若非陳縣
令, 已粉骨碎身矣."

伯奢拜陳宮曰, "小姪若非使君, 曹氏滅門矣. 使君
寬懷安坐, 今晚便可下榻草舍." 說罷, 卽起身入內.
良久乃出, 謂陳宮曰, "老夫家無好酒, 容往西村沽一
樽來相待." 言訖, 匆匆上驢而去.

(曹操와 陳宮이) 함께 길을 나선 지 3일에, 成皋(성고)[5]란 곳에 이

─────

의 字는 涉으로 陽城 사람이었다. 진승이 젊었을 적에 다른 사람과 함께 품팔이를
하다가 두둑에 앉아 쉬면서 한숨을 쉬며 말했다. "만약 부귀해지더라도 서로 잊
지는 말자!" 이에 일꾼들이 웃으며 말했다. "품팔이나 하면서 어떻게 부귀를 누리
겠는가?" 진승이 탄식하며 말했다. "아! 제비나 참새가 큰 기러기나 고니의 뜻을
어찌 알겠는가!"

5 成皋(성고) - 河南尹(군)의 현명. 今 河南省 중부 鄭州市 관할 榮陽市 서북 汜水鎭.

曹操(조조, 155-220)　　　　　　　　陳宮(진궁)

르렀는데 날이 저물려 했다. 조조가 채찍으로 숲이 무성한 곳을 가
리키며 진궁에게 말했다.

"저곳에 呂伯奢(여백사)란 분이 사는데, 우리 아버지와 결의형제
하셨으니 가서 우리 집의 소식도 듣고 하루 저녁을 유숙하면[6] 어떻
겠는가?"

진궁도 "정말 잘 됐습니다."라고 말했다. 두 사람은 집 앞에서 말

당시 교통요지로 전략 요충지. 皐는 언덕 고, 늪 고.

6 覓一宿 – 覓은 찾을 멱. 구하다.

을 내려 들어가 여백사를 만나 뵈었다. 여백사가 말했다.

"내가 알기로, 조정에서는 각지에 문서를 보내 자네를 잡으려고 서두르며, 자네 부친은 이미 陳留郡(진류군)[7]으로 피신했다고 하였다. 자네는 어떻게 여기까지 올 수 있었나?"

그러자 조조는 지난 일을 모두 설명하면서 "만약 여기 陳縣令(陳宮)이 아니었으면 이 몸은 벌써 죽고 없을 것입니다."라고 말했다. 이에 여백사가 진궁에게 배례하며 말했다.

"使君이 아니었으면, 내 조카나 曹氏 一門은 이미 멸족되었을 것입니다. 사군께서는 마음 편히 쉬시면서[8] 오늘 저녁은 우리 초가에서 주무십시오."[9]

여백사는 말을 마치고 곧 안채로 들어갔다. 한참 있다가 나온 여백사가 진궁에게 말했다.

"이 늙은이 집에 좋은 술이 없어서 잠시 西村에 가서 술 한 통을 사다가[10] 대접하겠습니다."

말을 마치자 여백사는 서둘러 나귀를 타고 (술을 사러) 나갔다.[11]

---

7 陳留郡(진류군) – (兗州 관할) 陳留郡의 治所는 陳留縣, 今 河南省 동부의 開封市. 陳留郡 남쪽의 陳郡과는 별개이다.

8 使君寬懷安坐 – 使君은 地方官에 대한 존칭. 상대방에 대한 존칭으로도 쓰임. 懷는 품을 회. 寬懷는 마음을 놓다. 마음을 편안히 하다.

9 今晚便可下榻草舍 – 今晚은 오늘 저녁. 榻은 평상 탑, 긴 걸상 탑. 낮은 침대. 下榻은 묵다. 투숙하다.

10 沽一樽來相待 – 沽는 살고. 사오다. 樽은 술통 준.

11 言訖 匆匆上驢而去 – 訖은 마칠 흘. 匆은 바쁠 총. 서둘러서. 驢는 나귀 려(여).

原文

操與宮坐久, 忽聞莊後有磨刀之聲. 操曰, "呂伯奢
非吾至親, 此去可疑, 當竊聽之." 二人潛步入草堂後,
但聞人語曰, "縛而殺之, 何如?" 操曰, "是矣! 今若
不先下手, 必遭擒獲." 遂與宮拔劍直入, 不問男女,
皆殺之, 一連殺死八口. 搜至廚下, 却見縛一豬欲殺.
宮曰, "孟德心多, 誤殺好人矣." 急出莊上馬而行.

行不到二里, 只見伯奢驢鞍前鞽懸酒二瓶, 手携果
菜而來, 叫曰, "賢姪與使君何故便去?" 操曰, "被罪之
人, 不可久住." 伯奢曰, "吾已分付家人宰一豬相款,
賢姪使君何憎一宿? 速請轉騎."

國譯

曹操와 陳宮이 한참 앉아 있는데, 갑자기 집 뒤쪽에서 칼을 가는
소리가 들렸다. 그러자 조조가 진궁에게 말했다.

"呂伯奢(여백사)는 본래 내 혈육이 아니니[12] 정말 술을 사러 갔는
지 엿들어 봅시다."[13]

두 사람은 발소리를 죽여 초당 뒤쪽으로 다가가자 말소리가 들

---

12 至親 - 肉親, 血肉.
13 當竊聽之 - 竊은 훔칠 절. 몰래. 竊聽은 엿듣다.

렸다.

"묶어서 죽이는 것이 좋을까?"[14]

조조가 말했다.

"그럴 줄 알았어![15] 지금 먼저 손을 쓰지 않으면 틀림없이 저들에게 잡혀 묶일 거야."[16]

그리고서는 진궁과 함께 칼을 빼들고 곧바로 들어가 남녀를 불문하고 연이어 8명을 모두 죽여 버렸다. 그리고 주방 안을 뒤지다 보니 도살하려고 묶어놓은 돼지가 한 마리 있었다.

진궁은 "孟德(맹덕, 조조의 字)이 의심이 많아 착한 사람들을 잘못 죽였다."라면서[17] 급히 장원을 나와 말을 타고 떠나갔다.

그들이 2리도 못 가서, 여백사가 나귀 안장 손잡이에 술 2병을 매달고[18] 손에는 과일과 안주를 사들고[19] 돌아오면서, "조카와 사군은 왜 금방 가는가?"라고 부르는 소리를 들었다. 이에 조조가 말했다.

"쫓기는 죄인이라 오래 머물 수 없습니다."

---

14 縛而殺之 何如 - 縛은 묶을 박. 何如는 어떠한가? 어떤.

15 是矣! - 옳아! 옳거니!

16 必遭擒獲 - 遭는 만날 조. 당하다. 擒은 사로잡을 금. 擒獲(금획)은 사로잡히다.

17 孟德心多 誤殺好人矣 - 心多는 의심이 많다. 꿍꿍이속이 많다. 好人은 善人. 好는 善.

18 伯奢驢鞍前橋懸酒二瓶 - 驢는 나귀 려. 鞍은 안장 안. 前橋는 안장의 튀어난 부분. 懸은 매달 현.

19 手携果菜而來 - 携는 끌 휴. 손에 들다. 果菜는 과일과 채소. 술안주. 菜는 요리. 副食物.

여백사가 말했다.

"벌써 내가 집안사람들에게 돼지를 잡아 준비하라고 했는데[20] 조카와 사군은 어찌 하루 저녁도 유숙하지 못하는가? 어서 말머리를 돌려 돌아가세."

原文

操不顧策馬便行. 行不數步, 忽拔劍復回, 叫伯奢曰, "此來者何人?" 伯奢回頭看時, 操揮劍砍伯奢於驢下.

宮大驚曰, "適纔誤耳, 今何爲也?" 操曰, "伯奢到家, 見殺死多人, 安肯干休? 若率衆來追, 必遭其禍矣."

宮曰, "知而故殺, 大不義也!" 操曰, "寧敎我負天下人, 休敎天下人負我."

陳宮默然.

國譯

曹操는 뒤돌아보지도 않고 말을 몰았다. 몇 걸음도 가지 않아, 갑

---

20 宰—豬相款 – 宰는 재상 재. 맡아 다스리다. (가축을) 잡다. 款은 정성 관. 款待는 환대하다.

자기 칼을 빼어들고 다시 돌아가 여백사에게 소리쳤다.

"저기 오는 사람은 누구입니까?"

여백사가 고개를 돌려 뒤를 바라보자, 조조는 칼을 휘둘러 여백사의 머리를 내리쳐 나귀 아래로 떨어뜨렸다.[21] 진궁이 크게 놀라며 말했다.

"아까도 잘못 죽이고서 지금 왜 이러시는가?"[22]

조조가 말했다.

"여백사가 집에 가면 많은 사람이 죽은 것을 보고서 어찌 아무 일도 않겠습니까?[23] 만약 많은 사람을 거느리고 추격해 온다면 틀림없이 화를 당할 것입니다."

진궁이 말했다.

"알면서도 일부러 살인하니 정말 의롭지 못합니다!"[24]

"차라리 내가 천하 사람을 져버릴지언정, 천하 사람이 나를 버리게 하지 않겠다."[25]

---

21 操揮劍砍伯奢於驢下 - 揮는 휘두를 휘. 砍은 벨 감.

22 適纔誤耳 - 適은 갈 적. 적합하다. 이제 막, 방금. 纔는 겨우 재. 어느 時點에서 동작 발생을 뜻함. 중국어의 才(cái). 誤는 誤殺.

23 見殺死多人, 安肯干休? - 見은 당하다. 피동의 뜻. 安은 어찌? 의문사. 肯은 기꺼이 ~하려 하다. 干은 본래 '방패 간' 이지만 幹과 同. 幹은 일하다, ~을 하다, 일으키다, 저지르다. 休는 쉴 휴. 그만두다, ~하지 마라!

24 知而故殺 - (나쁜 짓일 줄) 알면서도 일부러 죽이는 것은.

25 寧敎我負天下人 休敎天下人負我 - 寧은 편할 영(녕). 차라리 ~하는 것이 낫다. 차라리 ~할망정. 敎는 여기서는 使役의 의미로 쓰임. ~하게 하다. 동작을 일으키게 하다. 叫(jiào)와 같음. 負는 질 부. 등지다, 져버리다. 休는 ~하지 말라. (禁

진궁은 아무 말도 없었다.

當夜行數里, 月明中敲開客店門投宿. 喂飽了馬, 曹
操先睡. 陳宮尋思'我將謂曹操是好人, 棄官跟他, 原
來是個狠心之徒! 今日留之, 必爲後患.' 便欲拔劍來
殺曹操. 正是,

設心狠毒非良士, 操卓原來一路人.

畢竟曹操性命如何, 且聽下文分解.

第四回 廢漢帝陳留爲皇 謀董賊孟德獻刀 中 節錄.

止의 뜻).

※ 曹操의 이 말은 人口에 膾炙(회자)된다. 曹操의 성격이나 모질음, 또는 적극성
을 말할 때 꼭 인용되는 부분이다.

※ 正史《三國志》에 조조는 동탁의 파멸을 예상하고 향리로 도주했다고만 기록
했다. 다만《魏略》이라는 책에는 「조조가 동쪽으로 가는 도중에 친우인 成皐
(성고)의 呂伯奢(여백사)의 집에 들렀는데 마침 여백사가 집에 없었다. 여백사
의 아들과 그 빈객이 조조의 말과 병기를 탈취하려 하자, 조조가 미리 손을 써
아들들을 죽였다.」고 하였다.《孫盛雜記》에 의하면, 조조는 여백사의 일족을
죽인 뒤에 비통한 심경으로 말했다. "寧我負人, 毋人負我!(차라리 내가 남을
버릴지언정, 남이 나를 배신하게 둘 수는 없다!)" 하여튼《三國演義》에 의한
다면 누구나 조조를 악인이라 생각할 것이다.

그날 밤 몇 리를 더 가서, 밝은 달밤에 客店의 門을 두드려 들어가 투숙했다.[26] 말을 먹이게 한 뒤,[27] 조조는 먼저 잠이 들었다. 陳宮은 깊이 생각하였다.

'나는 조조를 착한 사람이라 생각하여 관직을 버리고 따라왔지만,[28] 원래 잔인한 사람이었다![29] 오늘 같이 유숙했다가는 틀림없이 후환이 있을 것이다.'

진궁은 칼을 뽑아 조조를 죽이려 했다. 바로(正是),

> 마음이 악독하면 良士가 아닐지니,[30]
> 조조나 동탁은 원래 같은 사람이로다.[31]

畢竟(필경) 曹操의 목숨은 어떻게 될까?[32] 일단 아래 글을 읽어보라.[33]

---

26 敲開客店門投宿 – 敲는 두드릴 고. 客店은 주막. 旅人宿.

27 喂飽了馬 – 喂는 (가축을) 먹일 위(외), 餵와 같음. 飽는 배부를 포. 喂飽는 가축을 배불리 먹이다. 了는 마칠 료. 동작의 종료.

28 棄官跟他 – 棄는 버릴 기. 跟은 발뒤꿈치 근. 따라가다.

29 狠心之徒 – 狠은 모질 한. 徒는 무리 도.

30 設心狠毒非良士 – 設은 차릴 설. 계획하다. 만일, 만약.(設令, 設使). 狠은 사나울 한. 모질다, 매섭다. 狠毒(한독)은 잔인하다, 악독하다.

31 操卓原來一路人 – 操卓은 曹操와 董卓. 一路는 同類. 一路人은 같은 부류의 사람.

32 畢竟曹操性命如何 – 畢竟(필경)은 끝내. 畢은 마칠 필. 竟은 다할 경.

33 且聽下文分解 – 且聽(차청)은 다음 이야기를 듣다. 且看과 같음. 分解는 설명하다. 해설하다. 說話人이 이야기를 끝내는 말.

7 酒尚溫時斬華雄
술이 아직 따뜻할 때 화웅의 목을 베다.

당시 勃海(발해) 태수였던 袁紹(원소)[1]는 董卓을 토벌하기 위한 關東
17鎭 諸侯들의 맹주가 된다(獻帝 初平 원년. 서기 190). 여기에 公孫
瓚(공손찬)이 참여했고, 玄德은 關·張과 함께 공손찬을 돕는다. 낙양
의 동쪽 관문인 汜水關(사수관) 밖에서 동탁군과 맞서면서 동탁의 부
장 華雄(화웅)에게, 孫堅(손견)[2]도 그전에 패전했었고, 여러 장수들이
당한다. 한때 두려움의 대상이었던 화웅은 관우의 손에 죽는다.

---

1 袁紹(원소, 153 - 202, 字 本初) - 後漢末 割據勢力의 하나. 四世三公을 역임한 명문
가의 후손. 전성기에 冀州, 幽州, 幷州, 靑州 등을 장악. 한때 가장 강성했으나 서
기 200년 官渡之戰에서 曹操(조조)에게 패배 후 곧 울분으로 사망. 사람이 優柔寡
斷하고 外寬內忌한 작은 그릇이었다. 本初(袁紹)가 명문거족의 후손이라 하지만
생김새만 그럴싸했지 無謀한 사람이었다. 원소가 公孫瓚(공손찬)과 싸워 겨우 이
겼는데 그것은 공손찬이 스스로 붕괴되었기 때문이다. 원소가 田豐(전풍)이나 沮
授(저수) 아니면 許攸(허유)의 계책을 단 하나라도 채택했다면 원소는 패망하지 않
았을 것이다. 참말로 어리석은 원소였다. 袁譚은 장자였지만 막내 袁尙이 원소의
후계자가 되자 형제간에 싸웠다. 원담은 조조에게 의존했지만 원담, 원희, 원상
모두 망하면서 원씨의 영화는 물거품이 되었다. 《後漢書》74권, 〈袁紹劉表列傳〉
에 立傳. 《三國志 魏書》6권, 〈董二袁劉傳〉에 입전.

2 孫堅(손견, 155 - 191년?, 字 文臺) - 吳郡 富春縣(今 浙江省 杭州市 富陽區) 출신.
東吳 세력의 기반을 마련한 孫策, 建國者인 孫權의 父親. 漢의 破虜將軍, 烏程侯.

原文

忽探子來報, "華雄引鐵騎下關, 用長竿挑著孫太守赤幘, 來寨前大罵搦戰." 紹曰, "誰敢去戰?" 袁術背後轉出驍將兪涉曰, "小將願往." 紹喜, 便着兪涉出馬. 卽時報來, "兪涉與華雄戰不三合, 被華雄斬了." 衆大驚.

太守韓馥曰, "吾有上將潘鳳, 可斬華雄." 紹急令出戰. 潘鳳手提大斧上馬. 去不多時, 飛馬來報, "潘鳳又被華雄斬了." 衆皆失色.

紹曰, "可惜吾上將顔良, 文醜未至! 得一人在此, 何懼華雄?"

國譯

그때 갑자기 척후병[3]이 보고하기를, "(동탁의 부장) 華雄(화웅)[4]

領豫州刺史, 長沙太守 역임. 董卓을 토벌할 때 맨 먼저 낙양에 들어가 낙양의 황궁, 황릉을 정리하였다. 용모가 비범했고 활달했다. 손권이 칭제한 뒤에 武烈皇帝로 추존했다.

3 忽探子來報 – 忽은 소홀히 할 홀. 문득, 어느새. 探子는 斥候兵(척후병), 偵探員. 子는 직업에 대한 호칭. 예 門子(문지기), 舟子(뱃사공).

4 華雄(화웅, ? – 191년) – 혹 葉雄(섭웅)으로도 표기. 後漢 말기 동탁 휘하의 무장. 正史 《三國志 吳書》 1권, 〈孫破虜討逆傳〉에 의하면, 孫堅이 1차 패전했다가 다시 군사를 수습하여 동탁의 군사와 (河南郡 梁縣의) 陽人聚(양인취)란 곳에서 싸워 동

이 鐵騎를 거느리고 관문을 나와[5] 긴 장대에 孫太守(孫策)의 赤幘(적책, 붉은 頭巾)을 매달아 흔들면서[6] 요새 앞에서 욕을 하면서 싸움을 걸어온다."라고[7] 보고하였다.

이에 원소가 "누가 나가서 싸우겠는가?"라고 묻자, 袁術(원술)[8]의 뒤에서 용감한 장수 兪涉(유섭)이 뛰어나오며[9] "小將이 나가 싸우겠습니다."라고 말했다. 원소는 기뻐하며 곧 유섭을 출전케 하였다. 그러나 곧 "유섭이 화웅과 三合을 싸우지도 못하고[10] 참수당했습니다."라는 보고가 들어오자 많은 사람들이 모두 놀랐다.

이에 太守 韓馥(한복)[11]이 "나의 上將인 潘鳳(반봉)이 화웅을 죽일

탁의 군사를 대파하고, 그 都督인 華雄(화웅) 등을 죽여 梟首(효수)하였다. 《삼국연의》에서는 관우가 화웅을 단칼에 죽이는 것으로 되어있다.

5 華雄引鐵騎下關 – 鐵騎는 정예 기병. 下關의 下는 높은 곳에서 낮은 곳으로 내려오다. (동사로 쓰였음) 下山, 下車와 같은 구조이다.

6 用長竿挑著孫太守赤幘 – 竿은 장대 간. 挑는 끌어낼 도. (막대기로) 받치다. 著은 어떤 상태의 지속을 표시. 幘은 두건 책. 赤幘은 華雄에 쫓기던 孫策은 자신의 붉은 두건(赤幘)이 표적이 되자 이를 버리고 도망쳤었다.

7 來寨前大罵搦戰 – 寨는 목책 채, 진 채. 군영. 罵는 욕할 매. 질책하다. 搦은 잡을 약(냑), 억누를 익(닉). 搦戰(익전)은 싸움을 걸다.

8 袁術(원술, ?–199, 字 公路) – 後漢末, 三國 初期의 軍閥. 袁紹(원소)의 사촌 아우. 亂世에 稱帝했다가 반년을 못 견디고 피를 토하고 죽었다. 흉포하기가 董卓(동탁) 못지않았다. 《後漢書》75권, 〈劉焉袁術呂布列傳〉. 正史 《三國志 魏書》6권, 〈董二袁劉傳〉에 입전.

9 轉出驍將兪涉 – 轉出은 나오다. '돌아 나오다'가 아님. 轉入은 들어가다. 驍는 날랠 효. 驍將은 용맹한 장수. 梟將(효장)과 같다.

10 戰不三合 – 合은 交戰한 횟수. 한번 맞붙어 싸우다 잠시 떨어지면 1合임.

11 韓馥(한복) – 字는 文節, 潁川人. 冀州牧을 역임하며 반 동탁군에 합세. 뒷날 기

수 있습니다."라고 말했다. 원소는 급히 (반봉을) 불러 출전케 하였다. 潘鳳(반봉)은 손에 큰 도끼를 들고 말에 올라 출전했다. 그러나 오래지 않아 말이 달려오며 "반봉도 역시 황웅에게 목이 잘렸습니다."라고 보고하자, 많은 사람 모두가 하얗게 질렸다. 이에 원소가 말했다.

"나의 上將인 顔良(안량)과 文醜(문추)가 아직 도착하지 않아 애석하도다. 둘 중 한 사람이라도 여기 있다면 어찌 화웅을 두려워하겠는가?"

原文

言未畢, 階下一人大呼出曰, "小將願往斬華雄頭, 獻於帳下!" 衆視之, 見其人身長九尺, 髥長二尺, 丹鳳眼, 臥蠶眉, 面如重棗, 聲如巨鐘, 立於帳前. 紹問何人.

公孫瓚曰, "此劉玄德之弟關羽也." 紹問現居何職. 瓚曰, "跟隨劉玄德充馬弓手." 帳上袁術大喝曰, "汝欺吾衆諸侯無大將耶? 量一弓手, 安敢亂言, 與我打

주를 원소에게 빼앗기고 張邈(장막)에게 의지했는데, 원소의 사자가 장막을 찾아와 귓속말을 나누자 자신을 죽이려는 줄 알고 변소에서 자살했다.

出!"曹操急止之曰,"公路息怒. 此人既出大言, 必有勇略, 試敎出馬, 如其不勝, 責之未遲."

國譯

(원소의) 말이 끝나기도 전에, 섬돌 아래에서 한 사람이 나오면서 큰소리로 말했다.

"小將이 출전하여 화웅의 머리를 잘라다가 여기에 헌납하겠습니다!"

모두가 바라보니 9척의 장신에 수염이 2척이며, 붉은 봉황의 눈에 누에(蠶) 눈썹이 진하고, 큰 대추처럼 야무진 얼굴에, 목소리는 큰 종소리와 같은 장수가 휘장 앞에 서 있었다. 이에 원소가 누구냐고 물었다. 그러자 公孫瓚(공손찬)이 말했다.

"저 사람은 劉玄德의 아우인 關羽입니다."

원소가 지금의 직책이 무엇인가를 물었다. 공손찬은 "劉玄德을 수행하며 馬弓手로 있습니다."라고 말했다. 그러자 장막 안에서 원술이 큰 소리로 꾸짖었다.

"너는 우리 제후들에게 대장이 없는 줄 알고 무시하는가?[12] 일개 弓手가 어찌 감히 함부로 떠들며 우리에게 내보내 달라고 하는가!"

그러자 조조가 급히 원술을 제지하며 말했다.

---

12 汝欺吾衆諸侯無大將耶 – 欺는 속일 기. 깔보다, 업신여기다. 耶는 어조사 야. 疑問, 反問, 推測을 나타내는 語氣 助詞.

"公路(袁術의 字)께서는 진정하십시오. 이 사람이 이미 큰 소릴
쳤으니 틀림없이 용기와 방략이 있을 것이니, 한번 출전케 했다가
만약 이기지 못하면 그때 책망해도 늦지 않습니다."[13]

原文

袁紹曰, "使一弓手出戰, 必被華雄所笑." 操曰, "此
人儀表不俗, 華雄安知他是弓手?" 關公曰, "如不勝,
請斬某頭."

操教醼熱酒一盃, 與關公飲了上馬. 關公曰, "酒且
斟下, 某去便來." 出帳提刀, 飛身上馬. 衆諸侯聽得
關外鼓聲大振, 喊聲大擧, 如天摧地塌, 岳撼山崩, 衆
皆失驚. 正欲探聽, 鸞鈴響處, 馬到中軍, 雲長提華雄
之頭, 擲於地上, 其酒尚溫.

後人有詩讚之曰,

威鎮乾坤第一功, 轅門畫鼓響鼕鼕.
雲長停盞施英勇, 酒尚溫時斬華雄.

第五回 發矯詔諸鎭應曹公 破關兵三英戰呂布 中 節錄

---

13 試教出馬, 如其不勝, 責之未遲 – 試는 시험하다, 비교하다. 教는 ~을 하게 하다.
시키다. 如其는 만일, 若其와 같음. 遲는 늦을 지.

袁紹(원소)가 말했다.

"弓手 한 사람을 출전케 했다면 틀림없이 화웅의 웃음거리가 될 것이요."

조조가 "이 사람의 儀表(의표)가 비범하니 화웅인들 그가 궁수인 줄 어찌 알겠습니까?"

관공은 "만약 내가 이기지 못한다면 나의 목을 자르시오."라고 말했다.

조조는 뜨거운 술 한 잔을 따라주며[14] 關公에게 마시고 말을 타라고 말했다. 그러자 관공은 "술잔

袁紹(원소, 서기 ?-202년)

을 잠깐 놓아두면[15] 내가 갔다 곧 돌아올 것이요."라고 말했다.

관공은 장막을 나서 칼을 들고 몸을 날려 말에 올랐다.

여러 제후들은 관문 밖에 북소리가 크게 진동하면서 큰 함성을 들었는데, 마치 하늘이 갈라지고 땅이 가라앉으며, 산악이 흔들리

---

14 操教醞熱酒一盃 - 教는 ~하게 하다. 醞는 술 거를 시. 술을 따라 주다.

15 酒且斟下 - 且는 또 차. 잠시. 斟은 술 따를 짐. (酒, 茶를) 잔에 따르다.

고 무너지는 것 같아[16] 모두가 크게 놀랐다. 막 소식을 알아보려는데, 말방울 소리가 들려왔고,[17] 말이 中軍에 들어오며, 관운장은 화웅의 목을 땅에 던졌는데, 그 술은 아직도 따뜻했다.[18] 後人이 詩를 지어 이를 찬양하였다.

乾坤(건곤)에 위세를 떨치며 큰 공 세우니,[19]
轅門(원문)의 북소리 둥둥둥 크게 울렸다.[20]
雲長(운장)은 술잔을 놔두고 英勇을 떨쳤나니,
華雄(화웅)의 수급을 잘라도 술잔은 따뜻했다.

---

16 如天摧地塌 岳撼山崩 – 摧는 꺾을 최. 때려 부수다. 塌은 땅 낮을 탑. 떨어지다 (墮也). 岳은 큰 산 악(嶽). 撼은 흔들 감. 뒤흔들리다. 崩은 무너질 붕.

17 鸞鈴響處 – 鸞은 난새 난(神鳥), 天子 수레에 다는 방울. 鈴은 방울 영(령).

18 擲於地上 其酒尙溫 – 擲은 던질 척. 尙은 높일 상. 오히려, 아직도.

19 威鎭乾坤第一功 – 乾坤(건곤)은 하늘과 땅.

20 轅門畫鼓響鼕鼕 – 轅門(원문)은 營門. 군문. 畫鼓(화고)는 그림을 그려 장식한 북. 큰 북. 鼕은 북소리 동.

8 虎牢三英戰呂布
호뢰관에서 세 영웅이 여포와 싸우다.

董卓은 15만 대군으로 洛陽 동쪽 관문 虎牢關(호뢰관)[1]에 주둔하면서, 3만 군사를 여포에게 주어 袁紹의 관동연합군을 막게 한다. 여포의 활약으로 여러 장수가 죽었고 公孫瓚(공손찬)도 패퇴한다. 이에 장비, 관우, 유비가 출전하여 함께 여포와 싸운다. 이 싸움을 '三英戰呂布'라고도 하는데, 이를 계기로 유비의 이름이 널리 알려지게 된다.

原文

正慮間, 小校報來呂布搦戰. 八路諸侯, 一齊上馬. 軍分八隊, 布在高岡. 遙望呂布一簇軍馬, 繡旗招颭,

---

1 虎牢關(호뢰관) - 일명 汜水關(사수관), 唐 高祖 李淵(이연)의 조부 이름 李虎를 피휘하여 唐 이후로는 武牢關으로 호칭. 낙양성의 동쪽, 今 河南省 滎陽市(형양시) 서북부 16km지점 汜水鎭(사수진) 영내에 위치. 낙양의 동쪽 문호로, 남쪽으로는 嵩山(숭산)에 연결되고 北은 黃河에 맞닿은 天險의 요새. 그야말로 '一夫當關, 萬夫莫開'의 지세. 《三國演義》에서는 虎牢關과 汜水關을 2개의 관문으로 서술. 이는 분명한 착오이다. 실제로 關羽가 華雄의 목을 자르지도 않았고(화웅은 손견에게 패전, 사망), 여포와 유비 등 3인이 어울려 싸우지도 않았지만, 《三國演義》에서는 주요 대목이다.

先來衝陣. 上黨太守張楊部將穆順, 出馬挺槍迎戰, 被呂布手起一戟, 刺於馬下, 衆大驚. 北海太守孔融部將武安國 使鐵鎚飛馬而出.

呂布揮戟拍馬來迎, 戰到十餘合, 一戟砍斷安國手腕, 棄鎚於地而走. 八路軍兵齊出, 救了武安國, 呂布退回去了.

衆諸侯回寨商議, 曹操曰, "呂布英勇無敵, 可會十八路諸侯, 共議良策. 若擒了呂布, 董卓易誅耳."

國譯

한창 걱정하고 있는데,[2] 呂布(여포)가 싸움을 걸어온다고 小校[3]가 보고를 하였다. 八路의 제후들은[4] 일제히 上馬하였다. 군사를 8개 부대로 나눠 높은 산등성이에 포진하였다. 멀리 여포의 軍馬 한 무리가[5] 수놓은 깃발을 펄럭이며[6] 앞서서 군진을 공격해 왔다.

---

2 正慮間 – 한창 생각 중에. 董卓의 先鋒 여포에게 主要 部將들이 연속으로 패전하자 8제후군 전부가 공격해야 할지를 고려 중이었다. 여기서 제후는 황제의 책봉을 받은 봉건제후가 아니고 재직 중인 지방관을 제후라 표현하였다.

3 小校 – 校는 단위부대를 지칭. 將校는 단위부대를 거느리는 장수. 小校는 하급 軍校.

4 八路諸侯 – 反董卓軍 18鎭 中 절반인 8개 부대가 선발로 출전하여 동탁군과 대결 중이었다.

5 一簇軍馬 – 한 무리(떼)의 軍馬. 簇은 모을 족. 떨기, 무더기.

6 繡旗招颭 – 繡는 수놓을 수. 颭은 펄렁거릴 점.

上黨郡 太守인 張楊(장양)의 部將인 穆順(목순)이 말을 달려 나가 창을 빼들고 맞서 싸웠지만[7] 여포가 날이 갈라진 창(戟)을 한 번 휘두르자,[8] 목순은 찔려 말 아래로 떨어졌고 군사들은 모두 놀랐다. 北海郡 太守인 孔融(공융)[9]의 부장인 武安國(무안국)이 쇠망치(鐵鎚, 철추)를 들고 말을 달려 출전했다.

이에 여포가 창을 휘두르며 말을 달려 나와 맞싸웠는데,

虎牢三英戰呂布(호뢰삼영전여포),
이립옹비열삼국지(李笠翁批閱三國志),
청 강희연간(1662-1722)

10여 합을 싸우다가 여포의 창이 무안국의 팔을 자르자, 무안국은

---

7 出馬挺槍迎戰 - 挺은 뽑을 정, 꼿꼿할 정. 槍은 창 창. 鎗(종소리 쟁)을 槍과 혼용, 槍은 銃(총)의 뜻도 있다. 迎戰은 나가서 맞서 싸우다.

8 被呂布手起一戟, 刺於馬下 - 被는 미치다, 당하다. 피동의 뜻. 戟은 두 갈래진 창 극. 刺는 찌를 자. 암살하다(예) 刺客). 찌를 척(예) 刺殺)

9 孔融(공융, 153 - 208, 字 文擧) - 공자의 20代孫인 공융은 7兄弟 중 6째였는데, 나이 4세에 형제들과 함께 배(梨)를 먹는데 먼저 가장 작은 배를 집었다. 어른이 까닭을 묻자, "나는 어리니까 응당 작은 것을 먹어야 한다."라고 대답하였다(孔融讓梨). 《三字經》에도 '融四歲, 能讓梨'라는 구절이 있다. 공융은 38세에 北海國 相(제후국 北海國의 왕을 보좌하는 행정책임자)을 역임하여 '孔北海'로 불린다. 獻帝는 許縣에 도읍했고, 공융은 조정에 들어가 將作大匠에 임명되었다가 少府로

철추를 버리고 도주하였다. 8개 부대 軍兵이 일제히 출진하여 무안
국을 구원하자, 여포는 퇴각하여 돌아갔다.

여러 제후들은 본영으로 돌아와 상의하였다. 이에 조조가 말했다.

"呂布의 용맹을 상대할 수 없으니 (反 董卓軍) 18명 제후의 모두
군사를 모아 좋은 방책을 함께 협의해야 합니다. 만약 여포를 잡을
수만 있다면 동탁은 쉽게 주살할 수 있습니다." [10]

原文

正議間, 呂布復引兵搦戰, 八路諸侯齊出. 公孫瓚揮
槊親戰呂布, 戰不數合, 瓚敗走. 呂布縱赤兔馬趕來.
那馬日行千里, 飛走如風. 看看趕上, 布擧畫戟望瓚
後心便刺.

旁邊一將, 圓睜環眼, 倒豎虎鬚, 挺丈八蛇矛, 飛馬
大叫, "三姓家奴休走! 燕人張飛在此!"

呂布見了, 棄了公孫瓚, 便戰張飛. 飛抖擻精神, 酣

승진했다. 시인으로도 유명하여 '建安七子'의 한 사람. 건안 13년, 조조는 50만
대군을 동원해 강남 원정에 나선다. 이때 태중대부 孔融은 이번 원정이 부당하다
고 반대했고, 결국 조조의 명을 받은 廷尉(정위)에게 끌려가 죽음을 당한다. 여기
서 북해군 太守라 한 것은 착오이나 아마 독자를 쉽게 이해시키려는 뜻일 것이다.
《後漢書》70권, 〈鄭孔荀列傳〉에 입전.

10 董卓易誅耳 - 易는 쉬울 이, 바꿀 역. 誅는 칠 주(討也), 죽일 주.

戰呂布, 連鬪五十餘合, 不分勝負. 雲長見了, 把馬一拍, 舞八十二斤青龍偃月刀, 來夾攻呂布.

三匹馬丁字兒廝殺. 戰到三十合, 戰不倒呂布. 劉玄德掣雙股劍, 驟黃鬃馬, 刺斜裏也來助戰.

國譯

한창 상의하는 중에, 呂布가 다시 군사를 끌고 와 싸움을 걸어오자 八路의 諸侯軍이 모두 출전했다. 公孫瓚(공손찬)이 창을 휘두르며 여포와 직접 맞서 싸웠지만[11] 몇 합을 견디지 못하고 패주하였다. 이에 여포는 赤兎馬(적토마)를 타고 쫓아왔다. 그 말은 하루에 1천 리를 갈 수 있어 바람처럼 날아왔다. 거의 다 추격하여,[12] 여포가 畫戟(화극)으로

公孫瓚(공손찬, ?-199년)

---

11 公孫瓚揮槊親戰呂布 - 공손찬은 劉備의 友人이었다. 北平太守라 하였지만 後漢에서는 幽州자사부 관할의 右北平郡이었다. 治所는 土垠縣(토은현), 今 河北省 북동부 唐山市 豊潤區. 槊은 긴 자루 창 삭.

12 呂布縱赤兎馬趕來 - 縱은 놓을 종(放也), 세로 종(縱橫). 趕은 달릴 간. 뒤쫓다,

공손찬의 등을 바로 찔렀다.[13]

그때 옆에서 한 장수가 둥그렇게 큰 눈과 곤두 선 호랑이 수염으로[14] 丈八蛇矛(장팔사모)를 휘두르며[15] 말을 달려 나오면서 소리쳤다.

"姓이 셋이나 되는 종놈은[16] 도망가지 말라! 燕人 張飛(장비)[17]가 여기 있다!"

여포가 바라보더니, 公孫瓚을 놔두고 바로 장비와 싸우기 시작했다. 장비는 정신을 바짝 차리고 여포와 치열하게 싸우는데,[18] 연이어 무려 50여 합을 싸워도 승부를 가를 수가 없었다.

雲長이 보고서 채찍으로 말을 한 번 치며 나와서 82근 靑龍偃月

추격하다. 看看趕上은 看은 볼 간. 보살피다. 看看은 금방, 이제 곧, 얼마 안 가서.

13 布擧畫戟望瓚後心便刺 ― 畫戟(화극)은 戈와 槍의 혼합된 창. 찌르거나 찍어 당길 수도 있다. 後心은 사람 등 복판, 물건 뒤 가운데.

14 倒豎虎鬚(도수호수) ― 많고도 억센 수염이 위로 치켜 올라간 모습. 張飛 모습을 설명할 때 꼭 등장.

15 挺丈八蛇矛 ― 挺은 뺄 정. 휘두르다. 丈八은 1丈 8尺(1丈=10尺. 1尺은 23.1cm.) 약 4m이상 추정. 蛇矛(사모)는 날이 세모진 창.

16 여포는 본래 呂氏에 丁原과 동탁을 아비로 섬기니 三姓이라 했다. 奴는 종 노. 포로. 남을 천하게 부르는 호칭. 예 賣國奴. 家奴는 奴婢.

17 燕人 張飛在此 ― 燕(연)은 春秋戰國時代의 國名. 옛 燕의 땅이었던 現在의 北京과 그 주변을 지칭. 明·淸代에 北京을 燕京이라 통칭. 옛날에는 자기 출신지를 자랑했다. 예를 들어 趙雲은 '常山 趙子龍'이라 했는데, 常山은 郡國名이다.

18 飛抖擻精神 酣戰呂布 ― 抖는 들어 올릴 두. 털다. 흔들다. 擻는 차릴 수, 수습할 수. 抖擻는 기운을 내다. 정신 차리다. 酣은 술 즐길 감. 마음껏. 酣戰은 白熱戰, 맹렬히 싸우다.

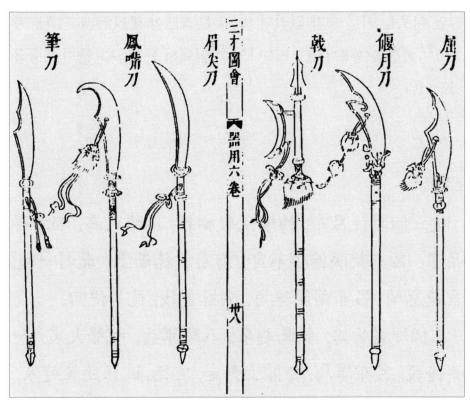

왼편부터 筆刀(필도), 鳳嘴刀(봉취도), 眉尖刀(미첨도), 戟刀(극도), 偃月刀(언월도), 屈刀(굴도)
三才圖會(삼재도회)

刀(청룡언월도)[19]를 휘두르며 여포를 협공하였다.[20]

3필의 말이 마치 丁字 모양으로 서로 싸웠다.[21] 30여 합을 싸웠

---

19 舞八十二斤靑龍偃月刀 – 舞는 춤출 무. 칼을 휘두르다. 偃은 누울 언. 쓰러지다. 偃月은 반달. 八十二斤 – 漢代 1斤은 222.7g. 약 18kg 정도.

20 來夾攻呂布 – 來는 '오다' 라는 뜻보다 협공하는 동작의 진행을 의미. 夾은 낄 협. 夾攻은 挾攻(협공).

21 三匹馬丁字兒廝殺 – 丁(고무래 정). 丁字는 T자 모양. 丁字兒의 兒은 접미사. 名詞 뒤에 붙어 작은 것을 의미한다. (예)小車兒은 외바퀴 작은 수레). 廝는 하인

지만 여포를 이길 수가 없었다. 이에 劉玄德이 雙股劍(쌍고검)을 빼들고[22] 黃鬃馬(황종마)를 타고 나와,[23] 옆에서 틈을 파고들며 싸움을 거들었다.[24]

原文

這三個圍住呂布, 轉燈兒般廝殺, 八路人馬, 都看得呆了. 呂布架隔遮攔不定, 看着玄德面上, 虛刺一戟, 玄德急閃. 呂布蕩開陣角, 倒拖畫戟, 飛馬便回.

三個那裏肯捨, 拍馬趕來. 八路軍兵, 喊聲大震, 一齊掩殺. 呂布軍馬, 望關上奔走, 玄德,關,張隨後趕來.

五回 發矯詔諸鎭應曹公 破關兵三英戰呂布 中 節錄

國譯

이 세 사람이 呂布를 에워싸고[25] 돌아가는 등불마냥 서로 죽이려

시. 종놈, 자식, 서로. 廝殺(시살)은 서로 죽이려 싸우다.

22 掣雙股劍 – 掣는 끌 체. 뽑다, 빼다. 股는 넓적다리 고.

23 驟黃鬃馬 – 누런 갈기의 말을 몰아. 驟는 말 빨리 달릴 취. 鬃은 말갈기 종.

24 刺斜裏也來助戰 – 斜는 기울 사. 비스듬하다, 기울이다. 裏는 안 리. 안쪽.

25 這三個圍住呂布 – 這는 이 저. 限定語. 這人은 이 사람. 這事는 이 일. 這三個는 이 세 사람. 圍는 둘레 위. 에워싸다. 住는 結果補語로 어떤 상태의 지속을 뜻함.

싸울 때,[26] 八路의 장졸들은 모두 멍청히 바라만 보았다.[27] 여포는 위로 막고 옆을 치며 싸웠는데, 막는 것이 일정하지 않더니[28] 玄德의 얼굴을 향하여 찌르는 척하자 玄德이 급히 피했다.[29]

呂布는 에워싼 판의 한쪽에 빈틈이 열리자,[30] 화극을 거꾸로 끌고 말을 달려 그냥 돌아가려 했다.[31] 그렇지만 세 사람이 어찌 놓아주려 하겠는가?[32] 말에 채찍질을 하며 추격하였다. 이에 8로 軍兵은 함성을 크게 지르며 일제히 掩殺(엄살)해 들어갔다.[33] 呂布의 軍馬는 관문을 향하여 달아났고, 玄德과 관우, 장비는 그 뒤를 추격하였다.

---

26 轉燈兒般廝殺 - 燈兒은 등불. 般은 나를 반. 보통의, ~와 같은, ~정도의.

27 都看得呆了 - 都는 모두. 呆는 멍청할 매, 어리석을 태. 看得呆了는 看해서 (그 결과가) 呆가 되었다. 得는 동작의 결과나 정도를 표시. 멍청하게 바라만 보았다.

28 呂布架隔遮攔不定 - 架는 시렁 가. 지탱하다, 견디다, 막다, 때리다. 隔은 막을 격. 사이를 두다, 떨어져 있다. 遮는 막을 차. 攔은 막을 난(란). 遮攔은 막다. 방어 동작. 不定은 일정하지 않다. → 방어동작의 기본이 흔들리기 시작했다.

29 虛刺一戟 玄德急閃 - 虛는 빌 허. 허점. 刺은 찌를 척. 閃은 번쩍할 섬. 急閃(급섬)은 날쌔게 피하다.

30 蕩開陣角 - 蕩은 흔들릴 탕. 쓸어버리다. 蕩開는 흔들려 한쪽이 트이다.

31 倒拖畫戟 - 倒는 넘어질 도. 실패하다, 죽다, 거꾸로. 拖는 끌 타.

32 三個那裏肯捨 - 那는 어찌 나. 那裏(나리)는 어디, 어찌. 反語의 뜻으로 그렇지 않음을 강조함. 肯은 옳게 여길 긍. ~하려 하다. 捨는 놓을 사(釋也). 놓아주다.

33 一齊掩殺 - 掩은 가릴 엄, 습격할 엄. 掩殺(엄살)은 불시에 습격하다, 기습하다.

원 소 손 견 쟁 옥 새

9 袁紹孫堅爭玉璽
袁紹와 손견이 옥새를 놓고 다투다.

呂布가 패퇴하자 董卓은 洛陽을 불태우고 어린 皇帝(獻帝)를 협박하여 長安으로 강제 遷都(천도)한다.(獻帝 初平 원년, 서기 190) 이때 反동탁 연합세력은 서로 질투하고 견제했다.

袁術(원술)은 孫堅(손견)이 큰 공을 세울까 질시하여 군수물자를 대 주지 않아 손견은 동탁군에게 패전했고, 曹操만이 동탁군을 추격하다가 여포와 李傕(이각)[1] 등에 쫓겨 겨우 목숨만 구했다. 反 동탁군의 선봉으로 텅 빈 낙양성에 제일 먼저 입성한 사람은 長沙郡 太守의 직함을 갖고 있던 손견이었다(서기 191년).

原文

却說 衆諸侯分屯洛陽. 孫堅救滅宮中餘火, 屯兵城

---

1 李傕(이각, ? – 198년, 字 稚然. 傕은 사람 이름 각, 성 각) – 北地郡 출신. 漢末 群雄의 하나. 涼州 軍閥. 董卓 사후, 謀士 賈詡(가후, 147 – 223)의 방책에 따라 동료 郭汜(곽사), 張濟(장제) 등과 합작, 여포를 패퇴시키고 王允을 죽인 뒤, 헌제를 끼고 4년간 정권 장악했다. 이각 일당은 내분으로 약해진 뒤에 조조에게 패망했다. 가후는 뒷날 조조의 참모로 활약했다.

內, 設帳於建章殿基上. 堅令軍士掃除宮殿瓦礫, 凡董卓所掘陵寢, 盡皆掩閉. 於太廟基上, 草創殿屋三間, 請衆諸侯立列聖神位, 宰太牢祀之. 祭畢, 皆散. 堅歸寨中, 是夜星日交輝, 乃按劍露坐, 仰觀天文. 見紫微垣中白氣漫漫, 堅歎曰, "帝星不明, 賊臣亂國, 萬民塗炭, 京城一空!"

言訖, 不覺淚下.

國譯

却說(각설)하고, 여러 제후들은 각자 洛陽(낙양)[2] 주변에 주둔하였다. 孫堅(손견)은 宮中의 잔불을 모두 진화한 뒤, 낙양성 안 建章殿 터에 천막을 설치하고 주둔했다. 손견은 군사를 시켜 궁전의 기왓장이나 자갈을 치우게 했고,[3] 동탁이 파헤친 역대 황제의 陵寢(능침)[4]을 모두 흙으로 메우게 하였다.[5]

그리고 太廟(宗廟) 터전에 3칸 집을 우선 짓고,[6] 여러 제후를 불

2 洛陽 – 今 河南省 뤄양 市, 黃河의 지류인 洛水의 북쪽, 後漢 光武帝 都邑地.

3 堅令軍士掃除宮殿瓦礫 – 掃除(소제)는 淸掃(청소). 掃는 쓸 소. 비로 쓸다. 瓦는 기와 와. 室을 감는 실패. 礫은 자갈 력. 瓦礫은 깨어진 기와 자갈, 쓸모없는 물건.

4 陵寢 – 陵은 큰 언덕 능(릉). 陵墓(능묘). 陵寢(능침)은 帝王의 무덤. 陵園. 陵墓. 황제의 무덤인 봉분과 신주를 모시고 제사를 지내는 寢殿(침전)으로 구성되었다.

5 盡皆掩閉 – 모두 다 덮었다. 원상회복했다는 뜻. 掩은 가릴 엄. 閉는 닫을 폐.

6 草創殿屋三間 – 初創은 금방 새로 짓다. 시작하다. 殿은 높고 큰 건물 전.

러 역대 황제의 神位를 모
시게 한 뒤 太牢(태뢰)[7]의
희생물을 올려 제사를 지
냈다. 제사를 마치자 각자
흩어졌다.

손견은 군영으로 돌아
왔고, 그날 밤은 별과 달이
밝아, 손견은 칼을 잡고 露
天(노천)에 앉아 하늘의 천
문을 보았다. 손견은 紫微
垣(자미원)에 白氣가 가득
한 것을 보고[8] 탄식하며
말했다.

孫堅(손견)

"帝星이 밝지 못하니 賊臣이 國基를 어지럽히고, 만민은 塗炭(도
탄)[9]에 빠졌으며, 도성은 비었구나!"

말을 마친[10] 손견은 자신도 모르게 눈물을 흘렸다.

---

7 宰太牢祀之 – 宰는 재상 재. (가축을) 잡다. 牢는 외양간 뇌, 희생(犧牲) 뇌(뢰). 牛,
豚, 羊을 다 바치면 太牢. 羊이나 돼지를 제물로 쓰면 小牢이다.

8 見紫微垣中白氣漫漫 – 紫薇垣(자미원)은 北斗星의 東北에 있는 별자리의 명칭.
北極星. 垣은 담 원. 漫은 넘칠 만. 漫漫은 넘치다. 질펀하다.

9 萬民塗炭 – 塗는 진흙탕 도. 炭은 숯 탄. 숯불. 塗炭(도탄)은 대단한 어려움과 괴로
움.

10 言訖 – 訖은 마칠 흘. 끝내다, ~에 이르다.

傍有軍士指曰, 殿南有五色豪光起於井中. 堅喚軍士點起火把, 下井打撈. 撈起一婦人屍首, 雖然日久, 其屍不爛, 宮樣裝束, 項下帶一錦囊. 取開看時, 內有硃紅小匣, 用金鎖鎖著. 啓視之, 乃一玉璽, 方圓四寸. 上鐫五龍交紐, 旁缺一角, 以黃金鑲之, 上有篆文八字云, "受命於天, 旣壽永昌."

(中略) 誰想內中一軍, 是袁紹鄕人, 欲假此爲進身之計, 連夜偸出營寨, 來報袁紹. 紹與之賞賜, 暗留軍中.

(손견의) 곁에 있던 군사가 손으로 가리키며 전각 남쪽에 한 줄기 가는 오색빛이 우물에서 나온다고[11] 말했다. 손견은 군사를 불러 횃불을 들고[12] 우물에 내려가 찾아보게 하였다.[13] 군사는 부인의 시신을 건져 올렸는데, 비록 오래되었지만 시신은 부패하지 않았

---

11 五色豪光起於井中 - 豪는 뛰어날 호, 클 호. 毫(가는 털 호)와 通用. 豪光은 가는 빛. 사방으로 퍼지는 빛살.

12 點起火把 - 點은 點火. 把는 잡을 파. 묶음. 한 줌. 火把는 횃불.

13 打撈 - 건져내다, 인양하다. 打는 칠 타. 여기서는 '때리다' 는 뜻이 아니라 어떤 일이나 동작을 하다의 뜻. 撈는 (물속에서) 건져낼 노(로). 찾아보다. (例 漁撈(어로) - 고기잡이)

고,[14] 궁중 여인의 차림새에,[15] 목에는 비단 주머니가 걸려 있었다.[16] 주머니를 열어보니 안에는 硃紅(주홍)색의 작은 상자가 있는데, 상자는 자물쇠로 잠겨있었다.[17] (손견이) 열어보니 바로 玉璽(옥새, 國璽)[18]이었는데 사방 둘레가 (각각) 4寸 정도였다. 위에는 五龍이 얽혀 있는 손잡이가 있고, 한 모서리가 깨졌는데 황금으로 때워졌고,[19] 거기에는 篆書(전서)[20]로「受命於天(하늘의 명을 받았으니), 旣壽永昌(그 수명이 영원이 창성하리라.)」고 쓰여 있었다.

(中略)[21]

그러나 손견의 군사 중 한 사람이 袁紹(원소)의 고향 사람인데, 이

---

14 雖然日久 其屍不爛 – 雖는 비록 수. 雖然은 비록 ~일지라도. 爛은 문드러질 난.

15 宮樣裝束 – 궁중 모양 차림새. 裝束(장속)은 옷차림.

16 項下帶一錦囊 – 項은 목 항. 錦은 비단 금. 囊은 주머니 낭.

17 用金鎖鎖著 – 鎖는 자물쇠 쇄. 자물쇠로 채우다.

18 漢 원년(서기 206년) 10월에, 沛公(劉邦)은 霸上(패상)에서 秦王이 바친 秦 황제의 璽綬(새수)를 받았다. 이는 秦始皇이 천하를 평정한 뒤 藍田山의 玉에 丞相 李斯(이사)가 '受命於天, 旣壽永昌' 이라고 새겨 傳國의 국새로 사용했었다. 왕망이 漢을 찬위한 뒤, 元帝의 王皇后가 보관 중인 漢 국새를 달라고 협박하자, 황후가 던져줄 때 璽의 한 모서리가 깨졌다. 왕망이 패망한 뒤, 更始帝의 신하 李松이 이를 찾아 宛縣(완현)에서 更始帝에게 바쳤고, 更始帝가 패망한 뒤, 赤眉軍의 손에 들어갔었는데, 光武帝가 이를 넘겨받았다. 皇帝의 國璽는 모두 6종으로 '皇帝之璽', '皇帝信璽', '天子行璽', '天子之璽', '天子信璽' 라는 글자를 새겼다는 주석도 있다.

19 旁缺一角 以黃金鑲之 – 缺은 일그러질 결. 파손되다. 일부가 깨어지다. 鑲은 거푸집 양. 박아 넣다. 象嵌(상감)하다.

20 篆文 – 篆書(전서)로 쓴 글자. 篆은 전서 전. 書體의 종류, 大篆과 小篆의 구분. 秦 승상 李斯(이사)는 여러 異體字에 대한 통일 정책을 폈다. 이때 통용된 것이 소전이었다.

21 (中略) – 《三國演義》에는 和氏璧(화씨벽)의 유래와 그 和氏璧으로 李斯가 옥새를

를 이용하여 출세하기 위한 계책으로 삼으려고[22] 밤사이에 몰래 부대를 빠져나가 원소에게 밀고하리라고 누가 생각이나 했겠는가? 원소는 그 군사에게 상을 내리고 몰래 군중에 머물게 했다.

原文

次日, 孫堅來辭袁紹曰,"堅抱小疾, 欲歸長沙, 特來別公." 紹笑曰,"吾知公疾乃害傳國璽耳." 堅失色曰,"此言何來?"

紹曰,"今與民討賊, 爲國除害. 玉璽乃朝廷之寶, 公旣獲得, 當對眾留盟主處, 候誅了董卓, 復歸朝廷, 今匿之而去, 意欲何爲"

堅曰,"玉璽何由在吾處?" 紹曰,"建章殿井中之物何在?"

堅曰,"吾本無之, 何强相逼?" 紹曰,"作速取出, 免自生禍."

堅指天爲誓曰,"吾若果得此寶, 私自藏匿, 異日不得善終, 死於刀箭之下!"

만들고, 이 傳國 玉璽가 여러 과정을 거쳐 後漢 代에 이르렀다는 긴 설명이 있다.

22 欲假此爲進身之計 - 假는 거짓 가. 구실로 삼다. 進身은 立身出世.

다음 날, 孫堅이 작별 인사 차 원소를 찾아가 말했다. [23]

"제가 약간의 병이 있어 長沙郡(장사군)으로 돌아가려고, 公께 인사를 드리려 왔습니다."

이에 원소가 웃으며 말했다.

"내가 알기로는, 당신의 병은 傳國 國璽(국새) 때문일 것이오." [24]

이에 손견은 얼굴색이 바뀌며 "무슨 말씀이십니까?"라고 말했다.

원소가 말했다.

"지금 온 백성이 함께 반적을 토벌하여 나라의 해악을 제거해야 하오. 玉璽는 조정의 보물이니, 公이 그런 것을 얻었다면 응당 盟主에게 바쳐 보관해야 하고 동탁을 죽일 때까지 기다렸다가[25] 조정에 돌려보내야 하거늘, 지금 국새를 숨겨 돌아간다니[26] 무슨 속셈이겠는가?"

---

23 孫堅來辭袁紹曰 – 孫堅의 謀士(모사)인 程普(정보)는 '이런 옥새를 하늘이 내린 것은 九五之分(天子의 지위)에 오른다는 뜻이니, 여기에 오래 머물 수 없습니다.' 라고 하면서 이를 가지고 속히 江東으로 돌아가 큰일을 도모하자고 건의한다. 이에 孫堅은 袁紹를 찾아갔다.

24 公疾乃害傳國璽耳 – 疾은 병 질. 害는 병에 걸리다. ~을 걱정하다. 璽는 천자의 도장 새.

25 候誅了董卓 – 候는 물을 후. 기다리다, 살피다, 안부를 묻다. 侯(임금 후, 벼슬 후)가 아님.

26 今匿之而去 – 匿은 숨길 익(닉).

손견은 "玉璽가 어찌 내게 있겠습니까?"라고 말했다. 그러자 원소가 물었다.

"建章殿 우물에서 건진 것은 어디에 두었는가?"

손견은 "처음부터 내게 없는데 어찌 이리 핍박합니까?"라고[27] 잡아뗐었다. 그러자 원소는 "속히 내 놓으면 이후로 일어나는 화를 면할 것이오."라고 말했다. 그러자 손견은 하늘을 가리키며 맹세하였다.

"내가 만약 그런 보물을 얻어 몰래 감추었다면 뒷날 善終(선종)하지 못하고, 칼이나 화살에 맞아 죽을 것입니다!"[28]

原文

衆諸侯曰, "文臺如此說誓, 想必無之." 紹喚軍士出曰, "打撈之時, 有此人否?" 堅大怒, 拔所佩之劍, 要斬那軍士.

---

27 何强相逼 – 어찌 이리 핍박하는가? 逼은 가까이 할 핍. 핍박하다, 강요하다.

28 正史《三國志 吳書》1권, 〈孫破虜討逆傳〉에 의하면, 낙양의 황제 능묘를 복원한 다음에 손견은 군사를 인솔하여 南陽郡 魯陽縣에 주둔하였다. 궁궐을 청소한 것은 사실이나 전국 옥새를 얻었다는 기록은 없다. (獻帝) 初平 3년(서기 192), 원술은 손견을 보내 荊州를 정벌하며 劉表(유표)를 공격케 하였다. 유표는 部將 黃祖(황조)를 출정시켜 樊城(번성)과 鄧縣(등현)의 중간에서 맞아 싸웠다. 손견은 황조를 격하고 추격하여 漢水(한수)를 건너 襄陽(양양)을 포위했었는데, 손견은 單馬로 峴山(현산)이란 곳을 지나다가 매복한 황조의 군사에게 피살되었다.

紹亦拔劍曰, "汝斬軍士, 乃欺我也." 紹背後顏良, 文醜 皆拔劍出鞘. 堅背後程普,黃蓋,韓當, 亦掣刀在 手. 衆諸侯一齊勸住.

堅隨卽上馬, 拔寨離洛陽而去. 紹大怒, 遂寫書一 封, 差心腹人連夜往荊州, 送與刺史劉表, 教就路上 截住奪之.

六回 焚金闕董卓行兇 匿玉璽孫堅背約 中 節錄

여러 諸侯들은 "文臺(孫堅의 字)가 이처럼 맹서를 하니 아마 틀림없이 없을 것입니다."라고 말했다. 이에 원소는 (도망 나온) 군사를 불러내어 말했다.

"우물에서 옥새를 건져낼 때, 이 사람이 있었나? 없었나?"

손견은 대노하면서 차고 있던 칼을 뽑아[29] 그 군사의 허리를 잘라버렸다. 원소 역시 칼을 뽑아들며 말했다.

"자네가 군사를 죽인 것이 바로 내게 거짓말을 했다는 증거이다."

원소 뒤쪽에 있던 顏良(안량)과 文醜(문추)도 모두 칼집에서 칼을 뽑았다.[30]

---

29 拔所佩之劍 – 拔은 뺄 발. 佩는 찰 패. 허리에 차다, 가슴에 달다.

30 皆拔劍出鞘 – 鞘는 칼집 초. 出鞘는 칼집에서 칼을 뽑다.

손견의 배후에 있던 程普(정보), 黃蓋(황개), 韓當(한당)[31] 역시 손에 칼을 빼들었다.[32] 그러자 여러 제후들이 모두 싸움을 제지하였다.

손견은 즉시 말에 올랐고 군영을 철수하여 낙양을 떠나갔다. 원소는 대노하면서 서신 한 통을 작성하여 심복을 한 사람 뽑아,[33] 밤을 새워 荊州(형주) 刺史[34]인 劉表(유표)[35]에게 서신을 보내, 돌아가는 손견의 길을 막고 국새를 빼앗게 하였다.[36]

---

31 程普(정보), 黃蓋(황개), 韓當(한당) – 東吳의 三代 元勳. 程普(정보, 생졸년 미상, 字 德謀)는 뒷날 손권의 무신 중 최고 연장자라서 程公이라 통칭. 正史《三國志 吳書》10권, 〈程黃韓蔣周陳董甘淩徐潘丁傳〉에 입전된 12명 무장(江表之虎臣 – 程普, 黃蓋, 韓當, 蔣欽, 周泰, 陳武, 董襲, 甘寧, 淩統, 徐盛, 潘璋, 丁奉)의 첫째.

32 亦掣刀在手 – 掣는 당길 체. 뽑다, 빼다.

33 差는 일을 시키다, 차출하다.

34 後漢의 荊州(형주)는 漢朝 13州刺史部의 하나로, 治所는 武陵郡 漢壽縣(今 湖南省 북부 常德市)이었다가, 후한의 말기에는 南郡 襄陽縣〔今 湖北省 북부 襄樊市(양번시)〕로 이동했다. 현재의 湖北省 南部 荊州市가 아니다. 형주의 관할 지역은 今日의 河南省 서남부와 湖北省, 湖南省 대부분 및 貴州省, 廣東省, 廣西省의 일부 지역이었다. 적벽대전 이후 유비는 손권에게 형주를 빌려 세력 근거지로 삼았지만 나중에 東吳에서 반환을 요구했고, 그 때문에 형주는 蜀漢과 東吳의 쟁탈지역이 되었다.

35 劉表(유표, 142 – 208, 字 景升) – 前漢 魯 恭王 劉餘의 후손, 劉表는 신장 八尺餘, 온후 장대한 儒者의 풍모였으나 우유부단했다. 荊楚 지역을 옹유한 군벌로 荊州 刺史이며, 鎭南將軍의 직함을 갖고 있었으며 黨錮(당고)의 화를 당한 名士의 한 사람으로《後漢書》에는 '八及(팔급)'이라고 불렸다. 建安 13년(서기 208) 劉表가 죽고, 少子인 劉琮(유종)이 대를 이었으나 유종은 荊州를 들어 조조에게 투항하였다.《後漢書》74권, 〈袁紹劉表列傳〉立傳.《魏書》6권, 〈董二袁劉傳〉에 입전. 유비를 우대했지만 등용하거나 일임하지 않았다.

36 教就路上截住奪之 – 教는 ~하게 하다. 시키다. 截은 끊을 절. 截住는 (길을) 가로막다. 소설에서는 나중에 원술이 손견으로부터 옥새를 빼앗았고, 그 때문에 원술은 칭제했으나 곧 병사했다.

10 王允巧使連環計

<ruby>王<rt>왕</rt></ruby> <ruby>允<rt>윤</rt></ruby> <ruby>巧<rt>교</rt></ruby> <ruby>使<rt>사</rt></ruby> <ruby>連<rt>연</rt></ruby> <ruby>環<rt>환</rt></ruby> <ruby>計<rt>계</rt></ruby>

왕윤은 교묘히 연환계를 쓰다.

獻帝를 협박하여 長安으로 옮겨간 동탁의 횡포와 폭정은 극점에 달했다. 司徒(사도)인 王允(왕윤)은 동탁을 제거키로 결심했지만 묘안이 없었다. 왕윤은 자신이 친딸처럼 기른 歌妓 貂蟬(초선)을 보고선 여포와 동탁을 이간시키는 連環計(연환계)[1]를 떠올린다.

초선은 소설 속의 허구 인물인데, 나관중의 손에 의하여 완벽한 미인으로[2] 소생하였다. 正史《三國志 魏書》7권,〈呂布臧洪傳〉에는 여포가 동탁의 侍婢(시비)와 私通했다는 내용은 있으나, 초선의 이름은 등장하지 않는다.

---

1 連環計(연환계)는 36計의 하나로, 一名 計中計(계중계)이다. 기본적으로 하나의 계략으로 적을 지치게 만들고, 또 다른 계책으로 패망에 이르게 한다는 뜻이다. 흔히 말하는 美人計, 空城計, 反間計, 苦肉計, 連環計, 走爲上計(도망치기) 등이 모두 36계에 들어있다.

2 미인을 지칭하는 성어로, 侵魚落雁(침어낙안)과 閉月羞花(폐월수화)에 맞춰 중국인들은 고대 四大美人을 꼽았는데, 越나라 西施(서시)는 侵魚의 미인, 前漢의 王昭君(왕소군)은 落雁의 미인, 그리고 貂蟬은 閉月, 楊太眞(楊玉環, 楊貴妃)는 羞花의 미인이라고 이야기한다. 비슷한 예로 笑褒姒(웃는 포사), 病西施(병든 서시), 狠妲己(표독한 달기), 醉楊妃(술 취한 양귀비) 또한 美人을 지칭하는 표현으로 인구에 膾炙(회자)된다.

司徒王允歸到府中, 尋思今日席間之事, 坐不安席.
至夜深月明, 策杖步入後園, 立於荼蘼架側, 仰天垂
淚. 忽聞有人在牡丹亭畔, 長吁短歎. 允潛步窺之, 乃
府中歌伎貂蟬也.

其女自幼選入府中, 敎以歌舞, 年方二八, 色伎俱
佳, 允以親女待之. 是夜允聽良久, 喝曰, "賤人將有
私情耶?"

貂蟬驚跪答曰, "賤妾安敢有私!"

允曰, "無私, 何夜深長歎?" 蟬曰, "容妾伸肺腑之
言."

允曰, "汝勿隱匿, 當實告我."

司徒 王允(왕윤)[3]은 귀가하여 오늘 宴會 席上에서 있었던 일을 깊

---

3 司徒王允歸到府中 - 司徒(사도)는 승상. 後漢의 司徒, 太尉, 司空을 三公이라 불렀
다. 府는 곳집 부, 관청 부. 귀족 고관의 저택. 王允(왕윤)은 幷州 太原郡 祁縣(기
현) 사람. 기현은, 今 山西省 중부 晉中市 관할 祁縣(기현). 唐의 詩佛인 王維(왕유),
晚唐詞人 溫庭筠(온정균), 《三國演義》의 羅貫中(나관중)이 모두 祁縣(기현) 출신이
다. 왕윤은 董卓을 刺殺케 하였지만, 名士 蔡邕(채옹)도 죽여 민심을 잃었다. 왕윤
은 동탁 잔당에게 피살되었고, 關中은 대 혼란에 빠졌다.《後漢書》66권, 〈陳王列

이 생각하느라[4] 坐不安席(좌불안석)이
었다. 밤 깊어 밝은 달빛에 왕윤은
지팡이를 짚고[5] 후원으로 걸어가 덩굴
장미 받침(시렁) 옆에 서서[6] 하늘을 보
며 눈물을 흘렸다. 그때 牡丹亭(모
란정) 곁에서 누군가가 길고 짧게 탄
식하는 소리가 들렸다.[7] 왕윤이 가만히
가까이 가보니 집안의 歌伎(가기, 歌妓)인
貂蟬(초선)이었다.[8]

초선은 어렸을 때부터 왕윤의 집
에 뽑혀 들어왔고 歌舞를 가르
쳤는데, 지금 막 16세로 美色과
기예를 다 갖추었으며, 왕윤이

貂蟬(초선)

친딸처럼 대해주었다. 왕윤은 한참 동안 듣고 있다가는 "미천한 네

傳〉에 立傳.

4 尋思今日席間之事 - 尋은 찾을 심. 계속해서, 연달아. 그날 연회에서 董卓은 司空
'張溫이 모반을 꾀한다.' 하여 즉석에서 죽여 버렸다.

5 策杖步入後園 - 策은 대나무 쪽. 계책, 지팡이(를 짚다). 杖은 지팡이 장.

6 立於荼蘼架側 - 荼는 씀바귀 도. 蘼는 장미 미. 荼蘼(도미)는 '장미과에 속하는 落
葉灌木'(辭典의 설명). 架는 시렁 가, 얽어맬 가. 덩굴 꽃나무를 올리는 받침(支
柱) 겸 가름막.

7 長吁短歎 - 吁는 한숨 쉴 우. 탄식하다. 歎은 탄식할 탄.(吁와 同).

8 歌伎貂蟬也 - 伎는 재주 기. 기녀(妓女). 歌伎는 歌妓, 歌女, 歌姬. 貂는 담비 초.
蟬은 매미 선.

가 몰래 무슨 뜻을 품었느냐?"라고[9] 꾸짖었다. 그러자 초선이 무릎을 꿇고 말했다.

"천한 제가 어찌 감히 다른 마음이 있겠습니까!"[10]

왕윤은 "숨은 뜻이 없다면 이 한밤에 왜 탄식을 하느냐?"고 물었다. 그러자 초선이 대답했다. "제 속마음을 말씀드려도 되겠습니까?"[11]

왕윤은 "너는 숨기지 말고[12] 응당 사실대로 내게 말해 봐라."

原文

蟬曰, "妾蒙大人恩養, 訓習歌舞, 優禮相待, 妾雖粉身碎骨, 莫報萬一. 近見大人兩眉愁鎖, 必有國家大事, 又不敢問. 今晚又見行坐不安, 因此長歎, 不想爲大人窺見. 倘有用妾之處, 萬死不辭."

允以杖擊地曰, "誰想漢天下却在汝手中耶! 隨我到畫閣中來."

---

9 賤人將有私情耶 – 賤人은 쌍년. 小說이나 희곡에서 여자를 욕할 때 쓰던 말. 私情은 몰래 품은 뜻. 情實. 私는 몰래. 耶는 어조사 야. 疑問 助詞.

10 貂蟬驚跪答曰 – 驚은 놀랄 경. 跪는 꿇어앉을 궤.

11 容妾伸肺腑之言 – 伸은 펼 신. 해명하다. 진술하다. 肺는 허파 폐. 腑는 장부 부. 오장육부의 총칭. 肺腑(폐부)는 진심.

12 汝勿隱匿 – 汝는 너 여. 勿은 말 물. ~해서는 안 된다.(금지사). 隱은 숨을 은. 匿은 감출 익. 隱匿(은닉)은 숨기다, 숨겨 비밀로 하다.

貂蟬跟允到閣中, 允盡叱出婢妾, 納貂蟬於坐, 叩頭
便拜.

國譯

이에 초선이 말했다.

"저는 大人의 은덕과 양육을 받았고[13] 가무도 배웠으며, 저에게 잘 대해주셨으니 제가 粉骨碎身(분골쇄신)하더라고 그 은덕의 만분의 일도 갚지 못할 것입니다.[14] 요즈음 대인의 두 눈썹에 수심이 가득한 것을 보고 틀림없이 나라의 큰 일이 있을 것이라 생각했지만, 그렇다고 감히 물어볼 수도 없었습니다. 오늘 저녁에도 대인께서 좌불안석하시는 모습을 보았기에 장탄식을 해보았지만 대인께서 보고 계실 줄은 몰랐습니다.[15] 만약 제가 쓸모가 있다면[16] 저는 일만 번을 죽어도 사양하지 않겠습니다."

그러자 왕윤은 지팡이로 땅을 말했다.

"漢의 천하가 오히려 너의 손에 달려있을 줄 누가 생각이나 했겠느냐?[17] 나를 따라 처소(畫閣, 화각)로 들어오너라."

---

13 妾蒙大人恩養 – 妾은 천한 몸. 여자가 자신을 낮추어 지칭하는 말. 蒙은 입을 몽, 덮을 몽. 받다.

14 莫報萬一 – 莫은 없을 막. 무엇도 ~하지 않다, ~하지 말라. 萬一은 萬에 하나 (一).

15 爲大人窺見 – 爲는 피동의 뜻으로 쓰였다. 窺는 엿볼 규. 살피다.

16 倘有用妾之處 – 倘은 혹시 당. 만약 ~이라면.

17 誰想漢天下却在汝手中耶 – 誰는 누구 수. 却은 물러날 각. 도리어(逆接), 그러

초선은 왕윤을 따라 전각에 들어갔다. 왕윤은 다른 시녀들을 모두 내보낸 뒤에 초선을 자리에 앉히고 바로 머리를 숙여 배례하였다.[18]

原文

貂蟬驚伏於地曰, "大人何故如此?"

允曰, "汝可憐大漢天下生靈!" 言訖, 淚如泉湧.

貂蟬曰, "適間賤妾曾言 但有使令, 萬死不辭."

允跪而言曰, "百姓有倒懸之危, 君臣有累卵之急, 非汝不能救也. 賊臣董卓, 將欲篡位, 朝中文武, 無計可施. 董卓有一義兒, 姓呂, 名布, 驍勇異常. 我看二人皆好色之徒, 今欲用連環計 先將汝許嫁呂布, 後獻與董卓, 汝於中取便, 謀間他父子反顏, 令布殺卓, 以絶大惡. 重扶社稷, 再立江山, 皆汝之力也. 不知汝意若何"

貂蟬曰, "妾許大人萬死不辭, 望卽獻妾與彼. 妾自有道理."

나, ~이기도 하지만, 뜻밖에, 의외로, 바로. 耶는 어조사 야(의문, 반문, 추측, 감탄을 표시)

18 叩頭便拜 – 叩는 두드릴 고. 叩頭는 머리를 땅에 대고 절하다.

允曰, "事若洩漏, 我滅門矣."

貂蟬曰, "大人勿憂! 妾若不報大義, 死於萬刃之下." 允拜謝.

第八回 王司徒巧使連環計 董太師大鬧鳳儀亭 中 節錄

王允巧使連環計(왕윤교사연환계)
繡像 三國志演義(수상 삼국지연의) – 上海 鴻文書局 印行, 국립중앙도서관 소장

이에 초선은 놀라 바닥에 엎드리며 "대인께서는 왜 이러십니까?"라고 말했다. 왕윤은 "너는 漢朝의 백성을 불쌍히 생각해다오!"라고[19] 말하며 솟는 샘물처럼 눈물을 흘렸다.

초선이 말했다.

"방금 제가 말씀드린 그대로,[20] 명령만 내려주시면 만 번을 죽더라도 사양하지 않겠습니다."

왕윤은 무릎을 꿇고 말했다.

"지금 백성들은 마치 거꾸로 매달린 것처럼 위태롭고,[21] 君臣은 계란을 쌓아둔 것처럼 위험하나, 네가 아니면 구원할 수가 없다. 賊臣인 董卓(동탁)이 帝位를 뺏으려 하는데도,[22] 조정의 문무 대신은 아무런 계책이 없다. 동탁에게 義子가 하나 있는데, 성은 몸에 이름은 布인데 날쎄고 용맹하기가 보통 사람보다 다르다. 내가 볼 때 동탁이나 여포 두 사람이 모두 好色하는 자이니, 이번에 連環計(연환계)를 써서 먼저 너를 여포에게 보냈다가 나중에 다시 동탁에게 줄 것인데, 너는 상황에 따라 저들 父子 사이를 이간시켜 반목하게 한

---

19 汝可憐大漢天下生靈 - 汝는 너. 憐은 불쌍히 여길 련(연). 可憐은 가련히 여기다. 生靈은 백성.

20 適間賤妾曾言 - 適間은 방금. 曾은 일찍 증, 지날 증.

21 倒懸之危 - 倒는 넘어질 도. 거꾸로. 懸은 매달 현.

22 將欲簒位 - 簒은 빼앗을 찬. 位는 帝位.

뒤에,[23] 여포로 하여금 동탁을 죽이게 하여 나라의 大惡을 제거해다오. 그리하여 사직을 다시 바로잡고[24] 천하를 안정케 한다면 모두가다 너의 공일 것이다. 그렇지만 너의 뜻이 어떤지 모르겠다."

그러자 초선이 말했다.

"제가 대인께 만 번 죽더라도 사양하지 않겠다고 말씀드렸으니저를 그들에게 보내주십시오. 그러면 제가 알아서 하겠습니다."[25]

왕윤은 "만약 이 일이 누설된다면[26] 나는 멸족될 것이다."라고말했다. 이에 초선이 말했다.

"대인께서는 염려하지 마십시오! 만약 제가 大義에 보답하지 못한다면 수많은 칼을 받아 죽을 것입니다."

왕윤은 초선에게 절을 하며 고마워했다.

---

23 謀間他父子反顔 – 顔은 얼굴 안. 反顔은 낯을 바꿔 원수가 되다.

24 重扶社稷 – 社는 土地의 神 사. 稷은 기장 직. 오곡을 주관하는 神. 社稷은 宗廟와 함께 국가를 의미.

25 妾自有道理 – 自有는 저절로 ~이 있다, 본래 ~이 있다. 道理는 방법, 수단, 대책을 뜻함.

26 事若洩漏 – 若은 같을 약, 만약 약. 洩은 (물이) 샐 설. 漏는 물 샐 루.

11 鳳儀亭布戲貂蟬
봉의정포희초선

봉의정에서 여포는 초선과 몰래 만나다.

소설 속의 인물이지만 貂蟬(초선)은 중국인들에게 4大 미인 중 하나이다. 스스로 승상이 된 동탁을 제거하려는 王允(왕윤)의 계책은 미녀 초선을 중심으로 차례차례 이어진다. 이런 美人計가 먹혀 들어간 것은 동탁과 여포가 모두 소인배이었기에 가능했을 것이다.

왕윤은 초선과 여포를 먼저 만나게 하여 여포의 마음을 흔들어 놓았다. 다음에 왕윤은 동탁을 자신의 집으로 초대하여 접대하면서 동탁과 초선을 연결시켜준다. 초선은 동탁에게 보내졌다. 동탁은 癡情(치정)에 눈이 멀었다. 여포와 초선의 鳳儀亭(봉의정)에서의 만남은 京劇의 인기 소재의 하나이다.

原文

卓疾旣愈, 入朝議事. 布執戟相隨, 見卓與獻帝共談, 便乘間提戟出內門, 上馬逕投相府來. 繫馬府前, 提戟入後堂, 尋見貂蟬. 蟬曰, "汝可去後園中鳳儀亭邊等我."

布提戟逕往, 立於亭下曲欄之旁. 良久, 貂蟬分花拂柳而來, 果然如月宮仙子, 泣謂布曰, "我雖非王司徒親女, 然待之如己出. 自見將軍, 許侍箕帚, 妾已生平願足, 誰想太師起不良之心, 將妾淫污. 妾恨不卽死, 止因未與將軍一訣, 故且忍辱偸生. 今幸得見, 妾願畢矣. 此身已汙, 不得復事英雄, 願死於君前, 以明妾志!"

言訖, 手攀曲欄, 望荷花池便跳.

國譯

동탁의 질병이 다 낫자,[1] 입조하여 국사를 논의하였다. 여포는 창을 잡고(執戟) 동탁을 수행하였는데 동탁이 獻帝와 함께 이야기하는 틈을 타서 창을 가지고(提戟) 황궁 문을 나와[2] 말에 올라 바로 승상 저택으로 갔다. 저택 앞에 말을 매놓고, 창을 들고 후당으로 들어가서 초선을 찾아보았다. 초선이 여포에게 말했다.

"당신은 후원 鳳儀亭(봉의정)에서 기다리세요."

---

1 卓疾旣愈 – 董卓은 초선을 데려간 후 그녀의 美色에 빠져 한 달 이상 政事를 돌보지 않았고, 病席에 눕기도 했었다.

2 便乘間提戟出內門 – 乘間은 틈을 타다. 기회를 보아. 提戟(제극)은 창을 들고, 여포의 행동마다 戟(극, 날이 두 개로 갈라진 창)을 언급하였다. 아마 점점 긴장을 높여가는 한 방법일 것이다.

여포는 창을 들고 샛길
로 가서, 봉의정 아래 난간
이 굽은 곳에 서 있었다. 한
참 있다가 초선이 꽃 사이
를 가르고 버들가지를 제
치며 다가오는데 과연 月
宮 속의 선녀[3]와 같았다.
초선은 흐느끼며 여포에게
말했다.

"제가 비록 王司徒(王
允)의 친딸은 아니지만, 저
를 친딸처럼 대해 주셨습
니다. 제가 장군을 만난 뒤
로, 제 소원이 장군의 아내
가 되어[4] 장군을 모시리라

여포, 봉의정에서 초선을 희롱하다〔鳳儀亭布戲
貂蟬(봉의정포희초선)〕, 李卓吾先生批評三國志(이
탁오선생비평삼국지), 청 강희연간(1662-1722),
綠萌堂(녹맹당) 간본

생각하였지만, 太師(董卓)께서 나쁜 생각을 가지고 제를 데려다가
몸을 더럽혔습니다.[5] 제가 원한을 품고 바로 죽지 않았던 것은 장군

---

3 月宮仙子 – 月宮은 달(月亮) 속의 궁전, 달. 仙子는 仙女. 仙子의 子가 아들이란
  뜻은 아니다.
4 許侍箕帚 – 侍는 모실 시. 箕는 키 기(잡티를 날려 곡식을 고르는 도구). 쓰레받기.
  帚는 비 추. 비로 쓸다. 箕帚(기추)는 아내, 妻妾이 남편에게 자신을 낮추는 말.
5 將妾淫汚 – 將은 (나를) 가지고. 淫은 음탕할 음. 汚는 더러울 오. 더럽히다.

과 그래도 이별을 해야 하기에 치욕을 참으며 구차히 살아 있었습니다.[6] 이제 다행히도 장군을 뵈었으니 저의 소원을 이루었습니다. 이 몸은 이미 더러운 몸이라 영웅을(呂布) 모실 수도 없으니 장군 앞에서 죽어 제 평생 뜻을 보여드리겠습니다!'

말을 마치자, 초선은 손으로 난간을 잡고 올라가[7] 연꽃 핀 연못으로 뛰어내리려 했다.[8]

原文

呂布慌忙抱住, 泣曰, "我知汝心久矣! 只恨不能共語!"

貂蟬手扯布曰, "妾今生不能與君爲妻, 願相期於來世."

布曰, "我今生不能以汝爲妻, 非英雄也!"

蟬曰, "妾度日如年, 願君憐而救之."

布曰, "我今偸空而來, 恐老賊見疑, 必當速去."

貂蟬牽其衣曰, "君如此懼怕老賊, 妾身無見天日之

---

6 故且忍辱偸生 − 忍辱(인욕)은 치욕을 참다. 偸는 훔칠 투. 남몰래. 偸生은 죽지 못해 구차하게 살아가다.

7 手攀曲欄 − 攀은 당길 반. 끌어 잡다, 올라가다. 欄은 난간 난(란).

8 望荷花池便跳 − 荷는 연꽃 하(蓮). 便은 문득 편, 편할 편. 곧바로. 跳는 뛸 도.

期矣!"

布立住曰, "容我徐圖良策." 語罷, 提戟欲去.

貂蟬曰, "妾在深閨, 聞將軍之名, 如雷灌耳, 以爲當世一人而已, 誰想反受他人之制乎!" 言訖, 淚下如雨. 布羞慚滿面, 重復倚戟, 回身摟抱貂蟬, 用好言安慰. 兩個偎偎倚倚, 不忍相離.

呂布는 초선을 慌忙(황망)히 끌어안고[9] 눈물을 흘리며 말했다.

"나는 너의 마음을 오래 전부터 알고 있었다! 다만 함께 얘기할 수가 없어 한스러웠다!"

초선은 손으로 여포를 밀어내며 말했다.[10]

"저는 지금 살아서는 장군의 아내가 될 수 없으니, 서로 來世나 기약하길 바랄 뿐입니다."

여포는 "내가 지금 살아서 너를 아내로 맞이하지 못한다면 영웅이 아닐 것이다."라고 말했다. 그러자 초선이 말했다.

"저는 하루를 일 년처럼 지내고 있으니[11] 장군께서는 저를 불쌍

---

9 慌忙抱住 – 慌은 어리둥절할 황. 다급하다. 忙은 바쁠 망. 빨리. 抱는 끌어안을 포.

10 手扯布曰 – 扯는 찢을 차. 밀치다, 잡아당기다.

11 妾度日如年 – 妾은 여자의 자칭. 度는 헤아릴 도. 헤아리다. 度日은 어렵게 살아가다.

히 여겨 구해주세요."

여포가 말했다.

"나는 잠시 틈을 보아 나왔는데, 늙은 놈(동탁)이 의심할 것 같으니[12] 빨리 돌아가야 한다."

그러자 초선이 여포의 옷을 잡으며 말했다.

"당신이 그 늙은이를 이처럼 무서워하니, 이 몸은 새 세상을 보기 어려울 것 같습니다."

여포는 즉시 멈추며 "내가 천천히 좋은 방책을 마련할 것이니 기다려다오."라고[13] 말한 뒤에 창을 들고 나가려 했다. 이에 초선이 말했다.

"저는 부녀자이지만 장군의 명성을 자주 들으면서[14] 이 시대에 첫째 가는 분이라 생각했었는데, 이처럼 다른 사람한테 눌린 줄을 어찌 알았겠습니까!"[15]

말을 마친 초선은 눈물을 비 오듯 쏟았다.[16] 여포는 얼굴에 부끄러운 기색이 역력한 채[17] 창을 다시 세워놓고 몸을 돌려 초선을 꼭

---

12 恐老賊見疑 – 恐은 두려울 공. 아마. 老賊은 늙은 놈.(董卓). 見疑는 의심받다.

13 容我徐圖良策 – 容은 얼굴 용. 받아들이다. 圖는 도모하다.

14 如雷灌耳 – 우레가 귀에 들리는 것 같다. 명성이 자자하다. 灌은 물댈 관. 액체를 쏟아 붓다.

15 속담에 '請將이 不如激將' 이란 말이 있다. 여포의 분노를 격발시킬 한마디였다.

16 淚下如雨 – 눈물이 비가 내리듯 흘렸다. 下, 雨는 모두 動詞로 쓰였다.

17 布羞慚滿面 – 羞는 부끄러울 수. 慚은 부끄러울 참.

끌어안으면서[18] 좋은 말로 초선을 달랬다. 두 사람은 바짝 달라붙어 몸을 기대면서[19] 차마 떨어지질 못했다.[20]

原文

却說董卓在殿上, 回頭不見呂布, 心中懷疑, 連忙辭了獻帝, 登車回府, 見布馬繫於府前. 問門吏, 吏答曰, "溫侯入後堂去了." 卓叱退左右, 逕入後堂中, 尋覓不見, 喚貂蟬, 蟬亦不見. 急問侍妾, 侍妾曰, "貂蟬在後園看花."

卓尋入後園, 正見呂布和貂蟬在鳳儀亭下共語, 畫戟倚在一邊. 卓怒, 大喝一聲. 布見卓至, 大驚, 回身便走. 卓搶了畫戟, 挺着趕來. 呂布走得快, 卓肥胖趕不上, 擲戟刺布. 布打戟落地. 卓拾戟再趕, 布已走遠. 卓趕出園門, 一人飛奔前來, 與卓胸膛相撞, 卓倒於地. 正是

---

18 摟抱貂蟬 – 摟는 끌어 모을 루. 긁어모으다. 抱 안을 포. 포옹하다.
19 兩個偎偎倚倚 – 兩個는 두 사람. 偎는 가까울 외. 의지하다. 포근히 안(기)다. 倚는 기댈 의.
20 不忍相離 – 不忍은 차마 ~하지 못하다. 離는 떨어질 리. 떼놓다.

衝天怒氣高千丈, 仆地肥軀做一堆.

未知此人是誰, 且聽下文分解.

第八回 王司徒巧使連環計 董太師大鬧鳳儀亭 中 節錄

國譯

却說(각설)하고, 董卓(동탁)은 궁궐 전각에서 여포를 찾았으나 보이질 않자 마음속으로 의심하며 급히 헌제에게 인사를 올리고 수레에 올라 저택으로 돌아왔는데, 집 앞에 매어 있는 여포의 말을 보았다. 동탁이 문지기에게 묻자, 문지기는 "溫侯(여포)[21]는 後堂으로 갔습니다."라고 대답했다. 동탁은 시종을 물리치고 곧바로 後堂에 들어갔지만 여포를 찾아도 보이질 않자[22] 초선을 불렀는데, 초선도 보이지 않았다. 동탁이 급히 시녀를 부르자, 시녀는 "초선은 후원에서 꽃구경을 하고 있습니다."라고 말했다.

동탁이 후원에 들어가자, 마침 여포와 초선이 鳳儀亭(봉의정) 아래서 함께 이야기를 나누는데 한쪽에 기대놓은 여포의 창도 보았다.

동탁은 화가 나서 큰소리를 질렀다. 여포는 돌아온 동탁을 보고서 크게 놀라 몸을 돌려 달아났다. 동탁은 여포의 畵戟(화극)을 손

---

21 溫侯 – 呂布는 동탁을 죽인 뒤, 奮武將軍(분무장군)으로 승진하고 부절을 받았으며, 溫侯(온후)에 봉해졌다. 溫縣은 河內郡의 縣名. 小說에서는 丁原을 죽인 뒤부터 溫侯라는 호칭이 나타난다.

22 尋覓不見 – 尋은 찾을 심. 覓은 찾을 멱. 구하다.

에 잡고 쫓아갔다.²³ 여포의 걸음이 빨랐고, 또 동탁은 뚱뚱하여 따라갈 수가 없자,²⁴ 여포를 향해 창을 던졌다. 여포는 창을 피했고 창은 땅에 꽂혔다. 동탁은 창을 잡고 다시 쫓아갔지만 여포는 이미 멀리 달아났다. 동탁이 후원의 문을 달려나갈 때, 어떤 사람이 급하게 달려오다가 동탁의 가슴을 들이받자,²⁵ 동탁은 그대로 땅에 넘어졌다. 이는 바로,

하늘을 찌르는 노기는 천 길만큼 높았지만,
바닥에 넘어진 뚱뚱한 덩치는 언덕이 되었네.²⁶

이 사람이 누구인지 알 수 없나니, 일단 다음 글을 읽어보시오.

---

23 搶了畫戟 挺着趕來 – 搶은 빼앗을 창. 서두르다, 휙 채가다. 挺은 뽑을 정. 빼내다. 趕은 달릴 간. 쫓아가다.
24 卓肥胖趕不上 – 肥는 기름질 비, 살찔 비. 胖은 살찔 반. 趕은 쫓을 간.
25 與卓胸膛相撞 – 胸은 가슴 흉. 속마음. 膛은 살찐 모양 당. 胸膛은 가슴.
26 仆地肥軀做一堆 – 仆는 엎드릴 부. 엎어지다. 做는 만들 주. 짓다, 일하다. 作과 同. 堆는 무더기 퇴. 언덕.

12 王允授計誅董卓
왕 윤 수 계 주 동 탁
王允은 董卓을 誅殺할 計策을 주다.

[
董卓이 貂蟬(초선)을 대동하고 郿塢(미오)[1]로 떠날 때, 백관들이 나와
동탁을 배웅한다. 여기서 초선은 여포를 향해 생이별과 그리움을 연
기한다. 여포가 초선을 애타게 그리며 울적해 할 때, 우연히 만나는
것처럼 司徒 王允이 나타난다.
]

原文

> 相見畢, 允曰, "老夫日來因染微恙, 閉門不出, 故

---

1 동탁은 尙書臺, 御史臺(어사대) 등 三臺의 尙書 이하 관원이 자신의 저택에 와서
업무를 보고하게 하였다. 또 郿塢(미오)를 축조하였는데, 높이가 長安城의 성벽보
다 높았고, 곡식 30년 치를 보관하였다. 그러면서 동탁은 자신의 뜻이 이뤄지면
천하에 웅거하지만 뜻을 성취하지 못하면 미오에서 여생을 마칠 것이라고 말했
다. 郿塢(미오)는 동탁의 본거지인 右扶風 郿縣(미현, 今 陝西省 寶雞市 관할 眉縣)에
축조한 방어시설 겸 생활공간이다. 본래 塢는 작은 둑 오. 낮은 성. 돈대 오, 마을
오. 여기서는 군사적 방어 시설이다. 보통의 塢(오)는 높이가 1丈〔장, 1丈은 10尺
(23.1cm×10, 우리나라에서는 成人의 키를 한 길이라고 표현. 쉽게 오를 수 없다.)〕둘레
가 1里(400m) 정도라 하였으니 직경이 100m 이상일 것이다. 그런데 동탁이 축조
한 郿縣(미현)의 萬歲塢(만세오)는 높이가 7장이라니 그 크기와 넓이, 시설을 짐작
할 수 있다. 董卓은 한 달에 한두 번 長安에 와서 獻帝를 알현했는데 그때마다 百
官들이 나와 영접하고 배웅했다.

久未得與將軍一見. 今日太師駕歸郿塢, 只得扶病出
送, 却喜得晤將軍. 請問將軍, 爲何在此長歎?"

布曰, "正爲公女耳." 允佯驚曰, "許多時尚未與將
軍耶?"

布曰, "老賊自寵幸久矣!"

允佯大驚曰, "不信有此事!" 布將前事一一告允. 允
仰面跌足, 半晌不語, 良久, 乃言曰, "不意太師作此
禽獸之行!" 因挽布手曰, "且到寒舍商議." 布隨允歸.
允延入密室, 置酒款待.

國譯

(王允과 呂布가) 서로 인사를 마친 뒤에, 왕윤이 말했다.

"이 늙은이는 요즈음 몸이 좀 안 좋아서 폐문하고 출입하지 않았
기에[2] 오랫동안 장군을 한 번도 만날 수 없었소. 오늘 太師(董卓)께
서 郿塢(미오)로 돌아간다 하기에 부득이 아픈 몸을 끌고 전송을 왔
는데, 뜻밖에도 장군을 만나게 되었소.[3] 그런데 장군께 물어보지
만, 왜 여기서 크게 탄식을 하시는가?"

---

2 老夫日來因染微恙 - 日來는 요즈음. 染은 물들 염. 병에 걸리다. 微는 작을 미, 없
  을 미. 恙은 근심할 양. 질병.
3 却喜得晤將軍 - 晤는 밝을 오. 만나다, 면대하다.

그러자 여포는 "바로 王公의 따님 때문입니다."라고 말했다. 그러자 왕윤은 거짓 놀라는 척하며 물었다.[4]

"여태껏 장군에게 보내주지 않았습니까?"[5]

"늙은 것이 차지한 지가 오래되었습니다!"[6]

왕윤은 거짓 크게 놀라면서 "일이 이렇게 되다니 믿을 수가 없소!"라고 말했다.

여포는 지나간 일을 하나하나 왕윤에게 말해주었다.

왕윤은 어이없어 하거나 몹시 안타까워하며 한동안 말을 하지 못하다가, 한참 뒤에 말했다.[7]

"太師가 이렇듯 금수와 같은 짓을 했다니 믿을 수가 없소."

이에 왕윤은 여포의 손을 잡아끌며[8] "일단 조용한 우리 집에 가서 이야기 좀 합시다."라고 말했다. 여포는 왕윤을 따라 돌아왔다. 왕윤은 여포를 密室로 데려가서 술상을 차려 환대하였다.

---

4 允佯驚日 – 佯은 거짓 양. 驚은 놀랄 경.

5 許多時尙未與將軍耶 – 許多時는 여태껏. 尙은 아직도.

6 老賊自寵幸久矣 – 老賊은 늙은이. 寵은 사랑할 총. 寵幸은 寵愛하다.

7 允仰面跌足 半晌不語 – 仰面은 어이없어하는 모양. 跌은 넘어질 질. 발을 헛디디다. 跌足은 발을 동동 구르다. 몹시 안타까워하는 모양. 晌은 한낮 상, 반각(半刻) 상. 半晌은 한참 동안.

8 因挽布手日 – 因은 말미암을 인. ~ 때문에, ~에 의하여. 挽은 당길 만. 잡아끌다.

布又將鳳儀亭相遇之事, 細說一遍. 允曰, "太師淫
吾之女, 奪將軍之妻, 誠爲天下恥笑, 非笑太師, 笑允
與將軍耳! 然允老邁無能之輩, 不足爲道, 可惜將軍
蓋世英雄, 亦受此汙辱也!"

布怒氣沖天, 拍案大叫. 允急曰, "老夫失語, 將軍
息怒."

布曰, "誓當殺此老賊, 以雪吾恥!"

允急掩其口曰, "將軍勿言, 恐累及老夫."

布曰, "大丈夫生居天地間, 豈能鬱鬱久居人下!"

여포는 이어 鳳儀亭에서 초선과 서로 만난 일을 상세하게 모두
말했다. 이에 왕윤이 말했다.

"太師가 내 딸에게 음행을 저지르고 장군의 아내를 빼앗았으니,
정말로 천하의 웃음거리가 되겠지만,[9] 세상 사람은 태사를 비웃지
않고 나와 장군을 비웃을 것이요! 그렇지만 나 왕윤이야 늙고 무능
하니 말할 것도 없겠지만,[10] 장군같이 천하를 휘어잡을 영웅이 이

---

9 誠爲天下恥笑 – 誠은 정말로. 恥는 부끄러울 치. 수치스럽게 여기다. 恥笑는 멸시
와 조소.

10 然允老邁無能之輩 不足爲道 – 然은 그렇지만. 邁는 지날 매, 노쇠할 매. 힘쓰다.

런 수모를 당하다니[11] 정말 안타까울 뿐이요!"

그러자 여포는 노기가 충천하여 탁자를 치며 소리를 질렀다. 이
에 왕윤이 재빨리 말했다.

"이 늙은이가 잘못한 말이니 장군은 화를 참으시오."

"맹세코 그 늙은이를 죽여 나의 치욕을 씻을 것입니다."[12]

그러나 왕윤은 급히 여포의 입을 막으며 말했다.[13]

"장군은 그런 말 하지 마오, 혹 나까지 잘못될 것이오."

"大丈夫가 하늘과 땅 사이에서 어찌 鬱鬱不樂(울울불락)[14] 남의
밑에서만 지낼 수 있겠습니까!"

允曰, "以將軍之才, 誠非董太師所可限制."

布曰, "吾欲殺此老賊, 奈是父子之情, 恐惹後人議
論."

允微笑曰, "將軍自姓呂, 太師自姓董. 擲戟之時,

老邁는 늙은이. 不足은 ~할 가치가 없다.

11 可惜將軍蓋世英雄 亦受此汙辱也 - 蓋는 덮을 개. 덮어씌우다. 蓋世英雄은 세상
을 압도하는 영웅. 汙는 더러울 오. 汙辱(오욕)은 모욕하다, 모독하다, 더럽히다.

12 誓當殺此老賊, 以雪吾恥 - 誓는 맹세할 서. 雪은 (치욕을) 씻다.(雪恥)

13 急掩其口 - 掩은 가릴 엄. 막다.

14 豈能鬱鬱久居人下 - 鬱(郁)은 답답할 울. 鬱鬱(울울)은 우울하다, 울적하다.

豈有父子情耶?" 布奮然曰,"非司徒言, 布幾自誤!"

允見其意已決, 便說之曰,"將軍若扶漢室, 乃忠臣也, 青史傳名, 流芳百世, 將軍若助董卓, 乃反臣也, 載之史筆, 遺臭萬年."

布避席下拜曰,"布意已決, 司徒勿疑."

允曰,"但恐事或不成, 反招大禍." 布拔帶刀, 刺臂出血爲誓.

允跪謝曰,"漢祀不斬, 皆出將軍之賜也. 切勿洩漏! 臨期有計, 自當相報." 布慨諾而去.

第八回 王司徒巧使連環計 董太師大鬧鳳儀亭 中 節錄

國譯

왕윤이 말했다.

"장군의 才略(재략)은 정말로 董太師에게 통제당할 수 없을 것이오."[15]

그러자 여포가 물었다.

"나는 그 늙은이를 죽이려 하지만, 혹시 부자의 情理를 따져서 뒷날 사람들의 議論이 생기면 어찌해야 합니까?"[16]

---

15 誠非董太師所可限制 – 董卓 아래에 있어서는 안 된다는 뜻. 限制는 제한. 規制 당하다.

16 奈是父子之情 恐惹後人議論 – 奈는 어찌 나(내). 어찌하다. 反問의 형식으로 어

왕윤은 가볍게 웃으며 말했다.

"장군은 본래 呂氏이고, 동탁은 본래 董氏요. 그가 창을 던질 때, 아버지와 아들의 정이 어디 있었소?"[17]

董卓(동탁, 서기 ?-192년)

여포는 분연히 "사도의 말씀이 아니었으면 일을 거의 망칠 뻔했습니다!"라고 말했다.

왕윤은 여포가 결심한 것을 알고 곧바로 설득하였다.

"將軍이 만약 漢室을 바로 세운다면, 곧 忠臣이니 靑史에 이름이 남아 百世에 전해지겠지만,[18] 장군이 만약 동탁을 돕는다면, 바로 반역하는 신하로 역사에 쓰여 더러운 이름이 영원토록 남을 것이요."[19]

이에 여포는 자리에서 한 걸음 물러나 절을 올리며 "여포는 이미 결심했으니 사도께서는 의심치 마십시오."라고 말했다. 이에 왕윤

떻게 할 수 없다는 뜻. 恐은 두려울 공. 아마, 혹시. 惹는 끌 야. 일으키다, 惹起(야기)하다.

17 擲戟之時 豈有父子情耶 – 擲은 던질 척. 豈有는 어찌 ~이 있겠는가? 耶는 어조사 야. 의문, 반문, 추측, 감탄을 나타내는 어기조사.

18 靑史傳名, 流芳百世 – 靑史는 歷史. 芳은 꽃다울 방. 훌륭한. 德行.

19 遺臭萬年 – 영원토록(萬年) 악명을 남길 것이다. 遺는 남길 유. 臭는 냄새 취. 惡名.

이 말했다.

"만약 일이 혹시나 성공하지 못하면 도리어 큰 화를 불러올 것이
오."

여포는 갖고 있던 칼로 팔뚝을 찔러 피로 맹세하였다.[20] 그러자
왕윤은 무릎을 꿇고 사례하며 말했다.

"漢室의 제사가 끊이지 않는다면 모두가 장군의 은덕입니다. 절
대로 누설하지 마시오![21] 때가 되면 계책을 세워 내가 직접 알려줄
것이오."

여포는 흔쾌히 승낙하고 돌아갔다.[22]

---

20 刺臂出血爲誓 – 臂는 팔 비. 팔뚝(上腕). 誓는 맹세할 서.

21 勿洩漏 – 勿은 말 물. ~하지 말라. 洩은 (물이) 샐 설. 漏는 물 샐 루.

22 布慨諾而去 – 慨는 분개할 개. 개탄하다, 서슴없이. 諾은 대답할 낙(락). 慨諾은
시원스럽게 대답하다.

조 조 흥 병 보 부 수

13 曹操興兵報父讐
曹操는 興兵하여 아버지의 원수를 갚다.

曹操는 山東 일원에서 다시 봉기한 황건적을 토벌하고 그 병력 30만을 흡수하여 靑州兵[1]이라 일컬었다. 조조는 이후 많은 謀士와 猛將(맹장)을 영입한다. 조조는 피난 중인 부친 曹嵩(조숭)을 모셔오게 했는데, 조숭 일행은 徐州에서 陶謙(도겸)의 환대를 받았지만, 황건적 출신으로 도겸의 부장인 張闓(장개)가 조숭 일행을 몰살하고 재물을 탈취하여 도주하였다.

原文

　　當下應劭部下有逃命的軍士, 報與曹操. 操聞之, 哭倒於地. 衆人救起. 操切齒曰 "陶謙縱兵殺吾父, 此讐不共戴天! 吾今悉起大軍, 洗蕩徐州, 方雪吾恨!"

---

1 初平 3년(서기 192) 여름, 靑州의 황건적 무리 1백만여 명이 兗州(연주) 지역을 휩쓸었는데 兗州刺史 劉岱(유대)는 황건적을 공격하다가 전사했다. 濟北相인 鮑信(포신) 등이 연주의 관리들이 東郡에 와서 조조를 임시 兗州牧(연주목)으로 영입하였다. 조조는 황건적과 싸워 이겼고, 황건적의 사졸과 백성 중 정예병 총 30여만 명을 거두어 靑州兵이라고 불렀다.

遂留荀彧, 程昱 領軍三萬守鄄城, 范縣, 東阿三縣. 其餘盡殺奔徐州來, 夏侯惇, 于禁, 典韋爲先鋒. 操令但得城池, 將城中百姓, 盡行屠戮, 以雪父讎. 當有九江太守邊讓, 與陶謙交厚, 聞知徐州有難, 自引兵五千來救. 操聞之大怒, 使夏侯惇於路截殺之.

그때 應劭(응소)의 부하 중 도망친 군사가 있어[2] (조숭의 피살을) 조조에게 즉각 보고하였다. 조조는 소식을 듣고 통곡하다가 땅에 쓰러졌다. 여러 사람이 조조를 부축해 일으켰다. 조조는 이를 갈며 말했다.

"陶謙(도겸)[3]이 군사를 풀어[4] 나의 부친을 살해하였으니[5], 이는

---

2 當下應劭部下有逃命的軍士 – 當下는 바로, 즉각. 劭는 아름다울 소. 應劭(응소)는 人名. 曹嵩을 모시러 간 泰山 太守. 逃는 달아날 도. 逃命은 목숨만 건져 도망치다. 逃生과 같음.

3 陶謙(도겸, 132 - 194, 字 恭祖) – 丹陽郡(縣, 今 安徽省 馬鞍山市 博望區) 사람. 初平 4년(서기 193), 조조는 부친 曹嵩(조숭) 泰山郡에서 피살된 것을 도겸의 책임으로 돌리고 도겸을 공격하고 서주 지역에서 살육을 감행했다. 興平 원년(서기 194)에 조조가 다시 徐州를 공격할 때, 도겸은 병사했다. 《三國演義》에서 도겸은 온화하고 바른 사람으로 묘사되었지만 正史에서는 소인을 신임했고 刑政은 문란했으며, 군자를 협박하고 백성 재물을 편취하는 인물로 기록되었다. 《後漢書》73권, 〈劉虞公孫瓚陶謙列傳〉에 立傳. 《魏書》8권, 〈二公孫陶四張傳〉에 입전. 陶謙(도겸)이 죽자 劉備(유비)가 徐州를 차지했다.

4 縱은 풀어놓다. 내버려 두다. 縱兵은 手下의 兵力을 제대로 단속하지 않다.

나와 같은 하늘 아래 살 수 없는 원수이다.[6] 나는 지금 나의 대군을 모두 동원하여 徐州[7]를 쓸어버려야 나의 원한을 씻을 수 있다!'

조조는 즉시 荀彧(순욱)과 程昱(정욱)[8]을 남겨 3만 군사를 거느리고 (濟陰郡) 鄄城(견성, 鄄縣)과 (東郡) 范縣(범현), 東阿縣(동아현)의

---

5 獻帝 興平 元年(서기 194), 그전에 조조의 부친 曹嵩(조숭)은 관직에서 물러나 고향 譙縣(초현)에 머무르다가 동탁의 난을 피하여 琅邪(낭야)에 옮겨갔다. 조숭은 다시 일족을 거느리고 아들 조조가 있는 兗州(연주)로 가던 중에 徐州 관내를 통과한다. 서주 자사인 陶謙(도겸)은 조숭을 호위하려고 都尉 등 군사를 보냈는데, 그들이 조숭의 재물을 탐내어 泰山郡에서 일행을 살해, 재물을 약탈한 뒤에 淮南(회남)지역으로 도주했다. 또 다른 기록에 의하면, 조조가 태산태수 應劭(응소)에게 조숭 일족을 호위케 하였는데, 응소의 군사가 도착하기 전에 도겸이 은밀히 수천 군사를 보내 조숭 일족을 죽이고 재물을 약탈했다고 하였다. 조조는 도겸에게 모든 죄를 돌리고 서주 지역을 공격했고 서주 관내 몇 개 현의 백성을 모두 다 죽일 정도로 잔혹했다.

6 此讎不共戴天 – 같은 하늘 아래 살 수 없다. 讎는 원수 수(讐와 同). 戴는 머리에 일 대.

7 徐州자사부는 東海郡, 琅邪國, 彭城國, 廣陵郡, 下邳國을 관할. 치소는 東海郡 郯縣(담현). 今 山東省 남부 臨沂市 관할 郯城縣, 今 江蘇省 최북단 徐州市가 아님.

8 遂留荀彧程昱 – 遂는 이룰 수. 즉시. 荀彧(순욱, 163 – 212, 字 文若)의 彧은 문채 욱. 빛나는 모양. 郁(성할 욱)으로도 표기. 荀子(순자)의 후손으로 조부 때부터 잘 알려진 가문이었다. 曹操의 戰略家 겸 政治家. 曹操가 '나의 張子房이다(吾子房也).' 고 칭찬했다. 《後漢書》70권, 〈鄭孔荀列傳〉에 입전. 正史《三國志 魏書》10권, 〈荀彧荀攸賈詡傳〉에 입전.

程昱(정욱, 141 – 220년, 字 仲德)은 東郡 東阿縣 출신. 原名 程立. 泰山에 올라 해를 들어 올리는 꿈을 꾸었다 하여 조조가 '立' 위에 '日'을 보태어 程昱으로 개명해 주었다. 담략이 뛰어난 장수였지만 성격이 급박하여 다른 사람과 원만하지 못했다는 설명이 있다. 《三國演義》에서 정욱은 10회에 등장하는데, 荀彧(순욱)이 정욱을 조조에게 천거하였다. 정욱은 나중에 郭嘉(곽가)를 조조에게 천거한다. 正史《三國志 魏書》14권, 〈程郭董劉蔣劉傳〉에 입전.

3개 현을 지키게 하였다. 그 나머지 군사를 모두 동원하여 徐州로 쇄도하였는데, 夏侯惇(하후돈),[9] 于禁(우금),[10] 典韋(전위)[11] 등을 先鋒으로 삼았다. 조조는 서주의 城池(성지)를 점령하면, 성 안의 백성을 모두 다 도륙하여[12] 부친의 원수를 갚으라고 명령하였다.

당시 九江郡[13] 太守 邊讓(변양)은 陶謙(도겸)과 두터이 교제하고 있었는데, 徐州가 곤경에 처했다는 소식을 듣고 군사 5천을 거느리고 구원하러 왔다. 조조는 소식을 듣고 대노하면서 하후돈을 시켜

---

9 夏侯惇(하후돈, ? - 220) - 字 元讓(원양), 沛國 譙縣(今 安徽省 亳州市) 사람. 조조의 從兄弟. 조조가 가장 신뢰했던 사람. 조조 사후 몇 달 뒤 하후돈도 죽었다. 여포와 싸우면서 왼쪽 눈에 화살을 맞아 뒷날 '盲夏侯'로 불렸다. 《三國演義》18회, 〈夏侯惇拔矢啖睛〉에서는 "父精母血, 不可棄也!"라면서 자신의 눈알을 씹어 먹는 것으로 묘사되었다. 正史《三國志 魏書》9권, 〈諸夏侯曹傳〉에 입전.

10 于禁(우금, ? - 221, 字 文則)은 泰山 鉅平(山東省 泰安). 曹魏의 장수. 서기 219년 樊城(번성) 싸움에서 關羽(관우)의 水攻에 투항하여 쓰디쓴 굴욕을 맛보았다. 正史《三國志 魏書》17권, 〈張樂于張徐傳〉에 입전.

11 典韋(전위, ? - 197년) - 陳留郡 己吾縣(기오현) 출신. 今 河南省 寧陵縣. 曹操을 지키다가 전사. 《三國演義》에서는 전위를 '옛날 惡來(악래)와 같은 사람'이라고 했다. 힘이 센 악래는 顓頊(전욱)의 후손으로 殷朝 紂王(주왕)의 大臣, 폭군 紂王에게 충성을 다했는데 周 武王이 紂王을 정벌하며 악래를 죽였다. 악래는 秦始皇의 35世 선조라는 기록도 있다. 서기 197년, 曹操가 荊州의 宛縣을 공격할 때 張繡(장수)가 투항하자 조조는 기뻐했다. 그러나 10여 일 후 장수가 조조를 배반하고 공격하자 조조는 위기에 봉착했는데, 이때 조조를 지켜 전사한 사람이 典韋(전위)였다. 曹操는 舞陰(무음)으로 겨우 빠져나와 典韋의 전사 소식을 듣고 통곡했다. 조조는 전위의 무덤 근처를 지날 때마다 사람을 보내 전위를 제사했다. 正史《三國志 魏書》18권, 〈二李臧文呂許典二龐閻傳〉에 立傳.

12 盡行屠戮 - 屠는 죽일 도. 戮은 죽일 륙(육). 屠戮은 대량으로 학살하다.

13 九江郡 - 治所는 陰陵縣, 今 安徽省 중동부 滁州市(저주시) 定遠縣 서북. 今 江西省 북부 九江市가 아니다.

변양의 진로를 차단한 뒤에 살해하였다.

繡像 三國志演義(수상 삼국지연의) － 上海 鴻文書局 印行
왼편부터 夏侯惇(하후돈), 張郃(장합), 曹眞(조진), 曹洪(조홍), 夏侯淵(하후연), 국립중앙도서관 소장

時陳宮爲東郡從事, 亦與陶謙交厚, 聞曹操起兵報
讎, 欲盡殺百姓, 星夜前來見操. 操知是爲陶謙作說
客, 欲待不見, 又滅不過舊恩, 只得請入帳中相見.

宮曰, "今聞明公以大兵臨徐州, 報尊父之讎, 所到
欲盡殺百姓, 某因此特來進言. 陶謙乃仁人君子, 非
好利忘義之輩, 尊父遇害, 乃張闓之惡, 非謙罪也. 且
州縣之民, 與明公何讎? 殺之不祥. 望三思而行."

그때 陳宮(진궁)은 東郡의 從事로,[14] 역시 陶謙(도겸)과 교분이 두
터웠는데, 조조가 군사를 동원하여 부친의 원수를 갚으려고 백성
을 모조리 죽인다는 말을 듣고 밤새 달려가서[15] 조조를 만났다. 조
조는 진궁이 도겸을 위한 說客(세객)[16]이라 생각하여 만나지 않으려
했지만 그래도 옛 은의를 생각하여 잠깐 불러 장막 안에서 상견하
였다.

---

14 兗州(연주) 관할 東郡의 치소는 濮陽縣(복양현), 今 河南省 동북 濮陽市(복양시).
從事의 정식 명칭은 別駕從事(별가종사), 刺史(牧) 또는 태수의 屬吏로 衆事(庶
務)를 담당. 治中從事나 勸學從事도 있었다.
15 星夜前來見操 – 星夜는 야간, 밤새. 前來는 저쪽에서 이쪽으로 오다.
16 說客 – 說는 달랠 세(誘也). 遊說하다. 말씀 설, 기쁠 열.

이에 진궁이 말했다.

"지금 듣기로는, 明公께서[17] 대군을 거느리고 徐州에 나아가, 尊父의 원수를 갚으려고 군사가 가는 곳마다 백성을 다 죽인다 하여 특별히 말씀드리고자 왔습니다. 도겸은 본래 仁人이며 군자로, 好利하고 忘義하는 사람이 아니오며, 존부께서 살해당한 것은 (도겸의 부하인) 張闓(장개)의 악행이고 도겸의 죄가 아닙니다. 그리고 徐州 여러 현의 백성들이 명공과 무슨 원한이 있다고 함부로 죽이십니까? 세 번쯤 생각하시어 행동하시길 바랍니다."

原文

操怒曰 "公昔棄我而去, 今有何面目復來相見? 陶謙殺吾一家, 誓當摘膽剜心, 以雪吾恨! 公雖爲陶謙游說, 其如吾不聽何?" 陳宮辭出, 歎曰 "吾亦無面目見陶謙也!" 遂馳馬投陳留太守張邈去了.

且說 操大軍所到之處, 殺戮人民, 發掘墳墓. 陶謙在徐州, 聞曹操起軍報讎, 殺戮百姓, 仰天慟哭曰 "我獲罪於天, 致使徐州之民, 受此大難!" 急聚衆官商議.

---

17 今聞明公 ~ - 明公은 地位가 높은 사람에 대한 敬稱.

조조는 화를 내며 말했다.

"公은 전날 나를 버리고 떠나가고서는, 지금 무슨 면목으로 나를 다시 보러 왔는가? 도겸이 나의 가족을 살해하였으니 맹세코 도겸의 배를 갈라 찢어버려야만[18] 나의 원한을 풀 수 있다! 그대가 도겸을 위해 유세하지만 내가 따르지 않는다면 어찌하겠는가?"[19]

陳宮은 작별하고 나오면서 탄식하였다.

"나 역시 도겸을 볼 면목이 없도다."[20]

그리고서는 말을 달려 陳留郡(진류군) 太守인 張邈(장막)[21]을 찾아 갔다.

한편, 조조의 대군은 가는 곳마다 백성을 살육하고 분묘를 발굴하였다. 도겸은 서주에서 조조 군사가 원수를 갚는다고 백성을 살육한다는 소식을 듣고 하늘을 우러러 통곡하며[22] 말했다.

---

18 誓當摘膽剜心 - 摘은 따낼 적. 膽은 쓸개 담. 剜은 깎을 완. 도려내다.

19 其如吾不聽何 - 其如는 만일, 예를 들면.

20 吾亦無面目見陶謙也 - 友人을 위해 不道한 知人을 설득하지 못했기에 볼 낯이 없다는 뜻.

21 陳留太守張邈 - 兗州(연주) 관할 진류군의 치소는 陳留縣, 今 河南省 동부의 開封市. 張邈(장막)은 陳留 太守 張邈(장막, ?-195년, 字 孟卓, 邈은 멀 막). 젊어서도 의협심으로 이름이 알려졌는데, 가난하고 위급한 사람을 구제하며 재산을 아끼지 않았기에 많은 士人이 그에게 歸附(귀부)하였다. 黨錮의 화를 당한 名士 중 한 사람. 反 동탁군의 한 사람. 반복이 무상했다. 조조, 원소와 모두 교제하였다. 《後漢書》67권, 〈黨錮列傳〉 참고. 正史 《三國志 魏書》7권, 〈呂布臧洪傳〉에 입전.

22 仰天慟哭 - 仰天하며 통곡하다. 慟은 서럽게 울 통.

"내가 하늘에 죄를 지었기에 서주의 백성이 이렇게 큰 환난을 당하는구나!"

그리고서는 서둘러 모든 속관을 모아 상의하였다.

曹豹曰 "曹兵旣至, 豈可束手待死! 某願助使君破之." 陶謙只得引兵出迎, 遠望操軍如鋪霜湧雪, 中軍豎起白旗二面, 大書 '報讎雪恨' 四字.

軍馬列成陣勢. 曹操縱馬出陣, 身穿縞素, 揚鞭大罵. 陶謙亦出馬於門旗下, 欠身施禮曰 "謙本欲結好明公, 故託張闓護送. 不想賊心不改, 致有此事. 實不幹陶謙之故 望明公察之."

操大罵曰 "老匹夫! 殺吾父, 尙敢亂言! 誰可生擒老賊?" 夏侯惇應聲而出. 陶謙慌走入陣. 夏侯惇趕來, 曹豹挺鎗躍馬, 前來迎敵. 兩馬相交, 忽然狂風大作, 飛沙走石, 兩軍皆亂, 各自收兵.

第十回 勤王室馬騰擧義 報父讎曹操興師 中 節錄

이에 曹豹(조표)[23]가 말했다.

"조조의 군사가 이미 들어왔는데, 어찌 손을 묶고서 죽기만을 기다립니까! 제가 使君을 도와 적을 격파하겠습니다."

도겸은 어쩔 수 없이 군사를 이끌고 출병하였는데, 멀리서 조조 군영을 바라보니 마치 서리(霜)를 깔아 놓고 눈보라가 뿌리는 듯한데,[24] 中軍에는 白旗 2장을 높이 세워놓고[25] '報讐雪恨(보수설한)' 四字를 크게 써 놓았다. 軍馬는 줄을 지어 진형을 갖추었다. 조조가 말을 타고 군진 앞으로 나오는데, 흰 상복을 입고[26] 말채찍을 휘두르며 마구 욕을 하였다.[27] 도겸도 말을 타고 나가 門旗 앞에 서서

---

23 曹豹(조표) – 소설에서는 呂布의 장인으로 등장하나 正史에는 그런 기록이 없다. 조표는 도겸이 죽자, 유비에 귀부한다. 《三國志 蜀書》2권, 〈先主傳〉에서는 建安 원년(서기 196)에, 조조는 표문을 올려 유비를 鎭東將軍에 임명케 하였고 宜城亭侯에 봉하게 했다. 유비와 원술은 1달이 넘도록 대치하였는데, 呂布가 그 빈틈을 노렸고, 下邳(하비)의 守將인 曹豹(조표)가 반기를 들고 여포를 영입하자, 여포는 하비를 차지했고, 유비는 (廣陵郡) 海西縣으로 옮겨 주둔하였다.
《三國演義》24회에서 조표는 술을 못 마셔 장비의 성질을 건드렸다. 장비가 매질하려 하자, 조표는 "사위의 체면을 보아 용서해 달라."고 말한다. 조표의 사위가 呂布라는 사실을 안 장비는 조표를 심하게 매질한다. 그래서 조표가 여포를 불러들였는데, 조표는 소란 중에 장비의 눈에 띄어 죽음을 당한다.

24 如鋪霜湧雪 – 鋪는 펼 포. 물건을 깔다. 점포. 湧은 샘솟을 용(涌과 同).

25 中軍豎起白旗二面 – 豎(竪)는 똑바로 세울 수. 二面의 面은 평평한 물건을 세는 量詞.

26 身穿縞素 – 穿은 뚫을 천. 뚫고 지나가다. (옷, 신발) 입다, 신다. 縞는 흰 비단 호. 縞素는 喪服.

27 揚鞭大罵 – 揚은 들어 올릴 양. 휘두르다. 鞭은 채찍 편. 罵는 꾸짖을 매. 욕하다.

몸을 굽혀 예를 표하고[28] 말했다.

　"나는 본래 明公과 좋은 관계를 맺고 싶어 張闓(장개)[29]를 시켜 호송케 했습니다. 그러나 장개가 도적의 심보를 고치지 않고 그런 일을 저지를 줄 생각도 못했습니다. 사실 내가 간여하지 못한 사고이니 明公께서 살펴주시기 바랍니다."

　이에 조조는 큰 소리로 욕을 했다.

　"이 늙은 것아! 나의 부친을 죽이고서도 아직도 함부로 지껄이느냐! 누가 저 늙은 도적을 산 채로 잡겠는가?"

　말이 끝나자마자[30] 夏侯惇(하후돈)이 출전하였다. 도겸은 급히 군진으로 말을 돌렸다. 하후돈이 추격하자, 曹豹(조표)가 창을 잡고 말을 달려 나가서 상대하였다. 말 두 마리가 서로 얽혀 싸우는데 갑자기 광풍이 크게 불어 모래와 자갈을 날리자 양쪽 군사가 모두 혼란에 빠지면서 각자 군사를 거두었다.

---

28 欠身施禮 – 欠은 하품 흠. 구부리다. 부족하다. 欠身(흠신)은 (경의를 표하기 위해) 몸을 굽히다, 굽혔다가 펴다, 施禮(시례)를 예를 표하다.

29 조숭의 호송을 맡았던 張闓(장개)는 본래 黃巾賊 출신이었다.

30 應聲而出 – 應聲(응성)은 대답하다. 소리가 나자마자.

14 劉備救北海孔融
유 비 구 북 해 공 융

劉備는 北海郡의 孔融을 구원하다.

曹操의 공격으로 위기에 처한 陶謙(도겸)은 北海太守 孔融(공융)에게
도움을 청한다. 그러나 공융도 황건적에 포위되어 손을 쓸 수 없었
다. 이때 太史慈(태사자)의 활약으로 공융은 유비에게 구원을 요청한
다. 이에 유비는 황건적을 격파하며 北海郡의 포위를 푼다.

原文

太史慈得脫, 星夜投平原來見劉玄德. 施禮罷, 具言
孔北海被圍求救之事, 呈上書札. 玄德看畢, 問慈曰,
"足下何人?" 慈曰, "某太史慈, 東海之鄙人也. 與孔
融親非骨肉, 比非鄉黨, 特以氣誼相投, 有分憂共患
之意. 今管亥暴亂, 北海被圍, 孤窮無告, 危在旦夕.
聞君仁義素著, 能救人危急, 故特令某冒鋒突圍, 前
來求救." 玄德斂容答曰, "孔北海知世間有劉備耶?"
乃同雲長, 翼德點精兵三千, 往北海郡進發.

太史慈(태사자)는 포위를 벗어나[1] 밤새 平原郡[2]에 가서 劉玄德을 상견하였다. 예를 갖춰 인사를 마친 뒤, 태사자는 北海郡 공융이 포위되었고 구원을 바라고 있다는 사실을 모두 이야기하고 書札(서찰)을 증정하였다. 玄德이 서찰을 읽고나서 태사자에게 물었다.

"足下는 누구십니까?"[3]

이에 태사자가 말했다.

"저 太史慈는 東海郡의 鄙人(비인, 平民)입니다. 공융과는 一家로 치자면 혈육도 아니고, 사는 곳으로도 同鄕이 아니지만,[4] 다만 동지의 情誼(정의)로 의기투합하여,[5] 憂患(우환)을 같이 나누려는 뜻이 있습니다. 지금 (황건적 잔당) 管亥(관해)가 난폭하여 北海郡이 포

---

1 太史慈得脫 - 太史慈(태사자, 166 - 206년, 字 子義)는 東萊郡 黃縣 출신. 당시 北海太守(사실은 北海國 相, 제후국의 행정은 相이 담당, 國의 相과 郡 太守는 동급으로 질록 이천석, 靑州 관할 北海國의 治所는 劇縣. 今 山東省 중부 濰坊市) 공융은 군량을 요구하는 黃巾賊 殘黨인 管亥(관해)에게 포위된 상태였다. 그전에 太史慈가 피신했을 때, 태사자의 母親은 孔融의 은덕을 입은 바 있어, 太史慈는 孔融을 도우려 城에 들어갔고, 그때 平原郡 劉備(유비)에게 원군을 요청하는 孔融의 편지를 받아가지고 포위를 뚫고 탈출했다. 태사자는 孔融(공융), 劉繇(유요)의 장수였다가 孫策(손책)에 의지했다. 赤壁之戰(서기 208) 일어나기 전에 41세로 죽었다. 의리의 사나이. 正史《三國志 吳書》4권, 〈劉繇太史慈士燮傳〉에 입전.
2 靑州 관할 平原郡 - 治所는 平原縣, 今 山東省 북부 德州市 관할의 平原縣.
3 足下何人 - 그대는 뉘시오? 足下는 대등한 관계에서 쓸 수 있는 경칭.
4 比非鄕黨 - 比는 가까울 비. 사는 곳, 인접한 곳. 鄕黨은 고향, 同鄕人.
5 特以氣誼相投 - 特은 다만. 誼는 옳을 의. 氣誼는 同志로서의 情誼. 相投는 意氣投合하다.

위되어 고립무원이라서 조석으로 함락될 위기에 처했습니다. 君께서 평소에 仁義를 실천하시고 남의 위급을 구원하는 줄을 孔北海께서 알고 특별히 저에게 창칼의 위험과 포위를 뚫고 도움을 요청하라 하여 이렇게 왔습니다."

현덕은 자세를 고치며 말했다.[6]

"孔北海께서 유비의 존재를 알고 계셨습니까?"

그리고서는 곧 雲長, 翼德과 함께 3천 정병을 골라 北海郡(國)으로 출발하였다.

原文

管亥望見救軍來到, 親自引兵迎敵, 因見玄德兵少, 不以爲意. 玄德與關, 張, 太史慈立馬陣前, 管亥忿怒直出. 太史慈却待向前, 雲長早出, 直取管亥. 兩馬相交, 衆軍大喊, 量管亥怎敵得雲長, 數十合之間, 靑龍刀起, 劈管亥於馬下.

太史慈, 張飛, 兩騎齊出, 雙槍幷擧, 殺入賊陣. 玄德驅兵掩殺. 城上孔融望見太史慈與關, 張趕殺賊衆, 如

---

6 玄德斂容答曰 – 斂은 거둘 렴(염). 단속하다, 모으다. 斂容은 엄숙히 하다. 태도를 바로 하다.

虎入羊群, 縱橫莫當, 便驅兵出城. 兩下夾攻, 大敗群賊, 降者無數, 餘黨潰散.

國譯

管亥(관해)는 구원군이 오는 것을 보고 직접 군사를 거느리고 맞섰는데, 현덕의 군사가 적은 것을 보고 크게 걱정하지 않았다. 玄德과 관우, 장비, 태사자가 군진 앞에 말을 타고 나오자 관해는 성질을 내며 곧바로 튀어나왔다. 태사자가 앞으로 돌격하기도 전에 雲長이 더 빨리 나와 곧바로 관해를 상대

孔融(공융, 서기 153-208년)

했다. 말 두 마리가 얽혀 싸우자 모든 군사가 함성을 질렀는데, 관해 정도가 어찌 운장의 상대가 되겠는가?[7] 십여 합을 싸우다가 靑

---

7 量管亥怎敵得雲長 - 量은 헤아릴 량. 추측하다. 怎은 어찌 즘. 어떻게. 怎得은 어떻게 ~할 수 있겠는가?

龍刀가 높이 솟더니 관해의 목을 잘라 말 아래로 떨어트렸다.

태사자와 장비가 일제히 둘 다 창을 들고 적진으로 쇄도하였다. 玄德도 군사를 몰아 적을 掩殺(엄살)하였다.[8] 성 위에 있던 공융은 太史慈와 관우, 장비 등이 적의 무리를 추격하며 죽이기를 마치 호랑이가 羊 떼 속에 들어가 거침없이 내달리듯 하니, 감히 누구도 맞서지 못하는[9] 것을 보고서는 바로 군사를 거느리고 성을 나왔다. 양쪽에서 협공하여 적군을 크게 물리치니 투항하는 자를 셀 수도 없었고 잔당들은 뿔뿔이 흩어졌다.[10]

原文

孔融迎接玄德入城, 敍禮畢, 大設筵宴慶賀. 又引糜竺出見玄德, 具言張闓殺曹嵩之事, "今曹操縱兵大掠, 圍住徐州, 特來求救." 玄德曰, "陶恭祖乃仁人君子, 不意受此無辜之寃."

孔融曰, "公乃漢室宗親, 今曹操殘害百姓, 倚强欺弱, 何不與融同往救之?" 玄德曰, "備非敢推辭, 奈兵

---

8 驅兵掩殺 – 驅는 몰아낼 구. 빨리 달리다. 掩은 가릴 엄. 掩殺(엄살)은 기습하다.

9 縱橫莫當 – 縱은 세로 종. 橫은 가로 횡. 縱橫은 거침없이 내닫다. 莫은 말 막. 아무도 ~ 하지 않다, ~ 못하다, ~하지 말라.

10 餘黨潰散 – 潰는 무너질 궤. (둑이) 터지다, 패배하여 흩어지다.

微將寡, 恐難輕動."

孔融曰, "融之欲救陶恭祖, 雖因舊誼, 亦爲大義. 公豈獨無仗義之心耶?"玄德曰, "旣如此, 請文擧先行, 容備去公孫瓚處, 借三五千人馬, 隨後便來."融曰, "公切勿失信."

玄德曰, "公以備爲何如人也? 聖人云, '自古皆有死, 人無信不立'劉備借得軍, 或借不得軍, 必然親至."

第十一回 劉皇叔北海救孔融 呂溫侯濮陽破曹操 中 節錄

國譯

孔融(공융)은 玄德(현덕)을 영접하여 입성했고 인사를 마친 뒤에 잔치를 크게 벌려 경하하였다. 공융은 또 麋竺(미축)[11]을 불러 현덕

---

11 麋竺(미축) - 人名. 麋는 된 죽 미, 싸라기 미. 성씨. 竺은 대나무 축. 正史《三國志 蜀書》에는 麋竺(미축, 麋는 큰 사슴 미, 竺은 대나무 축. 나라 이름.)으로 기록되었다. 麋竺(미축, ? - 221년, 字 子仲)은 徐州 東海郡 胊縣(今 江蘇省 북부 連雲港市) 출신, 蜀漢의 官吏, 孫乾(손건), 簡雍(간옹)과 함께 최고 대우를 받았던 신하. 본래 徐州의 富商으로 유비에게 여동생을 아내로 주고(麋夫人) 아울러 많은 노비와 재물을 보냈다.《搜神記》에 다음과 같은 기록이 있다.
「미축이 낙양에서 집으로 돌아오는 길에 어떤 부인이 태워 달래고 하자, 미축이 태워 몇 리를 갔는데 부인이 내리면서 말했다. "나는 하늘의 심부름으로 지금 미축의 집에 불을 지르러 가는데, 나를 태워줘서 고맙기에 미리 일러줍니다."라고 말했다. 미축이 그러지 말라고 사정했으나 부인은 어서 가라고 말했다. 미축은

을 뵙게 하였고, 張闓(장개)가 曹嵩(조숭)을 살해한 사건을 상세히 설명하며 말했다.

"지금 조조가 군사를 풀어 약탈을 자행하고, 서주를 포위 공격하고 있으니, 이번에 우리가 구원하여야 합니다."

현덕도 말했다.

"陶恭祖(도공조, 陶謙) 仁人君子인데, 이런 무고한 원한을 당할 줄은 생각 못 했습니다."[12]

공융이 말했다.

"公은 漢室의 종친이시니, 이번에 조조가 백성에게 잔인한 해악을 저지르고 강한 힘으로 약자를 능멸하니, 어찌 저와 함께 도겸을 구원하지 않을 수 있겠습니까?"

"저 유비가 구원을 미루려는 것이 아니라, 군사는 미약하고 장수도 적어[13] 쉽게 출동할 수 없으니 어찌하겠습니까?"

"저 공융이 도공조를 도우려는 것은 옛 情誼(정의)도 있지만 역시 大義의 실천입니다. 公께서도 대의를 실천하려는 마음이 어찌 없으시겠습니까?"[14]

서둘러 집에 와서 주요 재물을 모두 옮겼는데, 과연 한낮이 지나자 집안에서 알 수 없는 불이 났다.」

이는 미축의 성품이 인자 온화하여 하늘의 도움을 받았다는 뜻으로 해석할 수 있다.

12 不意受此無辜之冤 - 不意는 뜻밖에. 辜는 허물 고. 冤은 원통할 원.

13 奈兵微將寡 - 奈는 어찌 나(내). 微는 작을 미, 없을 미. 寡는 적을 과.

14 仗義之心耶 - 仗은 의지할 장. 무기, 믿다. 仗義는 正義를 따라 행동하다. 正義 편에 서다.

"상황이 이러하니 文擧(孔融)께서 먼저 출발하시되, 제가 公孫瓚(공손찬)을 찾아가 3, 5천의 군사를 빌려 뒤를 바로 따라가고자 합니다."

"그렇다면 公께서는 절대로 신의를 버리지 마십시오."

"公께서 저 유비를 어떤 사람으로 보십니까? 聖人께서도 '자고로 사람은 모두가 죽지만, 信義가 없으면 존립할 수 없다.'고[15] 하셨습니다. 유비가 군사를 빌리든, 또는 얻지 못할지라도 틀림없이 직접 찾아갈 것입니다."

---

15 自古皆有死, 人無信不立 – 이는 《論語 顔淵》의 구절이다. 子貢이 問政하자, 공자는 "足食, 足兵, 民信之矣."라고 하였다. 그러면서 나라의 정사에 백성의 신의가 없다면 나라가 존립할 수 없다고 하였는데, 유비는 이를 인용하였다.

15 劉備權領徐州事
유비는 徐州를 임시로 다스리다.

> 劉備가 徐州의 陶謙(도겸)을 구원하고 돕는 동안 조조와 여포는 (東郡
> 의) 濮陽城(복양성)[1]에서 격렬한 전투를 벌인다. 도겸은 병사 직전에
> 유비를 불러 徐州를 맡아달라고 3번이나 거듭 부탁한다. 도겸의 '三
> 讓徐州'는 유비의 훌륭한 인품을 강조하려는 작자의 뜻일 것이다.

原文

却說 陶謙在徐州, 時年已六十三歲, 忽然染病, 看
看沈重, 請糜竺陳登議事.

竺曰, "曹兵之去, 止爲呂布襲兗州故也. 今因歲荒
罷兵, 來春又必至矣. 府君兩番欲讓位於劉玄德, 時
府君尙强健, 故玄德不肯受, 今病已沈重, 正可就此
而與之, 玄德必不辭矣."

---

1 이때가 獻帝 興平 원년(서기 194)이었다. 조조는 여포와 싸워 패전하고 자신도 부
상을 입었다. 東郡의 治所인 濮陽縣은, 今 河南省 동북 濮陽市(복양시).

謙大喜使人來小沛, 請劉玄德議軍務. 玄德引關, 張帶數十騎到徐州, 陶謙敎請入臥內. 玄德問安畢, 謙曰, "請玄德公來, 不爲別事, 止因老夫病已危篤, 朝夕難保, 萬望明公可憐漢家城池爲重, 受取徐州牌印, 老夫死亦瞑目矣!"

玄德曰, "君有二子, 何不傳之?" 謙曰, "長子商, 次子應, 其才皆不堪任. 老夫死後, 猶望明公敎誨, 切勿令掌州事."

玄德曰, "備一身安能當此大任?" 謙曰, "某擧一人, 可爲公輔, 係北海人, 姓孫, 名乾, 字公祐. 此人可使爲從事."

又謂糜竺曰, "劉公當世人傑, 汝當善事之."

國譯

却說(각설)하나니, 도겸이 徐州刺史로 재직할 때, 나이가 이미 63세였는데, 갑자기 병이 들었고 곧 위독하자[2] 糜竺(미축)[3]과 陳登(진

---

2 忽然染病 看看沈重 – 忽然은 홀연히, 갑자기. 染病(염병)은 병이 들다. 染은 물들염. 看은 볼 간. 看看은 이제 막, 얼마 안 있어서, 보아하니. 沈은 가라앉을 침. 沈重은 병세가 심각하다.

3 糜竺(미축) – 正史《三國志》에는 麋竺. 麋는 죽 미. 麋는 큰 사슴 미. 劉備 麋부인의 오빠. 富豪였다.

陶恭祖三讓徐州(도공조삼양서주)

繡像 三國志演義(수상 삼국지연의) – 上海 鴻文書局 印行, 국립중앙도서관 소장

등)⁴을 불러 의논하였다.

이에 미축이 말했다.

"조조의 군사가 물러난 것은 다만 여포가 兗州(연주)⁵를 공격했기 때문입니다. 올해 흉년이 들었기에 군사를 해산하지만,⁶ 내년 봄에는 틀림없이 또 공격해 올 것입니다. 府君(陶謙)⁷께서는 두 번이나 유현덕에게 양위하려고 했는데, 그때는 부군께서 강건하셨기에 현덕이 받으려 하지 않았지만, 지금은 병환이 위중하니, 바로 지금 자리를 넘겨주시면 현덕은 틀림없이 사양하지 못할 것입니다."

도겸은 크게 좋아하면서 사람을 小沛(소패)⁸에 보내, 유현덕에게 군사 업무를 협의하겠다고 오게 하였다. 현덕은 관우와 장비와 함께 수십 명 기병을 거느리고 徐州에 도착했고, 도겸은 누워있는 안채로 들어오게 하였다. 현덕이 문안을 마치자, 도겸이 말했다.

---

4 陳登(진등, 생졸년 미상) - 진등은 여포를 견제한 공적으로 伏波將軍(복파장군)의 직함을 받았지만 나이 39세에 죽었다. 《三國志》29권, 〈方技傳〉의 華佗傳(화타전)에 생선회를 좋아하여 뱃속에 기생충이 가득한 사람으로 수록. 《魏書》7권, 〈呂布臧洪傳〉에 입전.

5 止爲呂布襲兗州故也 - 止는 그칠 지. 멈추다. 다만. 襲은 엄습할 습. 兗은 땅이름 연. 兗州(연주) 자사부의 치소는 東海郡 郯縣(담현), 今 山東省 남부 臨沂市 관할 郯城縣. 후한에서는 東海郡, 琅邪國, 彭城國, 廣陵郡, 下邳國(하비국)을 관할했다.

6 今因歲荒罷兵 - 歲는 해 세. 한 해의 作況. 歲荒은 歲凶과 同. 흉년든 해. 罷는 그만둘 파.

7 府君은 漢代 太守, 刺史에 대한 호칭. 나이가 많거나 고위직에 대한 경칭. 돌아가신 아버지.

8 小沛(소패)는 沛國의 沛縣, 今 江蘇省 徐州市 관할 沛縣. '沛澤'에서 유래한 지명.

"내가 현덕공을 들어오게 한 것은 다른 일이 아니라 다만 이 늙은 몸의 병이 위중하여 아침저녁으로 언제 죽을지 모르니[9] 明公이 漢朝의 城池를 소중히 여겨 徐州 刺史(자사)의 직인[10]을 받아주기를 간절히 바라나니, 그러하다면 이 늙은이가 눈을 감고 죽을 수 있습니다!"[11]

현덕이 말했다.

"부군께서는 세 분의 아들이 있는데 왜 넘겨주지 않으십니까?"

"長子인 商(상), 次子인 應(응)은 그 재능이 대임을 감당할 수 없소. 내가 죽은 다음에 明公이 가르치더라도 절대로 서주의 업무를 관장하지 못하게 하시오."

현덕이 말했다.

"저 유비가 혼자 어찌 이런 대임을 감당하겠습니까?"

이에 도겸이 말했다.

"내가 공을 보좌할 한 사람을 천거할 수 있으니, 본래 北海郡 출신으로[12] 姓은 孫(손), 이름은 乾(건),[13] 字는 公祐(공우)입니다. 이 사람

---

9 病已危篤, 朝夕難保 – 篤은 두터울 독. 병이 위독하다. 朝夕은 짧은 시간, 날마다. 難保는 장담하기 어렵다.

10 受取徐州牌印 – 牌는 표 패. 방패, 牌印 관인, 도장(신분 증명을 위한 印信之類).

11 瞑目 – 瞑은 눈 감을 명. 눈이 어둡다. 瞑目은 죽어 눈을 감다.

12 係北海人 – 係는 걸릴 계. ~이다. 北海는 郡國名. 治所는 劇縣, 今 山東省 중부 濰坊市(유방시) 昌樂縣.

13 孫乾(손건, 생졸년 미상, 字 公祐) – 靑州 北海郡 출신. 北海郡 치소는 劇縣, 今 山東省 중부 濰坊市(유방시) 昌樂縣. 손건은 유비가 徐州에 있을 때 손건을 발탁했고

을 從事로 쓸만합니다."

도겸은 또 미축에게 말했다.

"劉公은 당세의 人傑이니, 너는 유공을 잘 모셔야 한다."

原文

玄德終是推託, 陶謙以手指心而死. 衆軍擧哀畢, 卽
捧牌印交送玄德, 玄德固辭. 次日, 徐州百姓, 擁擠府
前哭拜曰, "劉使君若不領此郡, 我等皆不能安生矣!"
關張二公亦再三相勸.

玄德乃許權領徐州事, 使孫乾, 麋竺爲輔, 陳登爲幕
官, 盡取小沛軍馬入城, 出榜安民, 一面安排喪事. 玄
德與大小軍士, 盡皆掛孝, 大設祭奠. 祭畢, 葬於黃河
之原. 將陶謙遺表, 申奏朝廷.

操在鄄城, 知陶謙已死, 劉玄德領徐州牧, 大怒曰,
"我讎未報, 汝不費半箭之功, 坐得徐州! 吾必先殺劉
備, 後戮謙屍, 以雪先君之怨!"

卽傳號令, 剋日起兵去打徐州.

이후 유비와 행동을 같이했다. 簡雍(간옹), 麋竺(미축)과 함께 촉한의 원로 신하
로 유비의 각별한 대우를 받았다.

玄德은 끝내 사양했지만[14] 陶謙은 손으로 가슴(心)을 가리키며 죽었다. 모든 군사들이 애도를 마치자,[15] 즉시 印信을 받들어 현덕에게 올렸지만 현덕은 고사하였다. 다음 날 徐州의 백성들이 자사부 앞에 모여[16] 울며 절하면서 말했다.

"劉使君게서 만약 이곳을 다스리지 않으시면 우리 모두는 안전하게 살 수가 없습니다!"

관우와 장비 역시 두 번 세 번 권유하였다. 이에 현덕은 임시로 徐州의 업무를 맡아 처리하겠다고 수락하면서 孫乾(손건)과 糜竺(미축)을 보좌관으로, 陳登(진등)을 幕僚(막료)로 임명하고, 小沛(소패)의 군마를 入城케 하였으며, 榜文(방문)을 붙여 백성을 안정시키면서 한편으로는 도겸의 喪事를 마치었다. 현덕과 대소 군사들은 모든 상복을 입었고[17] 제사를 크게 받들었다.[18] 제사를 마친 뒤, 黃河의 原野에 장례했다.[19] 유비는 陶謙의 遺表(유표)를 조정에 상주하였다.

그때 조조는 鄄城(견성)에 머물고 있었는데, 陶謙이 이미 죽었고 劉玄德이 徐州牧을 대행한다는 소식을 듣고 대노하면서 말했다.

---

14 終是推託 – 終은 끝내, 결국. 推託(추탁)은 핑계를 대어 거절하다.

15 擧哀 – 염을 한 뒤 지내는 제사 절차. 애도를 표하다.

16 擁은 안을 옹. 擠는 밀 제. 擁擠는 한데 모이다.

17 盡皆掛孝 – 盡皆는 모두 다. 掛는 걸 개. 입다. 孝는 상복. 掛孝는 상복을 입다.

18 大設祭奠 – 奠은 드릴 전, 베풀 전. 祭奠은 추모의식.

19 黃河之原 – 原은 벌판, 高平曰 原, 斜地也.

"내 원수를 아직 갚지도 못했는데, 유비는 화살 하나 쏘지도 않고 앉아서 徐州를 차지했다. 내 기어이 먼저 유비를 죽이고 나중에 도겸 시신을 도륙하여[20] 先君의 원한을 풀어드리겠다!"

조조는 즉시 호령을 내리고 서둘러 군사를 일으켜[21] 서주를 공격하였다.

原文

　荀彧入諫曰, "昔高祖保關中, 光武據河內, 皆深根固本, 以正天下. 進足以勝敵, 退足以堅守, 故雖有困, 終濟大業. 明公本首事兗州, 且河濟乃天下之要地, 是亦昔之關中河內也. 今若取徐州, 多留兵則不足用, 少留兵則呂布乘虛寇之, 是無兗州也. 若徐州不得, 明公安所歸乎? 今陶謙雖死, 已有劉備守之. 徐州之民, 旣已服備, 必助備死戰. 明公棄兗州而取徐州, 是棄大而就小, 去本而求末, 以安而易危也, 願熟思之."

　　第十二回 陶恭祖三讓徐州 曹孟德大戰呂布 中 節錄

---

20 後戮謙屍 – 다음에 陶謙을 육시(戮屍)하겠다. 戮은 죽일 륙. 屍는 주검 시.

21 剋日 – 剋은 이길 극. (기한을) 정하다. 剋日은 날짜를 정하다. 다그치다. 바삐 서두르다.

순욱이 들어와 諫言(간언)을 올렸다.[22]

"옛날 漢 高祖는 關中[23] 땅을 확보했고, (後漢) 光武帝는 河內郡을 근거지로 삼았으니, 모두 뿌리를 깊이 내렸고 근본이 확고했기에 천하를 바로 세울 수 있었습니다. 그리하여 진군하면 적을 충분히 이겼고, 후퇴하면 견고하게 지킬 수 있었기에 곤경에 처할 경우도 있었지만 끝내 대업을 성취하였습니다.[24] 명공께서는 본래 兗州(연주)를 바탕으로 삼았고,[25]

荀彧(순욱, 163-212)

---

22 순욱의 諫言(간언)은 正史《三國志 魏書》10권,〈荀彧荀攸賈詡傳〉의〈荀彧傳〉에 실려 있다.

23 동쪽의 函谷關(함곡관), 남 武關, 서 散關(산관), 북 蕭關(소관)으로 둘러싸인 땅을 關中이라 한다. 보통 沃野千里, 天府之地로 표현한다. 漢 高祖는 승상 蕭何(소하)에게 關中의 통치를 맡겨 군사와 군량을 보급 받아가며 항우와 싸워 이겼다.

24 終濟大業 - 끝내는 大業을 이루다. 濟는 건널 제. 구제하다, 이루다, 성취하다.

25 本首事兗州 - 曹操는 연주에서 青州兵을 휘하에 두고 招賢納士하며 흥기하였다.

또 河水와 濟水 지역은[26] 천하의 요지이며, 이 또한 예전(漢 高祖와 後漢 光武帝의) 關中과 河內와 같습니다. 지금 만약 徐州 지역을 공격하면서 군사를 많이 남겨두면 공격에 부족하고, 적게 남겨둔 다면 여포가 빈틈을 노려 쳐들어올 것이니,[27] 이렇게 되면 연주를 잃게 됩니다. 거기다가 만약 徐州를 차지하지 못한다면, 명공께서는 어디로 갈 수 있겠습니까? 지금 비록 도겸이 죽었지만 이미 유비가 서주를 지키고 있습니다. 서주의 백성은 이미 유비에게 복종하면서 틀림없이 유비를 도와 죽도록 싸울 것입니다. 명공께서 연주를 버리고 서주를 차지한다면, 이는 큰 것을 버려 작은 것을 차지하고 근본을 없애 말단을 구하는 것이며, 안정을 위기와 바꾸려는 것이니 깊이 생각하시기 바랍니다."

---

26 且河濟乃天下之要地 – 河는 黃河, 河水. 고유명사이다. 濟는 지금은 사라진 강. 지금 황하의 물길이 옛 濟水의 물길에 가깝다고 한다. 참고로, 江은 長江을 지칭하는 고유명사이다.

27 呂布乘虛寇之 – 乘虛는 虛를 利用하다. 寇는 도둑 구. 약탈하다, 침략하다.

여 포 투 소 패 안 신
16 呂布投小沛安身
여포는 소패에 가서 머물다.

呂布는 謀士 陳宮(진궁)의 건의를 여러 번 무시한다. 결국 兗州(연주) 전체와 東郡(동군)의 치소인 濮陽縣(복양현)을 조조에게 빼앗기고 山東의 定陶縣(정도현)[1]으로 도주하지만, 끝내 여기서도 조조에게 대패한다. 袁紹(원소)에 의탁할 수도 없는 여포는 진궁의 건의에 따라 徐州로 유비를 찾아간다.

原文

且說 袁紹在冀州, 聞知曹操與呂布相持, 謀士審配進曰,"呂布 豺虎也. 若得兗州, 必圖冀州, 不若助操攻之, 方可無患."

紹遂遣顔良將兵五萬, 往助曹操. 細作探知這個消息, 飛報呂布. 布大驚, 與陳宮商議. 宮曰, "聞劉玄德

---

1 定陶縣 – 兗州자사부 관할 濟陰郡의 治所인 定陶縣, 今 山東省 서남부 菏澤市 定陶區.

新領徐州, 可往投之."

布從其言, 竟投徐州來. 有人報知玄德. 玄德曰, "布乃當今英勇之士, 可出迎之."

糜竺曰"呂布乃虎狼之徒, 不可收留, 收則傷人矣."

玄德曰, "前者非布襲兗州, 怎解此郡之禍? 今彼窮而投我, 豈有他心?"

張飛曰, 哥哥心腸忒好. 雖然如此, 也要準備."

國譯

한편, 袁紹는 冀州(기주)[2]에 있으면서, 曹操와 呂布가 서로 대치한다는[3] 소식을 들었는데, 謀士(모사)인 審配(심배)[4]가 다가와 원소

---

2 冀州刺史部 치소는 常山國 高邑縣, 今 河北省 石家莊市 高邑縣. 魏郡, 鉅鹿郡, 常山國, 中山國, 安平國, 河間國, 淸河國, 趙國, 渤海郡를 관할하였다. 후한 말기 기주자사부는 魏郡의 치소인 鄴縣(업현)에 있었다. 鄴縣(업현)은, 今 河北省 남부 邯鄲市(한단시) 관할 臨漳縣. 나중에 曹操가 魏公이 되고 魏王으로 있는 동안 조조 세력의 근거지였다.

3 相持 - 쌍방이 대립하다. 서로 버티다.

4 審配(심배, 字 正南)는 魏郡人. 逢紀(봉기, 字 符圖), 顔良(안량, ? - 200년)은 모두 원소의 武將이었다. 안량은 관우에게 패전 피살. 文醜(문추)는 顔良의 원수를 갚는다고 나왔다가 관우에게 斬殺된다. 이들에 대하여 순욱이 말했다. "원소의 군사가 많다지만 군법이 엄정하지 않고, 田豐은 강직하나 윗사람에게 잘 대들며, 許攸(허유)는 탐욕에 부정이 많고, 審配(심배)는 고집에 무모하며, 逢紀(봉기)는 과감하나 자신만을 내세우고, 顔良(안량)과 文醜(문추)는 匹夫之勇이니 一戰에 사로잡을 수 있다." 이는 모두 사실이었다.

呂布 王允 董卓 貂蟬

繡像 三國志演義(수상 삼국지연의) − 上海 鴻文書局 印行
왼편부터 呂布(여포), 王允(왕윤), 董卓(동탁), 貂蟬(초선), 국립중앙도서관 소장에게 말했다.

"여포는 승냥이[5] 같은 사람입니다. 만약 여포가 兗州(연주)를 차지하게 되면 틀림없이 기주를 얻으려 할 것이니 조조를 도와 여포를 공격한다면 후환이 없을 것입니다."

이에 원소는 顔良(안량)을 보내 군사 5만을 거느리고 조조를 돕게 하였다. 細作〔세작, 諜者(첩자)〕이 소식을 알아내 재빨리 여포에게 보고하였다. 여포는 크게 놀라면서 陳宮(진궁)과 상의하였다. 진궁이 말했다.

"劉玄德이 막 徐州를 차지하였으니, 거기로 가서 유비에게 의탁하면 됩니다."

여포는 진궁의 말대로 결국 서주로 피신해 왔다. 현덕은 이 소식을[6] 보고받았다. 현덕이 말했다.

"여포는 이 시대의 英勇之士이니 나가 영접해야 한다."

그러자 麋竺(미축)이 말했다.

"여포는 늑대와 같은 사람이니[7] 받아들일 수 없으며 그를 받아준다면 틀림없이 사람을 해칠 것입니다."

그래도 현덕이 말했다.

"앞서 여포가 연주를 공격하지 않았으며 서주의 환난을 어떻게

---

5 豺虎也 - 승냥이와 호랑이. 잔악한 惡人. 豺는 승냥이 시.

6 這個消息 - 這個(저개)는 이런. 這는 이 저. 個는 量詞. 우리말로 굳이 옮기지 않는다.

7 乃虎狼之徒 - 乃는 이에 내. ~이다(乃是), 그래서, 오히려, 마침내.

이겨냈겠는가? 지금 그 사람이 궁색하여 나를 찾아온 것이니 어찌 다른 속셈이 있겠는가?"

그러자 장비가 말했다.

"형님(哥哥)은 마음이 너무 물렁합니다.[8] 기왕 그렇다면 그런대로 대비하겠습니다."[9]

原文

玄德領衆出城三十里, 接着呂布, 並馬入城. 都到州衙廳上, 講禮畢, 坐下. 布曰, "某自與王司徒計殺董卓之後, 又遭催汜之變, 飄零關東, 諸侯多不能相容. 近因曹賊不仁, 侵犯徐州蒙使君力救陶謙, 布因襲兗州以分其勢, 不料反墮奸計, 敗兵折將. 今投使君, 共圖大事, 未審尊意如何?"

玄德曰, "陶使君新逝, 無人管領徐州, 因令備權攝州事. 今幸將軍至此, 合當相讓." 遂將牌印與呂布.

---

8 哥哥心腸忒好 – 哥는 형님 가(大哥는 큰형, 二哥는 작은형). 오빠. 같은 또래 남자에 대한 친숙한 호칭. 哥哥는 형님. 여자가 애인이나 남편을 부르는 애칭. 心腸(심장)은 마음씨, 성격, 情, 기분. 忒은 변할 특. 副詞로 매우, 지나치게.

9 也要準備 – 也는 어조사 야. 판단, 결정, 의문, 감탄의 語氣를 나타낸다. 副詞로 ~도, 또한, 그런대로, ~하여도.

玄德은 군사를 거느리고 徐州城 30리까지 나가 여포를 맞이했고 나란히 말을 타고 입성했다. 徐州 관아 대청에서 예를 갖춰 인사를 마친 뒤,[10] 좌정하자, 여포가 말했다.

"저(某)는 王司徒(王允)와 함께 계책을 세워 동탁을 살해했지만, 다시 李催(이각)과 郭汜(곽사)의 변란으로 關東 지역을 떠돌았는데[11] 여러 제후들은[12] 저를 받아주지 않았습니다. 최근에 반적 조조가 흉악하게도 서주를 침범했고 사군(劉備)께서 陶謙(도겸)을 구원하실 때, 이 여포는 兗州(연주)를 공격하여 조조의 세력을 분열시켰지만 오히려 그 간계에 빠져 예상치 못한 패전에 장졸을 잃었습니다. 지금 사군께 의지하며 함께 대사를 도모하려는데 尊意(존의)가 어떠신지 모르겠습니다."[13]

그러자 현덕이 말했다.

"陶使君(陶謙)께서 얼마 전에 작고하셨지만,[14] 서주를 다스릴 사

---

10 講禮畢 – 講은 외울 강. 말하다, 상의하다, 중시하다. 講禮는 처음 만났을 때의 의례적인 인사말. 畢은 마칠 필.

11 飄零關東 – 關東은 函谷關(함곡관) 동쪽 지역. 河南郡, 河內郡 등 黃河 중하류 지역. 飄는 회오리바람 표. 零은 가랑비 영, 수가 없을 영. 飄零(표령)은 몰락하다, 떠돌아다니다.

12 諸侯 – 皇帝의 諸侯國이 아님. 各地에 웅거하고 있는 지방세력.

13 未審尊意如何 – 審은 살필 심. 未審은 상세히 알지 못하다(未知).

14 陶使君新逝 – 陶使君은 陶謙(도겸). 新은 갓, 금방, 副詞로 쓰였음. 逝는 갈 서. 서거하다.

람이 없어, 저에게 임시로 서주의 업무를 관장케 하셨습니다. 지금 다행히 장군께서 여기에 오셨으니 응당 양위하고자 합니다."

그러면서 서주자사의 인수를 여포에게 넘겨주려 했다.

呂布却待要接, 只見玄德背後關張二公 各有怒色. 布乃佯笑曰, "量呂布一勇夫, 何能作州牧乎?" 玄德 又讓, 陳宮曰, "强賓不壓主, 請使君勿疑." 玄德方 止. 遂設宴相待, 收拾宅院安下.

次日, 呂布回席請玄德, 玄德乃與關張同往. 飮酒至 半酣, 布請玄德入後堂. 關張隨入. 布令妻女出拜玄 德. 玄德再三謙讓.

布曰, "賢弟不必推讓."

張飛聽了, 瞋目大叱曰, "我哥哥是金枝玉葉, 你是 何等人, 敢稱我哥哥爲賢弟! 你來! 我和你鬥三百 合!"

玄德連忙喝住, 關公勸飛出.

呂布가 (현덕의) 인수를 받으려 했지만, 현덕의 등 뒤에 關羽와 張飛 두 사람의 화난 얼굴을 보고서는 거짓 웃음을[15] 지으며 말했다.

"생각해보면, 여포는 한낱 武夫이니 어찌 州牧이 될 수 있겠습니까?"

현덕이 다시 양보하려 하자 陳宮이 말했다.

"손님이 주인을 이길 수야 없으니[16] 사군께서는 의심치 마십시오."

이에 현덕은 그만두었다. 잔치를 벌려 서로 환대하였고, 준비한 별채에서 여포는 쉬었다.

다음 날 여포가 답례 자리를 마련하여 현덕을 초대하자, 현덕은 관우 장비와 함께 찾아갔다. 술이 어느 정도 들어가자,[17] 여포는 현덕을 後堂으로 청했다. 관우와 장비도 함께 들어갔다. 여포는 아내[18]와 딸을 불러 현덕에게 인사를 올리게 했다. 그러자 현덕은 두세 번 겸양하였다. 이에 여포가 말했다.

---

15 佯笑 – 佯은 거짓 양. ~인체 하다.

16 强賓不壓主 – 손님은 손님일 뿐! 주인보다 위에 있을 수 없다는 뜻.

17 飮酒至半酣 – 酣은 술 즐길 감. 半酣은 얼큰히 취하다.

18 《三國演義》에 여포. 正妻는 嚴氏이고, 후처는 曹氏(曹豹의 딸), 그리고 貂蟬(초선)은 첩으로 등장한다.

"아우(賢弟)¹⁹께서는 너무 사양치 마오."²⁰

張飛가 듣고서는 눈을 부릅뜨고 크게 질책하였다.²¹

"우리 형님은 金枝玉葉(금지옥엽) 고귀하신 분인데, 너는 뭐하는 놈인데 감히 내 형님을 아우라고 부르는가! 너 이리 나와! 내가 너하고 3백 합이라도 싸워주마!"²²

玄德이 급히 못하게 꾸짖었고,²³ 關公은 장비를 밖으로 내보냈다.

原文

玄德與呂布陪話曰,"劣弟酒後狂言, 兄勿見責."

布默默無語. 須臾席散. 布送玄德出門, 張飛躍馬橫鎗而來, 大叫, "呂布! 我和你併三百合!" 玄德急令關公勸止.

次日呂布來辭玄德曰, "蒙使君不棄, 但恐令弟輩不能相容. 布當別投他處."

---

19 유비는 서기 161년생인데, 대체로 여포가 유비보다는 나이가 많은 것으로 알려졌다.

20 賢弟不必推讓 – 賢弟는 자신의 동생, 年少한 친구, 또는 弟子에 대한 호칭. 賢은 접두어. 不必은 ~하지 말라. ~할 필요가 없다.

21 瞋目大叱曰 – 瞋은 눈 부릅뜰 진. 성내다. 叱은 꾸짖을 질. 욕하다.

22 你來! 我和你鬥三百合 – 你는 너 이(니). 鬥는 싸울 투(鬪와 同).

23 連忙喝住 – 忙은 바쁠 망. 서둘러. 喝은 꾸짖을 갈.

玄德曰, "將軍若去, 某罪大矣. 劣弟冒犯, 另日當
令陪話. 近邑小沛, 乃備昔日屯兵之處. 將軍不嫌淺
狹, 權且歇馬, 如何? 糧食軍需, 謹當應付."

呂布謝了玄德, 自引軍投小沛安身去了. 玄德自去
埋怨張飛不題.

第十三回 李催郭汜大交兵 楊奉董承雙救駕 中 節錄

國譯

玄德이 呂布에게 사과하였다.[24]

"못난 아우의 술 취한 狂言(광언)을 兄長께서 괘념치 마십시오."

여포는 묵묵히 앉아 말이 없었다. 곧 술자리를 파했다.[25] 여포는
현덕을 문밖까지 배웅했는데, 장비는 말을 타고 창을 꼬나들고 달
려와 크게 소리쳤다.

"呂布야! 나하고 너하고 3백합을 붙어보자!"[26]

현덕은 급히 관우를 시켜 장비를 말렸다. 다음 날, 呂布가 현덕을
찾아와 말했다.

"使君께서야 저를 버리지 않으셨지만, 令弟들과 같이 지낼 수가

---

24 陪話 – 陪는 모실 배. 배석하다, 사죄하다. 陪話는 賠話(배화). 사과하다. 유감을
표하다.
25 須臾席散 – 須는 모름지기 수. 기다리다. 臾는 잠깐 유. 須臾는 잠시 후.
26 我和你倂三百合 – 倂은 나란할 병, 다툴 병. 싸우다.

없을 것 같습니다.[27] 저는 응당 다른 곳에 가야 할 것 같습니다."[28]

현덕이 말했다.

"장군께서 떠나신다면 저의 죄가 큽니다. 못난 아우의 버릇없는 일은[29] 훗날[30] (아우가) 사죄하토록 시키겠습니다. 가까운 곳인 小沛(소패)[31]는 제가 예전에 주둔했던 곳입니다. 장군께서 작고 좁아서 싫어하지 않는다면 잠깐이라도 거기 머무는 것이 어떻겠습니까?[32] 군량과 軍需(군수)는 삼가 공급해 드리겠습니다."

여포는 현덕과 작별한 뒤 군사를 거느리고 소패에 가서 머물렀다. 현덕이 장비를 원망한 것은 여기에 기록하지 않았다.[33]

---

27 但恐 - 오직(다만) ~을 걱정하다.

28 장비와 여포의 불화는 뒷날 유비가 서주를 여포에게 빼앗기는 빌미가 되었다.

29 劣弟冒犯 - 劣弟(열제)는 못난 아우, 謙辭. 冒는 무릅쓸 모. 冒犯은 무례한 짓을 하다. 기분을 상하게 하다.

30 另日 - 另은 쪼갤 영. 다른, 그 밖의, 별도로. 另日은 다른 날.

31 小沛(소패)는 沛國의 沛縣, 今 江蘇省 徐州市 관할 沛縣. '沛澤'에서 유래한 지명.

32 權且歇馬 - 權且(권차)는 잠시 당분간. 歇은 쉴 헐. 歇馬는 말에서 내려 쉬다.

33 埋怨張飛不題 - 埋怨(매원)은 남에게 원망하는 말을 하다. 題는 이마 제. 제목, 말하다, 비평하다.

17 曹操移駕行許都

조조는 헌제를 모시고 허도로 옮겨가다.

董卓의 殘黨(잔당)인 李催(이각)과 郭汜(곽사)의 분쟁이 일어나자, 獻帝 (헌제)는 楊奉(양봉)과 董承(동승)의 도움으로 겨우 洛陽에 도착했다. 조조는 낙양에 들어가 헌제를 알현했고, 헌제는 조조의 군사력에 의 지한다. 조조는 자신의 세력 기반을 확실히 하기 위해 낙양에서 가까 운 許縣(허현)으로 遷都(천도)한다. 이 과정의 긴 이야기 중에서 요점 부분만을 절록했다.

原文

操見昭言投機, 便問以朝廷大事. 昭曰, "明公興義 兵以除暴亂, 入朝輔佐天子, 此五覇之功也. 但諸將 人殊意異, 未必服從. 今留此, 恐有不便, 惟移駕幸許 都爲上策. 然朝廷播越, 新還京師, 遠近仰望, 以冀一 朝之安. 今復徙駕, 不厭衆心. 夫行非常之事, 乃有非 常之功, 願將軍決計之."

操執昭手而笑曰, "此吾之本志也. 但楊奉在大梁, 大臣在朝, 不有他變否?" 昭曰, "易也! 以書與楊奉, 先安其心. 明告大臣, 以京師無糧, 欲車駕幸許都, 近魯陽, 轉運糧食, 庶無欠缺懸隔之憂. 大臣聞之, 當欣從也."

操大喜, 昭謝別, 操執其手曰, "凡操有所圖, 惟公教之."

조조는 董昭(동소)[1]의 말이 자신의 뜻에 맞자, 곧 朝廷의 大事에 관해 물었다. 이에 동소가 말했다.

"明公(曹操)께서 義兵을 일으켜 포악한 亂臣을 제거하였고 조정에서 천자를 보필하셨으니, 이는 (春秋시대) 五覇(오패)[2]의 공적과 같습니다. 다만 여러 장수들의 뜻이 아직은 다르지만 오래지 않아

---

1 董昭(동소, 156 – 236년, 字 公仁) – 濟陰郡 定陶縣人. 본래 원소의 부하였었다. 이때 동소는 獻帝의 命으로 조조를 찾아와 처음 상면했다. 훤칠한 인물에 사고와 언사가 조조와 意氣投合했다. 뒷날 조조가 魏王이 되어야 한다고 건의한 사람이 董昭였다. 조조, 조비, 曹叡(조예, 明帝)를 섬겼고 司徒를 역임했다. 正史《三國志 魏書》14권, 〈程郭董劉蔣劉傳〉에 입전.

2 五覇 – 春秋五覇, 또는 五伯(이때 伯은 音 패) – 東周 春秋 시기에 패업을 이룩한 5명의 제후. 覇는 覇主, 곧 尊王攘夷(존왕양이)의 구호를 내세우며 제후를 불러 會盟을 주관한 제후의 우두머리란 뜻.《史記》에서는 齊의 桓公(환공), 晉 文公, 秦 穆公(목공), 楚 莊王, 宋 襄公(양공)을 지칭하였다. '戰國七雄'과 함께 일컬어진다.

틀림없이 모두 복속할 것입니다. 지금 여기에 머무르는 것이 이롭지 못할 것이니 천자를 모시고 許都(허도)[3]로 옮겨가는 것이[4] 上策일 것입니다. 그러나 조정이 그간 쫓겨다니다가[5] 겨우 洛陽으로 돌아왔기에 원근의 백성 모두가 조정의 안정만을 바라고 있습니다. 이제 다시 천자가 옮겨간다면 백성 마음을 진정시키기가 어려울 것입니다. 대저, 非常한 대업을 이루려면[6] 특별한 일을 도모해야 하나니 장군께서 결단을 내리시기를 바랄 뿐입니다."

조조는 동소의 손을 잡고 웃으며 말했다.

"이는 본래 나의 뜻이었소. 다만 楊奉(양봉)이 大梁(대량)에 주둔하고,[7] 조정의 大臣들이 있으니 혹 다른 변고가 없겠는가?"

이에 동소가 말했다.

"쉬운 일입니다! 친서를 양봉에게 보내 우선 그를 안심시키십시

---

3 許都(허도) – 許는 潁川郡(영천군)의 현명이다. 조조는 낙양이 완전 폐허이기에 헌제를 허현으로 옮기게 했다. 천자가 머물기에 이후 허도라 칭했다. 曹魏의 曹丕 (조비)는 황제를 칭한 뒤, '漢은 許에서 亡했으나, 魏는 許에서 昌盛한다.(漢因許 而亡, 魏因許而昌.)'고 하며, 許都를 許昌(허창)으로 개칭하였고 지금까지 사용되고 있다. 今 河南省 중앙부 許昌市는 人口 450만이 넘는 거대도시이다.

4 移駕 – 御駕를 옮기다. 遷都(천도)하다. 幸은 (天子가) 거동하다.

5 播는 뿌릴 파. 옮겨 다니다. 越은 넘을 월. 播越은 정처 없이 멀리 돌아다니다.

6 夫行非常之事 ~ – 夫는 무릇, 대저, 文語의 發語辭.

7 但楊奉布大梁 – 楊奉(양봉)과 韓暹(한섬)은 본래 이각의 部將이었으나 배반한 뒤 長安에서 부터 이각, 곽사와 싸우면서 천자(獻帝)를 호위하였다. 그 공으로 양봉은 車騎將軍이 되었다. 楊奉(양봉)은 주둔지 梁國에서 헌제를 탈취하려고 했지만 실행하지 못했다. 그해에 曹操가 양봉을 정벌하자, 양봉은 남쪽으로 원술에게 달아났다. 大梁은 戰國 시기 魏國의 都城, 今 河南省 동북부 開封市 일대.

오. 그리고 분명히 대신들에게 京師에 식량이 없으니 어가를 모시고 허도로 행차할 것인데, (허도는) 魯陽(노양)[8]에 가깝고 식량을 (운하로) 운반하기 쉬운 곳이라서 식량이 궁핍할 걱정이 전혀 없다고 밝히십시오.[9] 그러면 대신들도 흔쾌히 따를 것입니다."

조조는 크게 좋아했고, 동소를 돌려보내며 그 손을 잡고 말했다.

"이 조조의 뜻을 公이 잘 이끌어 주시오."

(前略) 次日, 入見帝, 奏曰, "東都荒廢久矣, 不可修葺, 更兼轉運糧食艱辛. 許都地近魯陽, 城郭宮室, 錢糧民物, 足可備用. 臣敢請駕幸許都, 惟陛下從之."

帝不敢不從, 群臣皆懼操勢, 亦莫敢有異議. 遂擇日起駕, 操引軍護行, 百官皆從. 行不到數程, 前至一高陵. 忽然喊聲大擧, 楊奉韓暹, 領兵攔路. 徐晃當先, 大叫, "曹操欲劫駕何往!"

---

8 魯陽(노양)은 魯山縣. 지금의 河南省 중부 平頂山市 부근. 河南省의 中部로 북쪽으로는 洛陽, 남쪽으로는 곡창지대인 당시의 南陽郡, 동쪽은 魯(今 山東省)에 가까운 지역. 여기서는 魯國과 南陽郡을 의미.

9 庶無欠缺懸隔之憂 - 庶는 많을 서. 거의, 대체로. 欠은 하품 흠. 모자라다. 缺은 이지러질 결. 欠缺(흠결)은 부족, 결핍하다. 懸은 매달 현. 隔은 사이 뜰 격. 懸隔(현격)은 큰 차이가 있다.

(前略)[10]

다음 날, (조조는) 입궁하여 황제를 알현하며 상주하였다.

"지금 東都(洛陽)[11]가 오랫동안 황폐하여 시설을 보수할 수도 없고,[12] 거기다가 식량을 轉運(전운)하기도 매우 어렵습니다.[13] 許都는 성곽과 궁궐, 금전과 식량, 그리고 백성과 물자 등이 풍족한 곳입니다. 그래서 臣은 허도로 천도하실 것을 주청하오니 폐하께서도 따라주시기 바랍니다."

헌제는 조조의 주청을 따르지 않을 수 없었고 여러 신하는 모두 조조의 세력이 두려웠기에 감히 누구도 이의를 제기하지 못했다. 마침내 좋은 날을 잡아 어가가 출발하였고, 조조는 군사를 거느리고 어가를 호위하였고 모든 관원도 따라나섰다.

천자가 출발하여 며칠 가지 못했을 때[14] 앞에 큰 산이 있었다. 홀연히 함성이 크게 일어나면서 楊奉(양봉)과 韓暹(한섬)[15]이 군사를

---

10 (前略) – 曹操는 참모들과 천도를 논의했고, 天文과 五行의 순환에 따라 새 王朝가 출현할 것이라는 순욱의 건의 내용을 생략했다.

11 東都 – 前漢(西漢)과 後漢(東漢)은 당시에 동일 국가로 인식했다. 그래서 전한의 長安(今 西安市)은 西都, 후한의 수도 낙양(今 河南省 洛陽市)은 東都라고 칭했다.

12 不可修葺 – 葺은 보수할 집. 수선하다. 修葺은 건축물을 補修하다.

13 更兼轉運糧食艱辛 – 更은 바꿀 경(갱). 더욱. 兼은 겸할 겸. 更兼은 더욱이, 게다가. 艱은 어려울 간. 艱辛(간신)은 고생스럽다. 艱難辛苦하다.

14 行不到數程 – 몇 程을 못 가서. 程은 헤아릴 정, 길 정. 日程.

15 韓暹 – 暹은 해 돋을 섬.

거느리고 길을 막았다. 徐晃(서황)¹⁶이 선두에 서서 소리쳤다.

"조조는 천자를 협박하여 어디로 가려는가!"

原文

操出馬視之, 見徐晃威風凜凜, 暗暗稱奇. 便令許褚
出馬與徐晃交鋒. 刀斧相交, 戰五十餘合, 不分勝敗.

操卽鳴金收軍, 召謀士議曰, "楊奉韓暹誠不足道,
徐晃乃眞良將也. 吾不忍以力幷之, 當以計招之."

行軍從事滿寵曰, "主公勿慮, 某向與徐晃有一面之
交, 今晚扮作小卒, 偸入其營, 以言說之, 管敎他傾心
來降."

操欣然遣之.

國譯

조조가 말을 몰아 나와 보니, 徐晃(서황)의 위풍이 늠름하여 마음
속으로 기특하다고 칭찬하였다.¹⁷ 조조는 바로 許褚(허저)¹⁸를 내보

---

16 徐晃(서황, ? – 227, 字 公明) – 晃은 밝을 황. 曹魏의 유명 장수, 五子良將(張遼, 樂
進, 于禁, 張郃, 徐晃)의 한 사람. 군기가 엄정하여 조조가 (前漢) 周亞夫(주아부)
의 풍모가 있다고 칭찬했다. 《魏書》 17권, 〈張樂于張徐傳〉에 立傳.

17 凜은 찰 늠(름). 엄하다. 稱은 일컬을 칭, 저울 칭. 칭찬하다.

18 許褚(허저, 161 – 230년, 字 仲康) – 褚는 솜옷 저. 譙國 譙縣(초현, 今 安徽省 서북단

내 서황과 싸우게 했다. 칼과 (허저의) 도끼가 맞부딪치며 50여 합을 싸웠으나 승패가 나지 않았다.

조조는 바로 징을 쳐서 군사를 불러들였고[19] 謀士를 모아 의논하였다.

"양봉과 한섬 등은 입에 올리기에도 부족하지만,[20] 저 서황은 정말 좋은 장수이다. 내가 차마 무력으로 저 사람을 내치기 싫으니[21] 응당 계책을 서서 초치해야 한다."

그러자 行軍從事인 滿寵(만총)[22]이 말했다.

許褚(허저, 서기 ?-230년)

毫州市) 사람. 조조와 同鄕. 典韋(전위)가 전사(서기 197년)한 이후 曹操의 경호 실장. 力大하지만 寡言(과언)하여 '虎痴(호치)' 또는 '虎侯(호후)'로 불렸다. 8척이 넘는 신장(약 185cm)에 허리둘레가 열 집게뼘(200cm)이나 되었고, 용모가 雄大하고 勇力이 絶倫(절윤)하였다.

19 鳴金收軍 – 鳴金(명금)은 징을 울리다. 퇴각 신호.

20 誠不足道 – 道는 말하다, ~라고 말하다. 입에 올리기에도 부족하다. 특별한 인재가 못된다.

21 不忍以力幷之 – 不忍은 차마 ~할 수 없다. 幷은 아우를 병. 倂(다툴 병)과 同.

22 滿寵(만총, ?-242년, 字 伯寧) – 曹魏 武將, 청렴 강직했던 曹魏의 장군. 正史《三

"主公께서는 염려하지 마십시오. 제가 서황과 알고 지내니 오늘 밤중에 小卒인척 저들 군영에 몰래 들어가[23] 설득하여 그가 마음을 돌려 투항케 하겠습니다."[24]

이에 조조는 흔쾌히 만총을 보냈다.

(前略) 於是迎鑾駕到許都, 蓋造宮室殿宇, 立宗廟社稷省臺司院衙門, 修城郭府庫. 封董承等十三人爲列侯. 賞功罰罪, 並聽曹操處置.

操自封爲大將軍武平侯, 以荀彧爲侍中尚書令. 荀攸爲軍師, 郭嘉爲司馬祭酒, 劉曄爲司空掾曹, 毛玠任峻爲典農中郎將, 催督錢糧. 程昱爲東平相, 范成董昭爲洛陽令, 滿寵爲許都令.

夏侯惇, 夏侯淵, 曹仁, 曹洪皆爲將軍. 呂虔, 李典, 樂進, 于禁, 徐晃, 皆爲校尉. 許褚, 典韋, 皆爲都尉. 其餘將士, 各各封官. 自此大權皆歸於曹操. 朝廷大

國志 魏書》26권, 〈滿田牽郭傳〉에 立傳.

23 偸入其營 – 偸는 훔칠 투. 슬그머니.

24 管敎他傾心來降 – 管敎는 꼭 ~하게 하다. 꼭, 절대로.

務, 先稟曹操, 然後方奏天子.

第十四回 曹孟德移駕幸許都 呂奉先乘夜襲徐郡 中 節錄

國譯

(前略)[25]

(조조는) 이에 황제의 어가를 모시고[26] 許都에 도착했고, 궁궐과 각종 건물을 짓고[27] 宗廟(종묘)와 社稷(사직)을 세우며 여러 중앙의 부서와 관아 등을 설치하고 성곽과 창고 등을 신축하였다. 조조는 董承(동승) 등 13인을 列侯에 봉하게 하였고, 모든 상벌의 시행은 반드시 조조의 결재를 받아 시행케 하였다.

조조는 스스로 대장군이 되어 武平侯(무평후)에 봉해졌으며 荀彧(순욱)을 侍中 겸 尙書令[28]에 임명하였다. 荀攸(순유)[29]를 軍師에 임

---

25 (前略) - 萬寵의 설득으로 徐晃은 曹操에게 투항한다. 양봉과 한섬은 曹操에게 대패한 뒤 袁術을 찾아간다.

26 鑾駕到許都 - 鑾은 방울 난(란). 天子 수레의 방울. 鑾駕는 천자의 수레.

27 蓋造宮室殿宇 - 蓋는 덮을 개. 뚜껑, 짓다. 蓋造는 집을 짓다. 蓋修. 殿은 높고 큰 건물. 殿宇(전우)는 殿堂과 同.

28 以荀彧爲侍中尙書令 - 尙書令(상서령)은 少府의 屬官. 1인, 질록 千石. 황제에게 보고되는 서류 관련 업무를 전담. 상서령의 속관으로 尙書僕射(상서복야, 1인, 질록 6백석)와 그 아래 尙書(6인, 질록 6백석)이 업무를 분담하였다. 侍中(시중)은 少府의 屬官. 질록 比二千石. 無 定員. 좌우에서 시중, 서무 담당, 고문 응대 등 업무 수행, 法駕가 出宮할 때 多識한 시중이 1인이 參乘, 나머지는 말을 타고 수행케 했다.

29 荀攸〔순유, 157 - 214, 字 公達(공달)〕 - 순욱의 堂姪(당질). 曹操의 謀士. 曹操가 魏王일 때 尙書令을 역임했다. 軍師는 장군의 참모라 할 수 있다.

명했고, 郭嘉(곽가)[30]는 司馬祭酒(사마제주)[31]가 되었으며, 劉曄(유엽)은 司空府 掾曹(연조), 毛玠(모개)와 任峻(임준)은 典農中郎將[32]이 되어 나라의 금전과 군량을 감독케 하였다. 程昱(정욱)은 東平國의 相(상)이 되었고, 范成(범성)과 董昭(동소)는 洛陽縣令[33]이 되었고, 滿寵(만총)은 許都 縣令이 되었다.

夏侯惇(하후돈),[34] 夏侯淵(하후연), 曹仁(조인),[35] 曹洪(조홍)은 모두

30 郭嘉(곽가, 170 - 207年, 字 奉孝) - 潁川郡 陽翟縣(今 河南省 禹州市) 출신, 본래는 袁紹(원소)의 휘하에 있었다. 몸이 허약했던 조조의 참모.

31 司馬는 장군이나 三公의 참모. 祭酒(제주)는 年長者의 뜻. 박사 중 그 총책임자를 博士祭酒라 했고, 황제의 시중 중 우두머리를 侍中祭酒(시중제주, 비상설직, 전한에서는 侍中僕射)라 했다. 三公府의 祭酒는 軍謀祭酒라 하였는데, 참모직이며 명예직이었고, 때로는 타인에 대한 존칭으로도 사용되었다. 지방 州牧에도 제주를 두었다. 祭酒(좨주)는 고려 國子監과 조선 成均館 관직명의 우리나라식 讀音이다. 중국 관직명을 좨주로 읽어야 할 이유가 없다.

32 曹魏의 屯田制는 둔전을 民屯과 軍屯으로 대별할 수 있고, 전국 州郡에 이를 담당하는 田官(典農中郎將)을 설치하였다. 이는 이전의 군부대 중심의 둔전과 달랐다. 曹魏의 둔전제는 국가재정확보와 軍卒 보충에 기여하여 조위의 안정적 발전을 가져왔다. 전농중랑장은 둔전지역의 민정과 생산 감독, 조세 징수 등을 담당하였고, 질록은 二千石 태수와 같았다. 여기서는 나라의 재정과 군량 공급을 책임지는 고관.

33 현령은 郡 태수 아래 지방관이나 洛陽縣令은 수도 낙양의 치안과 행정을 담당하는 실권자였다.

34 夏侯惇(하후돈, ? - 220) - 字 元讓(원양), 沛國 譙縣(今 安徽省 亳州市) 사람. 조조의 從兄弟. 조조가 가장 신뢰했던 사람. 조조 사후 몇 달 뒤 하후돈도 죽었다. 여포와 싸우면서 왼쪽 눈에 화살을 맞아 뒷날 '盲夏候'로 불렸다. 《三國演義》 18회, 〈夏候惇拔矢啖睛〉에서는 "父精母血, 不可棄也!"라면서 자신의 눈알을 씹어 먹는 것으로 묘사되었다. 正史 《三國志 魏書》 9권, 〈諸夏侯曹傳〉에 입전.

35 曹仁(조인, 168 - 223년, 字 子孝)은 조조의 堂弟, 曹魏 建國 後, 大司馬 역임. 正史

장군[36]이 되었다. 呂虔(여건), 李典(이전), 樂進(악진),[37] 于禁(우금), 徐晃(서황)은 모두 校尉(교위)가 되었고, 許褚(허저)와 典韋(전위)는 모두 都尉(도위)[38]가 되었다. 그 나머지 將士도 각각 관직을 받았다. 이후로 나라의 대권이 모두 조조에게 귀속되었다. 조정의 큰일은 먼저 조조에게 품의한 뒤에야 천자에게 상주할 수 있었다.

《三國志 魏書》9권,〈諸夏侯曹傳〉에 입전.

36 무관 지휘관으로 將軍 – 中郞將 – 校尉의 三級이 있는데, 단위 부대를 校라 하고 一校의 지휘관이 校尉이다. 후한에서 교위의 질록은 比二千石이었다. 교위 아래에 丞과 司馬 등 속관을 두었다. 後漢에서는 五校尉를 두어 중앙 禁軍을 지휘케 하였는데 校尉의 질록은 比 2천석으로 고위 무관이다. 屯騎校尉, 越騎校尉, 步兵校尉, 長水校尉, 射聲校尉를 지칭한다. 그 외에 도성 성문에는 城門校尉(낙양 12개 성문 수비를 담당)가 있었다.

37 樂進(악진, ? – 218년, 字 文謙) – 兗州 陽平郡 衛國縣 출신. 曹魏 五子良將(張遼, 樂進, 于禁, 張郃, 徐晃) 중 제일 먼저 曹操를 따라다녔다. 체구는 작았지만 담력이 있었고, 曹操를 수행하면서 처음에는 문서를 다루는 下吏였다. 《三國志 魏書》17권,〈張樂于張徐傳〉에 입전.

38 都尉 – 각 郡에서 군사와 치안 관련 업무를 담당하며 태수보다 하위직급인 郡 都尉, 그리고 속국의 행정을 담당하는 屬國都尉가 있었다. 중앙에서 특수 임무를 수행하는 都尉로는 漢武帝 때 설치한 奉車都尉, 駙馬都尉, 騎都尉를 신설하고 이를 三都尉라 하였는데 정원이 없는 직책이었다. 이들은 光祿勳(광록훈)의 속관으로 질록은 比二千石인데 奉車都尉(봉거도위)는 황제의 興車를 담당했고, 駙馬都尉(부마도위)는 駙馬 담당(황제 馬匹 관리), 騎都尉(기도위)는 황제 호위하는 羽林騎兵 관련 업무를 담당하였다.

여 포 월 야 탈 서 주

18 呂布月夜奪徐州
여포는 밤중에 서주를 빼앗다.

曹操는 유비와 여포가 합심한다면 큰 부담이 될 것이라 생각했다. 조조는 筍彧(순욱)의 건의에 따라 '二虎競食之計(두 호랑이가 먹이를 다투게 하는 계략)'으로 유비를 정식으로 서주목에 임명하고[1] 여포를 죽이라는 밀지를 보냈지만 유비는 따르지 않는다. 그러자 순욱은 조조에게 '驅虎吞狼之計(구호탄랑지계)'를 건의한다. 이에 조조는 유비에게 황제의 조서로 원술을 공격케 하고 이를 원술에게도 흘린다. 유비는 원술 토벌에 나서면서, 장비에게 徐州를 잘 지키라고 당부한다.

原文

却說, 張飛自送玄德起身後, 一應雜事, 俱付陳元龍
管理, 軍機大務, 自家斟酌. 一日, 設宴請各官赴席.
衆人坐定, 張飛開言曰, "我兄臨去時, 吩咐我少飮酒,
恐致失事. 衆官今日盡此一醉, 明日都各戒酒, 幫我

---

1 조조는 표문을 올려 유비를 鎭東將軍에 임명케 하였고 宜城亭侯에 봉하게 하였는데, 이때가 建安 원년(서기 196)이었다.

守城. 今日却都要滿飮."

　言罷, 起身與衆官把盞. 酒至曹豹面前, 豹曰, "我從天戒, 不飮酒." 飛曰, "廝殺漢如何不飮酒? 我要你吃一盞."

　豹懼怕, 只得飮了一盃. 張飛把遍各官, 自斟巨觥, 連飮了幾十盃, 不覺大醉, 却又起身與衆官把盞. 酒至曹豹, 豹曰, "某實不能飮矣." 飛曰, "你恰纔吃了, 如今爲何推却?" 豹再三不飮.

　飛醉後使酒, 便發怒曰, "你違我將令, 該打一百!" 便喝軍士挈下. 陳元龍曰, "玄德公臨去時, 吩咐你甚來?" 飛曰, "你文官, 只管文官事, 休來管我!"

　曹豹無奈, 只得告求曰, "翼德公, 看我女婿之面, 且恕我罷."

國譯

　한편, 張飛는 玄德이 출정한 이후로[2] 일체의 여러 업무는 모두 陳元龍(진원룡)이 처리하도록 일임하고, 軍機大務만은 자신이 처리하였다.[3]

---

　2 玄德起身後 – 玄德은 袁術을 치러 출정하여 盱眙(우이)에서 원술의 부장 紀靈(기령)과 대치하고 있었다.

　3 自家斟酌 – 自家는 자기, 자신. 斟은 술 따를 짐. 酌은 술 따를 작. 斟酌(짐작)은 헤

呂布月夜奪徐州(여포월야탈서주)
繡像 三國志演義(수상 삼국지연의) − 上海 鴻文書局 印行, 국립중앙도서관 소장

하루는 잔치를 준비하고서 모든 관원을 참석케 하였다. 모두가 좌정하자 장비가 말했다.

"내 형님께서 출전할 때 내가 실수할까 걱정하시어 나에게 술을 조금만 마시라고 분부하셨습니다. 여러분들은 오늘 하루만 크게 취토록 마시고 내일부터는 모두 술을 끊고 나를 도와 성을 지킵시다. 오늘만은 모두 마음껏 마셔야 합니다."

아리다, 숙고하다, 의논하다.

말을 마치자 장비는 일어나 각 관원에게 술을 권했다.[4] 술잔이 曹豹(조표)[5] 앞에 오자, 조표가 말했다.

"나는 본래[6] 술을 마시지 못합니다."

그러자 장비가 말했다.

"이 죽일 놈이[7] 왜 술을 마시지 않는가? 나는 너에게 술을 한잔 먹여야겠다."

조표는 벌벌 떨면서 딱 한 잔을 받아 마셨다.[8] 張飛는 모든 관원에게 한 잔씩 권한 다음에,[9] 큰 뿔 모양 잔으로[10] 몇십 잔을 연이어 자작하니 어느 새 대취하였는데, 그래도 다시 일어나 여러 관원에게 술을 권했다. 술잔이 조표에게 오자, 조표가 말했다.

"나는 정말 못 마십니다."

장비가 말했다.

"당신은 좀 전에 마셨는데 지금은 왜 싫다고 하는가?"[11]

---

4 把盞 - 把는 잔 잡을 파. 盞은 술잔 잔. 把盞은 술을 부어 권하다.

5 曹豹(조표)는 본래 陶謙(도겸)의 부장이었다. 豹는 표범 표.

6 天戒는 天性的으로 술을 못 마심. 하늘의 警戒(日蝕 月蝕).

7 厮는 하인 시. 놈. 厮殺은 서로 죽이다. 漢은 사나이 한(예 惡漢, 好色漢).

8 豹懼怕, 只得飮了一盃 - 懼는 두려울 구. 怕는 두려울 파. 只得(지득)은 부득이, 할 수 없이, 不得不.

9 張飛把遍各官 - 遍은 두루 편. 보편적인, 回, 次, 한번, 시작에서 끝날 때까지 전 과정.

10 自斟巨觥 - 斟은 술 따를 짐. 觥은 뿔 모양 술잔 굉.

11 你恰纔吃了 如今爲何推却 - 恰은 마치 흡. 纔는 겨우 재(才). 恰纔는 방금. 爲何는 왜. 推却(추각)은 거절하다. 사양하다.(推辭와 同)

그래도 조표는 두세 번 사양했다. 장비는 취했기에 술주정으로[12] 갑자기 화를 내었다.

"당신의 나의 명령을 어겼으니 1백 대를 맞아야 한다!"

그리고는 바로 군사를 불러 조표를 끌어내게 하였다. 이에 진원용이 말했다.

"玄德公이 떠나시면서 당신에게 뭐라 분부하셨습니까?"[13]

"너는 문관이니, 문관의 일만 하고 내 일에 상관하지 말라!"[14]

조표는 어쩔 수 없어[15] "翼德公은 내 사위의 체면을 보아 나를 좀 봐주시오."라고[16] 말했다.

原文

飛曰, "你女婿是誰?" 豹曰, "呂布是也." 飛大怒曰, "我本不欲打你, 你把呂布來嚇我, 我偏要打你! 我打

---

12 飛醉後使酒 – 使酒는 술에 취하여 술주정을 하다. 酒邪(주사)는 술 마신 다음의 나쁜 버릇을 뜻함. 使酒와는 다름.

13 吩咐你甚來 – 吩은 분부할 분. 咐는 입김 불 부. 吩咐(분부)는 分付와 同. 你는 너 니. 甚은 심할 심. 무엇, 무슨. 什과 同. 什么(shénme). 무엇? 무슨?

14 休來管我 – 나에게 간섭하지 말라. 管은 대롱 관. 담당하다, 책임지다, 간섭하다.

15 曹豹無奈, 只得告求曰 – 奈는 어찌 나(내). 無奈(무내)는 어찌할 도리가 없다. 할 수 없이(無奈何). 只得은 부득이, 할 수 없이.

16 且恕我罷 – 且는 또 차. 게다가, 더욱이(접속사). 아주, 이제 막(부사). 恕는 용서할 서. 罷는 그만둘 파. 문장 끝에 쓰여 동의 또는 승낙의 語氣를 나타냄(吧와 同).

你, 便是打呂布!"諸人勸不住. 將曹豹鞭至五十, 眾
人苦苦告饒, 方止.

席散, 曹豹回去, 深恨張飛, 連夜差人齎書一封, 逕
投小沛見呂布, 備說張飛無禮. 且云玄德已往淮南,
今夜可乘飛醉, 引兵來襲徐州, 不可錯此機會. 呂布
見書, 便請陳宮來議. 宮曰, "小沛原非久居之地. 今
徐州旣有可乘之隙, 失此不取, 悔之晚矣."

"너의 사위가 누구인데?"

"여포가 사위입니다."

그러자 장비는 대노하며 말했다.

"내 본래 당신을 때릴 생각이 없었는데 당신이 여포를 들먹거려
나를 겁주려 하니, 내가 당신을 기어코 패줘야겠다! 내가 너를 때리
는 것은 곧 여포를 때리는 것이다!"

여러 사람이 나서도 막을 수가 없었다. 조표는 50대를 맞았고, 많
은 사람이 극력 용서를 빌자[17] 그제야 그만두었다. 술자리가 끝나
고 조표는 돌아갔지만 장비에게 큰 원한을 품고 밤새 편지 한 통을
써서 사람을 小沛(소패)의 여포에게 보내 張飛의 無禮한 짓을 모두

---

17 衆人苦苦告饒 – 苦苦는 극력, 간절히. 饒는 넉넉할 요. 용서하다.

다 말했다. 또 현덕은 지금 淮南(회남)에 나가 있으니 오늘 밤 장비가 술 취한 틈을 타서 군사를 거느리고 徐州(下邳)를 급습하되 이 기회를 놓칠 수 없다고 하였다. 여포는 서신을 읽고 바로 陳宮(진궁)을 불러 상의했다. 이에 진궁이 말했다.

"원래 小沛(소패)는 오래 머물만한 땅이 아닙니다. 지금 徐州의 빈틈을 이용할 수 있는데,[18] 이를 놓치고 취하지 않는다면 후회한들 소용이 없습니다."

原文

布從之, 隨卽披掛上馬, 領五百騎先行. 使陳宮引大軍繼進, 高順亦隨後進發. 小沛離徐州只四五十里, 上馬便到.

呂布到城下時, 恰繞四更, 月色澄清, 城上更不知覺. 布到城門邊叫曰, "劉使君有機密使人至." 城上有曹豹軍報知曹豹, 豹上城看之, 便令軍士開門. 呂布一聲暗號, 衆軍齊入, 喊聲大擧.

張飛正醉臥府中, 左右急忙搖醒, 報說 "呂布賺開城門, 殺將進來了!" 張飛大怒, 慌忙披掛, 綽了丈八

---

18 可乘之隙 - 이용할 수 있는 틈. 隙은 틈극. 구멍, 기회.

蛇矛. 繞出府門, 上得馬時, 呂布軍馬已到, 正與相迎. 張飛此時酒猶未醒, 不能力戰. 呂布素知飛勇, 亦不敢相逼. 十八騎燕將, 保着張飛, 殺出東門, 玄德家眷在府中, 都不及顧了.

　여포는 진궁의 말에 따라, 즉시 갑옷을 걸치고[19] 말에 올라 5백 기병을 거느리고 먼저 출발하였다. 그러면서 陳宮은 대군을 인술하여 뒤따르게 하고 高順(고순)[20] 역시 뒤에 출발케 하였다. 소패는 서주(하비성)에서 겨우 4, 50리라고 말을 타면 곧 도착할 수 있었다.

　呂布가 하비성에 왔을 때는 마침 四更(사경, 새벽 1시 - 3시)이라서,[21] 달빛이 밝았지만[22] 성 위에서는 잘 분별할 수 없었다. 여포는 성문 가까이 와서 큰 소리로 말했다.

　"劉使君께서 기밀 업무가 있어 사람을 보냈소."

---

19 披掛上馬 - 披는 열릴 피. 옷을 입다. 掛는 걸 괘. 披掛는 갑옷을 입다.

20 高順(고순)은 청렴결백하고 위엄이 있으며 말수가 적고 군사를 잘 거느려 승리가 많았다. 그러나 여포의 성격은 결정을 뒤집으며 행실이 무상하였다. 고순은 여포에게 자주 바른 말을 하였지만, 여포는 고순의 충성을 알면서도 실천하지 못했다. 《後漢書》75권, 〈劉焉袁術呂布列傳〉 참고.

21 恰纔四更 - 恰은 마치 흡. 纔는 겨우 재(才). 恰纔는 방금, 바로, 지금.

22 月色澄清 - 澄은 물 맑을 징. 澄清은 맑다, 빛이 밝다.

성 위에 마침 조표의 군사가 있어 이를 조표에게 알리자, 조표는 성 위에 올라 내려다보고서는 군사를 시켜 바로 성문을 열게 했다. 여포의 암호 명령이 떨어지자 모든 군사가 일제히 들어오면서 큰 함성이 일어났다.

장비는 한창 취해 집안에 잠들었는데 좌우에서 급히 흔들어 깨우면서 "여포가 거짓말로[23] 성문을 열게 했고, 죽이러 달려옵니다!"라고 말했다.

장비는 대노하며 황급히 갑옷을 입고 丈八蛇矛(장팔사모)를 손에 잡고[24] 겨우 문을 나와 말에 올라탔는데, 여포의 군마가 들이닥쳐 딱 맞부닥쳤다. 장비는 그때까지도 술이 다 깨지 않아 힘껏 싸울 수가 없었다. 여포도 평소에 장비의 勇力을 알고 있어 마구 덤벼들지 못했다. 18명의 장비 측근 부장들은[25] 장비를 에워싸고 동문으로 빠져나갔고 집안에 있는 현덕의 가솔들을 돌볼 겨를이 없었다.[26]

---

23 呂布賺開城門 – 賺은 속일 잠.

24 綽了丈八蛇矛 – 綽은 너그러울 작. 움켜쥐다, 착수하다. 丈八蛇矛(장팔사모)의 蛇矛(사모)는 창의 한 종류로 꾸불꾸불 물결 모양의 창날. 이 창으로 찌르거나 후려치기, 또는 멜 수도 있는데 어깨와 팔 힘이 강한 장수의 무기로 알려졌다. 丈八은 1丈 8尺의 漢代 1丈(10尺, 1尺은 23.1cm)이니 창 전체 길이가 약 4m 정도로 추정할 수 있다.

25 十八騎燕將 – 燕은 제비 연, 편안할 연(燕居). 잔치 연. 나라 이름. 장비는 평소 燕人이라 자칭했고, 燕將은 장비와 같은 고향 출신 部將.

26 玄德家眷在府中 都不及顧了 – 眷은 돌아볼 권, 친척 권. 家眷은 가족, 가솔. 顧는 돌아볼 고.

却說, 曹豹見張飛只十數護從, 又欺他醉, 遂引百十人趕來. 飛見豹大怒, 拍馬來迎. 戰了三合, 曹豹敗走, 飛趕到河邊, 一鎗正刺中曹豹後心, 連人帶馬, 死於河中. 飛於城外招呼士卒, 出城者盡隨飛投淮南而去. 呂布入城安撫居民, 令軍士一百人守把玄德宅門, 諸人不許擅入. 却說, 張飛引數十騎, 直到盱眙見玄德, 具說曹豹與呂布裏應外合, 夜襲徐州, 衆皆失色.

玄德歎曰, “得何足喜, 失何足憂!” 關公曰, “嫂嫂安在?” 飛曰, “皆陷於城中矣.” 玄德默然無語. 關公頓足埋怨曰, “你當初要守城時 說甚來? 兄長吩咐你甚來? 今日城池又失了, 嫂嫂又陷了, 如何是好!”

張飛聞言, 惶恐無地, 掣劍欲自刎.

正是

舉杯暢飲情何放? 拔劍捐生悔已遲!

不知性命如何, 且聽下文分解.

第十四回 曹孟德移駕幸許都 呂奉先乘夜襲徐郡 中 節錄

却說(각설)하나니, 曹豹(조표)는 張飛가 겨우 10여 명의 호위병뿐이며 또 술에 취했다고 깔보고서[27] 1백여 명 군사를 거느리고 장비를 추격했다. 장비는 조표를 보자 크게 분노하며 말을 달려 나와 조표를 상대했다. 겨우 3합을 싸우고 조표가 패해 달아나자, 장비는 조표를 강가까지 따라가 창으로 조표의 등을 바로 찔러버리자 조표는 말과 함께 강물에 빠져 죽었다.

장비는 성 밖에서 군사들을 불러들였고 성을 빠져나온 군사들은 모두 장비를 따라 淮南(회남)[28]으로 향했다.

呂布는 하비성에 들어와 백성은 안무하고[29] 군사 1백여 명으로 玄德의 宅門을 지키게 하며 사람들이 함부로 출입하지 못하게 했다.

한편 장비는 기병 수십 명을 거느리고 바로 盱眙縣(우이현)[30]으로 가서 玄德을 만나, 조표와 여포가 안팎에서 호응하여 야간에 서주를 습격한 사실을 보고하자 모두가 하얗게 질려버렸다.

현덕이 탄식하며 말했다.

---

27 又欺他醉 - 또 술에 취했다 하여 깔보고, 欺는 속일 기, 깔보다, 무시하다.

28 淮南 - 後漢의 九江郡을 보통 회남군으로 지칭, 한때 원술의 세력 근거지. 郡治는 壽春縣(今 安徽省 중부 淮南市 관할 壽縣).

29 安撫 - 위로하다. 慰撫(위무)하다. 撫는 어루만질 무.

30 直到盱眙 - 盱는 눈 부릅뜰 우. 眙는 눈 위로 뜰 이. 盱眙(우이)는 徐州 관할 下邳國의 현명. 今 江蘇省 중서부 淮安市 최남단 盱眙縣. 安徽省과 접경.

"얻었다 하여 어찌 좋아하고, 잃었다 하여 어찌 근심하겠는가!"

關公이 "형수님들은 어디에 계시는가?"라고 물었다. 장비는 "모두 성 안에 계십니다."라고 말하자, 현덕은 묵묵히 아무 말도 없었다. 관공은 발을 구르며 장비를 나무랬다.[31]

"아우가 처음에 성을 지키겠다며 무어라 말했나? 형님께서 너에게 뭐라 부탁했는가? 오늘 성도 빼앗기고 또 형수님들도 적진에 두고 왔으니 어찌하면 좋은가?"

장비는 그 말을 듣고 惶恐無地(황공무지)하여 칼을 빼어 제 목을 찌르려 했다.[32] 이야말로,

술잔 들어 마실 때에는 얼마나 호방했었나?

칼을 빼어 목을 찔러도 후회는 이미 늦었다!

장비의 목숨은 어찌 되겠는가? 일단 다음 글을 읽어 보시오.

---

31 關公頓足埋怨 - 頓은 조아릴 돈. 頓足은 발을 동동 구르다. 埋怨(매원)은 남에게 원망하다.

32 掣劍欲自刎 - 掣는 끌 체, 당길 철. 刎은 목 벨 문.

19 玄德還屯小沛住
현덕환둔소패주

현덕은 소패로 돌아와 머물다.

> 陶謙(도겸)의 죽음으로 서주를 얻은 것이 천행이라면, 서주를 뺏긴 것은 유비의 불운일 것이다. 멀리서 조조가 바라는 대로, 멍청한 袁術(원술)이 거들었고, 의리 없는 여포의 탐욕과 장비의 분별없는 행동이 한데 조화를 이룬 결과였다. 여포와 유비의 처지는 정반대로 뒤바뀐다.

原文

却說, 張飛拔劍要自刎, 玄德向前抱住, 奪劍擲地曰, "古人云 兄弟如手足, 妻子如衣服. 衣服破, 尚可縫, 手足斷, 安可續? 吾三人桃園結義, 不求同生, 但願同死. 今雖失了城池家小, 安忍教兄弟中道而亡? 況城池本非吾有, 家眷雖被陷, 呂布必不謀害, 尚可設計救之. 賢弟一時之誤, 何至遽欲捐生耶!"

說罷大哭. 關張俱感泣.

却說(각설)하고, 張飛가 칼을 뽑아 자결하려 하자,[1] 玄德은 앞으로 달려가 장비를 껴안고 칼을 뺏어 땅에 던지며 말했다.

"옛사람도 兄弟는 손발과 같고, 妻子는 의복과 같다고[2] 했다. 찢어진 의복이야 꿰맬 수 있지만 손발이 잘리면 어떻게 이을 수 있겠는가?[3] 우리 세 사람이 桃園에서 결의하며 같은 날 태어나지는 않았지만 같이 죽기로 하였다. 지금 성읍과 처자식을 잃었다 하여[4] 어찌 형제가 중간에 죽도록 버려둘 수 있겠는가?[5] 더군다나 徐州는 본래 내 소유도 아니었고,[6] 처자가 잡혀있지만 틀림없이 여포가 해치지 않을 것이며, 계책을 써서 구할 수 있을 것이다. 아우가 한 번 실수했다 하여 어찌 갑자기 목숨을 버리려 하는가!"[7]

말을 마친 유비가 통곡하자 관공과 장비도 감동하여 눈물을 흘렸다.

---

1 拔劍要自刎 - 要는 ～하려 하다, ～해야 한다. 刎은 목 벨 문.

2 이러한 가치관이 설득력이 있던 시절이었다.

3 尙可縫, 安可續 - 尙은 높일 상. 오래다(形容詞), 아직, 또한, 오히려(副詞). 縫은 꿰맬 봉. 깁다. 安은 어디, 어느 곳, 어떻게, 어찌, 反問을 표시.

4 今雖失了城池家小 - 雖는 비록 수. 비록 ～이지만, 설사 ～이더라도. 城池(성지)는 城과 垓字(해자), 城. 家小는 妻子, 또는 妻.

5 安忍敎兄弟中道而亡 - 忍은 참을 인. 잔인하다, 모질게 ～하다. 敎는 (使役의 의미로) ～하게 하다. 亡은 도망가다, 죽다.

6 況城池本非吾有 - 況은 찬물 황, 모양 황. 하물며, 더구나. 況은 俗字.

7 何至遽欲捐生耶 - 遽는 갑자기 거. 뜻밖에, 서둘러. 捐은 버릴 연. 捐生은 생명을 버리다.

且說, 袁術知呂布襲了徐州, 星夜差人至呂布處, 許
以糧五萬斛, 馬五百匹, 金銀一萬兩, 綵緞一千疋, 使
夾攻劉備.

布喜, 令高順領兵五萬襲玄德之後. 玄德聞得此信,
乘陰雨撤兵, 棄盱眙而走, 思欲東取廣陵. 比及高順
軍來, 玄德已去. 高順與紀靈相見, 就索所許之物. 靈
曰, "公且回軍, 容某見主公計之." 高順乃別紀靈回
軍, 見呂布具述紀靈語.

布正在遲疑, 忽有袁術書至. 書意云「高順雖來, 而
劉備未除. 且待捉了劉備, 那時方以所許之物相送.」
布怒罵袁術失信, 欲起兵伐之.

陳宮曰, "不可. 術據壽春, 兵多糧廣, 不可輕敵. 不
如請玄德還屯小沛, 使爲我羽翼. 他日令玄德爲先鋒,
那時先取袁術, 後取袁紹, 可縱橫天下矣." 布聽其言,
令人齎書迎玄德回.

國譯

그런데,[8] 袁術(원술)은 여포가 서주를 급습한 것을 알고, 한밤에 사람을 여포에게 보내,[9] 군량 5만 斛(곡),[10] 軍馬 5백 匹(필),[11] 금은 1만 냥, 채색 비단 1천 疋(필)을 제공하겠다면서, 유비를 협공케 하였다.

여포는 좋아하며 高順(고순)을 시켜 군사 5만을 거느리고 현덕의 배후를 협공케 하였다.[12] 현덕은 이런 소식을 듣고 장맛비가 내리는 틈을 타 군사를 철수하여,[13] 盱眙(우이)를 버리고 동쪽으로 나아가 廣陵(광릉)[14]을 차지하려고 했다. 고순의 군사가 도착했을 때 현덕은 이미 떠난 뒤였다. 고순은 (원술의 部將) 紀靈(기령)과 서로 만나 바로 원술이 보내주기로 한 물자를 요구하였다.[15] 그러자 기령이 말했다.

"公은 일단 회군하시고 내가 主公(袁術)을 만나 처리하겠소."

이에 고순은 기령과 헤어져 회군한 뒤, 여포를 만나 기령의 말을 상세히 전했다. 여포가 한창 원술을 의심하는데,[16] 홀연히 원술의

---

8 且說 – 그런데, 각설하고, 한편, 却說과 同.

9 星夜差人至呂布處 – 星夜는 밤. '별이 빛나는 밤' 이라고 해석하지 않는다. 밤에는 당연히 별이 보인다. 差人의 差는 심부름꾼. 使者. 파견하다, 도망하다.

10 斛(곡) – 斛은 10말 들이 곡(10斗). 용량 단위. 당시 1斗는 2,000cc 정도. 1ℓ. 1곡이면 약 2만cc. 지금 우리나라 생수 1병이 1,800cc 또는 2,000cc이다.

11 匹 – 하나, 단독, 평범한. 말, 노새 등 가축을 세는 단위.

12 使夾攻劉備 – 夾은 곁부축할 협. 夾攻은 挾攻(협공)과 같음.

13 乘陰雨撤兵 – 乘은 (기회 따위를) 이용하다. 陰雨(음우)는 장마. 하늘이 컴컴해지면서 내리는 비. 撤은 거둘 철. 제거하다, 철수하다.

14 廣陵은 후한의 郡名 겸, 그 治所인 縣名. 今 江蘇省 서남부 揚州市.

15 就索所許之物 – 就는 종사하다, 이루다, ~에 관하여. 부사로 곧, 즉시, 이미, 단지, 다만. 索은 찾을 색, 굵은 줄 삭. 찾다, 요구하다.

16 布正在遲疑 – 遲는 늦을 지. 遲疑(지의)는 망설이며 결정을 하지 못하다.

서신이 들어왔다. 원술은 서신에서 말했다.

「高順이 군사를 거느리고 왔지만 유비를 잡지 못했소. 일단 유비를 잡는 것을 기다렸다가, 그때 주기로 한 물건을 보내주겠소.」

여포는 화를 내며 원술이 신의가 없다고 욕하면서 군사를 일으켜 정벌하려 했다. 이에 진궁이 말했다.

"불가합니다. 원술은 지금 (淮南郡) 壽春城(수춘성)에 웅거하며 군사와 군량이 풍족하니 가벼이 상대할 수 없습니다. 그보다는 현덕을 불러 小沛(소패)에 주둔케 하여 우리의 羽翼(우익)으로 삼아야 합니다.[17] 그리하여 다른 날 현덕을 先鋒(선봉)으로 삼아 먼저 원술을 공략하고, 다음에 袁紹(원소)를 잡는데 천하를 휘젓고 다닐 수 있습니다."[18]

여포는 진궁의 말에 따라 사람을 시켜 현덕에게 서신을 보내 돌아오게 하였다.

原文

却說 玄德引兵東取廣陵, 被袁術劫寨, 折兵大半. 回來正遇呂布之使, 呈上書札, 玄德大喜. 關張曰,

---

17 使爲我羽翼 – 羽翼은 날개, 좌우에서 보좌하는 사람이나 세력.

18 可縱橫天下矣 – 縱은 세로 종. 橫은 가로 횡. 縱橫(종횡)은 거침없이 내닫다. 縱橫無盡하다.

"呂布乃無義之人, 不可信也." 玄德曰, "彼旣以好情待我, 奈何疑之?" 遂來到徐州.

布恐玄德疑惑, 先令人送還家眷. 甘糜二夫人見玄德, 具說呂布令兵把定宅門, 禁諸人不得入. 又常使侍妾送物, 未嘗有缺.

玄德謂關張曰, "我知呂布必不害我家眷也." 乃入城謝呂布. 張飛恨呂布, 不肯隨往, 先奉二嫂往小沛去了.

玄德入見呂布拜謝. 呂布曰, "我非欲奪城, 因令弟張飛在此恃酒殺人, 恐有失事, 故來守之耳." 玄德曰, "備欲讓兄久矣."

布假意仍讓玄德, 玄德力辭, 還屯小沛住. 關張心中不平, 玄德曰, "屈身守分, 以待天時, 不可與命爭也." 呂布令人送糧米緞疋, 自此兩家和好, 不在話下.

第十五回 太史慈酣鬥小霸王 孫伯符大戰嚴白虎 中 節錄

國譯

각설하고, 玄德이 군사를 거느리고 동쪽으로 廣陵(관릉)을 차지하였지만, 袁術에게 성채를 빼앗기고 군사를 절반이나 잃었다.[19] 현덕은 회군하면서 마침 여포의 사자를 만났고 書札(서찰)을 받고서 현덕은 크게 기뻤다. 이에 관우와 장비가 말했다.

"여포는 의리가 없는 사람이니 믿을 수 없습니다."

현덕은 "저쪽이 호의로 나를 대하는데 왜 의심해야 하는가?"[20] 라면서 결국 徐州에 들어갔다.

여포는 혹시 현덕이 의심할까 걱정하여 먼저 사람을 시켜 현덕의 가족을 돌려보냈다.

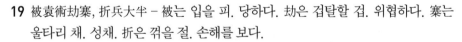

張飛(장비)

甘夫人[21]과 糜夫人(미부인)[22]은 현덕을 만나

---

19 被袁術劫寨, 折兵大半 – 被는 입을 피. 당하다. 劫은 겁탈할 겁. 위협하다. 寨는 울타리 채. 성채. 折은 꺾을 절. 손해를 보다.

20 奈何疑之 – 奈何(내하)는 어찌 ~하는가? 反問의 뜻.

21 先主(昭烈帝, 劉備)의 甘皇后(감황후)는 沛縣(패현) 사람이다. 先主(劉備)가 豫州(예주) 자사가 되어, 小沛(沛縣)에 머무를 때 妾室로 맞이했다. 先主는 嫡室(적실)을 여러 번 잃었기에 甘夫人이 늘 內事를 주관하였다. 감부인은 後主(劉禪)를 출산했고 先主를 따라 荊州에 왔다. 조조의 군사가 형주에 들어와 유비를 (南郡) 當陽縣 長阪(장판)에서 공격하자, 매우 급박한 상황에서 유비는 감부인과 아들 유선을 버리고 달아났지만, 趙雲(조운)의 保護로 난리 속에서 살아날 수 있었다.

여포가 군사를 보내 거처를 호위하면서 잡인의 출입을 막아주었다고 상세히 설명하였다. 또 계속 시녀를 통해 물자를 공급하여 부족하지 않았다고 하였다.[23] 현덕은 관우와 장비에게 "나는 여포가 내 가족을 해치지 않으리라 생각했다."고 말했다.

현덕은 바로 입성하여 여포에게 사례했다. 장비는 여포를 원망하며 함께 들어가지 않고 대신 두 형수를 모시고 소패로 향했다. 현덕이 들어가 여포에게 사례했다. 이에 여포가 말했다.

"나는 본래 성을 빼앗을 마음이 없었지만, 슈弟인 장비가 여기 있으면서 술에 취해 살인하고 일을 그르칠까 걱정이 되어 여기를 지키고 있었습니다."

현덕이 말했다.

"저는 오래전부터 형씨에게 양보하려 했습니다."

감부인이 병사하자 南郡에 장례했는데, 유비가 즉위한 이후 皇思夫人의 시호를 받고 이장해오는 도중에 유비가 죽자, 다시 昭烈皇后의 시호를 추가하여 유비와 합장했다. 陳壽 正史《三國志 蜀書》4권, 〈二主妃子傳〉에 立傳.

22 麋竺(미축, ?-221년, 字 子仲)은 徐州 東海國 胊縣(구현, 今 江蘇省 連雲港市)의 富商 출신인데, 미축의 여동생이 유비의 麋夫人(미부인, 三國演義에는 糜)이다. 유비는 미축한테서 많은 경제적 도움을 받았다.《三國演義》에서는 趙雲이 當陽縣 長板(장판)이란 곳에서 유선을 안고 쫓기는 미부인을 구했지만 미부인은 유선을 조운에게 넘겨주고 우물에 뛰어들어 죽는 것으로 되어있다.《三國志 蜀書》4권, 〈二主妃子傳〉에는 미부인에 관한 기록이 없다. 正史《三國志 蜀書》8권, 〈許麋孫簡伊秦傳〉의 麋竺傳(미축전) 참고.

23 未嘗有缺 - 嘗은 맛볼 상. 일찍이. 未嘗(미상)은 일찍이 ~한 적이 없다. 결코 ~이지 않다.

여포는 거짓으로 현덕에게 양보하려 했고,[24] 현덕은 애써 사양한 뒤에 소패로 돌아와 머물렀다. 관우와 장비가 불평하자, 현덕이 말했다.

"몸을 낮춰 분수를 지키며 천시를 기다려야지 목숨을 걸고 다툴 수는 없다."

여포는 사람을 시켜 군량과 비단 등을 보내주었고 이후 유비와 여포가 화해한 것은 더 말할 나위도 없다.[25]

---

24 布假意仍讓玄德 – 假意(가의)는 거짓으로. 仍은 인할 잉, 거듭 잉. 여전히, 누차, 거듭.

25 不在話下 – 더 말할 나위 없다. 그것은 그렇다고 하자.

20 呂奉先轅門射戟
여 봉 선 원 문 사 극

여포가 轅門에서 활로 창을 쏘다.

袁術(원술)은 여포에게 금은보화를 주어 中立을 지키게 하고 紀靈(기령)을 시켜 小沛의 유비를 공격케 했다. 유비는 원술과 대항하기 위해 여포에게 군량 지원을 요청했다. 여포는 어느 쪽 편을 들어줄 수 없는 상황에서 유비와 기령을 한 자리에 불렀다.

原文

酒行數巡, 布曰 "你兩家看我面上, 俱各罷兵."

玄德無語. 靈曰 "吾奉主公之命, 提十萬之兵, 專捉劉備, 如何罷得?"

張飛大怒, 拔劍在手, 叱曰, "吾雖兵少, 覷汝輩如兒戲耳! 你比百萬黃巾何如? 你敢傷我哥哥!"

關公急止之曰, "且看呂將軍如何主意, 那時各回營寨廝殺未遲." 呂布曰, "我請你兩家解鬪, 須不教你廝殺."

這邊紀靈不忿, 那邊張飛只要廝殺, 布大怒, 敎左右
"取我戟來!" 布提畫戟在手 紀靈玄德 盡皆失色. 布
曰,"我勸你兩家不要廝殺, 盡在天命."

令左右接過畫戟, 去轅門外遠遠插定. 乃回顧紀靈
玄德曰, "轅門離中軍一百五十步, 吾若一箭射中戟
上小枝, 你兩家罷兵, 如射不中時, 各自回營, 安排廝
殺. 有不從吾言者, 併力拒之."

紀靈私忖, "戟在一百五十步之外, 安能便中? 且落
得應允, 待其不中, 那時憑我廝殺."

便一口許諾. 玄德自無不允

술이 몇 순배 돌아가자, 여포가 말했다.

"당신들은 나의 체면을 보아 각자 모두 군사를 철수하시오."

현덕은 말이 없었다. 그러자 기령이 말했다.

"나는 主公의 명으로 10만 군사로 오로지 유비를 잡아야 하는데,
어찌 철수하겠습니까?"

이에 張飛가 화를 내며 칼을 뽑아들고 기령을 질책했다.

"우리 군사가 아무리 소수라지만 너희들을 어린아이 장난으로

본다!¹ 너희가 황건적 백만보다 더 나은가?² 네가 감히 우리 형님을 해치겠다고 말하나!"

關公이 급히 장비를 제지하며 말했다.

"일단 呂將軍의 뜻을 보고서 그때 군영을 철수하던가, 아니면 서로 싸우더라도 늦지 않다."

그러자 여포가 말했다.

"나는 당신네 양쪽 싸움을 말리려 초청한 것이니, 서로 싸워서는 안 될 일이요."

이쪽 기령은 참으며 화를 내지 않아도 저쪽³ 장비가 죽이려 대들자, 여포가 대노하면서 측근에게 "나의 창을 가져오라!"고 말하였다. 여포가 畫戟(화극)을 손에 쥐자, 기령과 현덕은 모두 하얗게 질렸다. 이에 여포가 말했다.

"나는 당신 양쪽의 싸움을 말리려 하지만 이 또한 天運일 것이요."⁴

여포는 측근에게 화극을 갖고 나가 轅門(원문, 軍門) 밖 먼 곳에 세워 놓게 시켰다.⁵ 그리고 기령과 현덕을 돌아보며 말했다.

---

1 覩汝輩如兒戱耳 – 覩는 엿볼 처. 보다, 살피다. 戱는 놀 희. 놀이, 장난치다, 연극.

2 你比百萬黃巾何如 – 黃巾은 황건적. 그때까지도 황건적의 잔당은 여전히 남아있었다. 何如는 ~만 못하다, 어찌 ~만 하겠는가?, ~ 비하여 어떠냐?

3 這邊~, 那邊~ – 이쪽의~, 저쪽의~. 這는 이 저. 那는 저것 나.

4 盡在天命 – 盡은 다할 진. 모두. 天命은 天運.

5 去轅門外遠遠揷定 – 轅은 끌채 원. 수레 양옆의 긴 막대. 轅門(원문)은 군영의 정문. 수레의 끌채를 세워 군영의 안과 밖을 구분했다. 遠遠은 멀리, 아득하다. 揷은

呂奉先轅門射戟(여봉선원문사극)

繡像 三國志演義(수상 삼국지연의) ‒ 上海 鴻文書局 印行, 국립중앙도서관 소장

"원문은 中軍에서 150보인데[6] 내가 활을 쏘아 화극의 작은 가지를(날) 명중시키면 양쪽은 모두 군사를 철수하고, 만약 명중하지 못한다면 각자 자기 군영으로 돌아가 준비하고 싸우시오. 만약 내 말을 따라주지 않는다면 (안 따르는 쪽을) 나는 힘을 다해 저지할

꽂을 삽. 揷定은 세워 놓다.

6 一百五十步 ‒ 步는 걸음 보. 좌우의 다리가 한 번씩 나간 거리가 1步, 우리의 한 걸음과는 개념이 다르다. 길이 단위, 5尺이 1步. 漢代 1尺은 23.1cm. 5尺=115cm. 150步는 약 170m 정도였을 것임.

것이요."

기령은 마음속으로 생각하였다.

"창이 150보 밖에 있는데 어찌 명중하겠나?[7] 일단 대답을 해 놓고[8] 못 맞추기를 기다렸다가 그때 내 뜻대로 죽여 버리겠다."[9]

그러면서 단번에 수락하였다. 이에 현덕도 수락하지 않을 수 없었다.

原文

布都敎坐, 再各飮一杯酒. 酒畢. 布敎取弓箭來. 玄德暗祝曰, "只願他射得中便好!"

只見呂布挽起袍袖, 搭上箭, 扯滿弓, 叫一聲 "着!" 正是,

弓開如秋月行天, 箭去似流星落地.

一箭正中畫戟小枝. 帳上帳下將校, 齊聲喝采. 後人有詩讚之曰,

溫侯神射世間稀, 曾向轅門獨解危.

---

7 安能便中 – 便은 곧, 바로. 현대 중국어의 就와 같음. 中은 맞추다. 命中.

8 且落得應允 – 且는 일단. 應은 응할 응. 대답하다. 允은 믿을 윤, 마땅할 윤. 승낙하다.

9 那時憑我廝殺 – 那時(나시)는 그때에. 憑은 의지할 빙. ~에 따르다.

落日果然欺后羿, 號猿直欲勝由基.
虎觔弦響弓開處, 雕羽翎飛箭到時.
豹子尾搖穿畫戟, 雄兵十萬脫征衣.

國譯

呂布는 모두에게 앉아 술을 한 잔씩 다시 마시게 했다. 술이 끝났
다. 여포는 활과 화살을 가져오게 했다. 玄德은 속으로 "여포가 쏘
아 명중해야 하는데"라며 은근히 빌었다. 여포는 옷소매를 걷어 올
리고¹⁰ 화살을 시위에 얹어 힘껏 당기면서¹¹ "얏!" 하고 외쳤다. 바
로,

秋夜에 明月처럼 활이 휘어지더니
화살은 流星같이 날아 땅에 닿았다.

화살은 바로 화극의 작은 가지를 맞췄다. 휘장 위아래의 장교들
이 한 소리로 감탄하며 갈채를 보냈다. 後人이 시를 지어 이를 칭찬
하였다.

---

10 挽起袍袖 – 挽은 당길 만. (옷을) 걷어 올리다. 袍는 도포 포. 중국인의 긴 옷. 겉
에 입는 큰 옷. 袖는 소매 수.
11 搭上箭 扯滿弓 – 搭은 탈 탑. 걸치다, 더하다. 搭上은 걸쳐놓다. 箭은 화살 전. 扯
는 찢어버릴 차. 잡아당기다.

溫侯 같은 神射는 세간에 보기 어렵나니,[12]

옛날 그 轅門에서 위기를 혼자 해결했네.

과연 해를 쏘아 떨어뜨린 后羿를 깔보듯,[13]

바로 원숭이를 울렸다는 由基도 이기겠네.[14]

명궁 虎觔弦(호근현)을 당겨 시위가 우는 곳에,[15]

화살 雕羽翎(조우령)이 날아 과녁에 꽂힐 때에,[16]

표범 꼬리가 흔들리듯 화극을 꿰뚫으니,[17]

십만 대군이 전투복을 모두 다 벗었다네.[18]

原文

當下呂布射中畫戟小枝, 呵呵大笑, 擲弓於地, 執紀
靈玄德之手曰, "此天令你兩家罷兵也!" 喝敎軍士斟

---

12 溫侯(온후) – 여포. 여포가 董卓(동탁)을 죽은 뒤 받은 공식 작위.

13 落日果然欺后羿 – 欺는 속일 기. 무시하다, 깔보다. 后羿(후예)는 하늘에 떠있는 10개 太陽 중 9개를 활로 쏘아 떨어트렸다는 전설 속의 名弓.

14 號猿直欲勝由基 – 由基는 養由基. 春秋時代 楚의 大夫, 名弓. 화살을 잘 피하며 장난치던 원숭이가 있었는데, 양유기가 활을 쏘려 하자 이 원숭이가 겁을 먹고 울었다는 故事가 있다.

15 虎觔弦響弓開處 – 觔은 힘줄 근. 虎觔弦(호근현)은 아주 좋은 활, 名弓.

16 雕羽翎飛箭到時 – 雕는 독수리 조, 새길 조. 翎은 화살에 붙인 깃 령. 雕羽翎은 독수리 깃을 꽂은 고급 화살.

17 豹子尾搖穿畫戟 – 搖는 흔들 요. 穿은 뚫을 천.

18 雄兵十萬脫征衣 – 征은 칠 정. 征衣는 갑옷. 武裝.

酒來, 各飮一大觥. 玄德暗稱慚愧. 紀靈默然半晌, 告布曰, "將軍之言, 不敢不聽. 奈紀靈回去, 主人如何肯信?" 布曰, "吾自作書復之便了."

酒又數巡, 紀靈求書先回. 布謂玄德曰, "非我則公危矣."

玄德拜謝, 與關張回. 次日, 三處軍馬都散.

第十六回 呂奉先射戟轅門 曹孟德拜師淯水 中 節錄

國譯

여포는 화극의 작은 가지를 쏘아 명중하자, 큰소리로 웃으면서 활을 내던지고 기령과 현덕의 손을 잡으면서 말했다.

"이는 당신네 양쪽 싸움을 멈추라는 하늘의 뜻이요!"

그리고 큰 소리로 군사를 불러 술을 따르게 하여[19] 각자 큰 뿔잔으로 마시었다. 현덕은 속으로 칭송하며 다행이라 생각하였다.[20] 기령은 한참 동안 말이 없다가[21] 여포에게 말했다.

"장군의 말씀을 따르지 않을 수가 없습니다. 설령 제가 회군하더라도 主公(袁術)이 어찌 믿어주겠습니까?"

---

19 喝敎軍士斟酒來 – 喝은 마실 갈, 소리칠 갈. 喝敎는 고함쳐 시키다(喝叫).

20 玄德暗稱慚愧 – 慚은 부끄러울 참. 愧는 부끄러워할 괴. 慚愧는 부끄럽다. 여기서는 '僥倖(요행)', '慶幸(경행)'의 뜻. '多幸이다'로 옮겼다.

21 默然半晌 – 晌은 半刻(반각) 상. 半晌은 한참 동안.

그러자 여포가 말했다.

"내가 직접 서찰로 알려주면 될 것이요."[22]

술이 몇 순배 다시 돌아가자, 기령은 서찰을 달라 하여 먼저 돌아갔다. 그리고 여포가 현덕에게 말했다.

"내가 아니었으면 公은 위험했습니다."

현덕은 拜謝한 뒤에 관우 장비와 함께 회군하였다. 다음 날, 현덕과 여포, 기령의 군사가 모두 해산하였다.

---

22 吾自作書復之便了 - 復은 다시 복. 되풀이 하다, 대답하다, 回答하다.

현 덕 기 패 의 조 조

21 玄德棄沛依曹操
현덕은 소패를 버리고 조조에게 의탁하다.

> 장비와 여포의 감정 대립은 새로운 국면을 만들어 냈다. 장비는 산적
> 으로 가장하여 여포가 사들이는 말(馬)을 탈취한다.
> 呂布는 이를 빌미로 小沛(소패)를 공격한다. 유비는 결국, 소패를 버
> 리고 조조에게 의탁한다. 조조는 유비를 豫州牧(예주목)에 천거한다.[1]

---

1 이 무렵 正史《三國志 蜀書》 2권, 〈先主傳〉의 기록은 다음과 같다.
「先主(劉備)는 小沛(소패)로 돌아와 다시 1만여 군사를 모았다. 여포는 유비를 질
시하며 직접 군사를 거느려 유비를 공격했고, 유비는 패주하여 조조를 찾아 의탁
하였다. 조조는 유비를 후대했고 표문을 올려 豫州牧에 임명하였다.(건안 원년,
서기 196). 유비가 패현에서 흩어진 병졸을 모을 때, 조조는 그 군량을 공급하고
병력을 주어 동쪽으로 여포를 공격케 하였다. 여포가 부장 高順(고순)을 보내 유비
를 공격케 하자, 조조는 夏侯惇(하후돈)을 보냈지만 유비를 구원하지 못하고 고순
에게 패전했으며, 유비의 처자는 다시 잡혀 여포에게 보내졌다. 조조는 동쪽으로
서주를 원정한 뒤에, 유비를 도와 (여포의) 하비성을 포위했고 여포를 생포했
다.(서기 198년). 유비는 다시 처자를 되찾았고 조조를 따라 허도로 회군하였다.
조조는 표문을 올려 유비를 左將軍에 임명했고 더욱 예를 갖춰 대우하였으니, 함
께 수레를 타고 외출했으며 동석에서 담화하였다. 원술은 徐州를 거쳐 북쪽으로
원술을 찾아가려 했는데, 조조는 유비를 보내 朱靈(주령)의 군사를 지휘하여 도중
에 원술을 맞아 요격케 하였으나 徐州에도 못 갔을 때, 원술은 病死하였다.」(서기
199년).

正話間, 宋憲,魏續至, 告布曰, "我二人奉明公之
命, 往山東買馬, 買得好馬三百餘匹. 回至沛縣界首,
被强寇劫去一半, 打聽得是劉備之弟張飛, 詐裝山賊,
搶劫馬匹去了."

呂布聽了大怒, 隨卽點兵往小沛, 來攻張飛. 玄德聞
之大驚, 慌忙引軍出迎. 兩陣圓處, 玄德出馬曰, "兄
長何故領兵到此?"

布指罵曰, "我轅門射戟, 救你大難, 你何故奪我馬
匹?"

國譯

(여포가) 이야기를 나누는 중에, (部將인) 宋憲(송헌)과 魏續(위속)
이 와서 여포에게 말했다.

"우리 두 사람이 明公의 명을 받아 山東을 다니면서 말(馬)을 사
들이며 좋은 말 3백여 匹(필)을 구했습니다. 돌아오며 沛縣(패현)에
접어들었는데,[2] 막강한 도적떼에게 절반 정도를 빼앗겼는데,[3] 알고

---

2 回至沛縣界首 – 界首는 境界.

3 被强寇劫去一半 – 被는 당하다. 寇는 도적 구. 劫은 빼앗을 겁. 劫奪(겁탈). 一半은
  반, 절반.

보니[4] 劉備의 아우 張飛가 산적으로 꾸며 우리의 말을 빼앗아 갔습니다.”

여포는 보고를 받고 대노하며, 즉시 군사를 점검하고 小沛로 가서 장비를 공격하였다. 현덕이 이를 알고서는 크게 놀라, 서둘러 군사를 이끌고 나와 여포와 맞섰다. 양쪽의 군진이 갖춰진 뒤에 현덕이 말을 타고 나와 물었다.

“兄長께서 무슨 일로 군사를 거느리고 여기까지 오셨습니까?

여포가 손가락질하며 유비를 질책했다.

“내가 轅門(원문)에서 창을 쏘아 당신의 큰 혼란을 구해주었거늘, 무엇 때문에 나의 말을 탈취하였는가?”

原文

玄德曰, “備因缺馬, 令人四下收買, 安敢奪兄馬匹?”

布曰, “你便使張飛奪了我好馬一百五十匹, 尚自抵賴!”

張飛挺鎗出馬曰, “是我奪了你好馬! 你今待怎麽?”

---

4 打聽得是～ - 打聽은 (상황이나 사실을) 물어보다, 듣다, 의견을 묻는다는 뜻이 아님. 이때 打는 남과 관련되는 행위를 하다. 어떤 동작을 한다는 뜻, 때린다는 뜻이 없다.

布罵曰, "環眼賊! 你累次藐視我!"

飛曰, "我奪你馬你便惱, 你奪我哥哥的徐州便不說了!"

布挺戟出馬來戰張飛, 飛亦挺鎗來迎. 兩個酣戰一百餘合, 未見勝負. 玄德恐有疏失, 急鳴金收軍入城. 呂布分軍四面圍定. 玄德喚張飛責之曰, "都是你奪他馬匹, 惹起事端! 如今馬匹在何處?"

國譯

玄德이 말했다.

"내가 말이 부족하여 사람을 보내 사방에서 사들이고 있지만 어찌 감히 兄長의 말을 빼앗겠습니까?"[5]

"자네가 장비를 시켜 나의 좋은 말 150필을 빼앗고도 여전히 아니라고 하는가!"[6]

그러자 장비가 창을 들고 말을 타고 나오면서 외쳤다.

"그래, 내가 네 말을 강탈했다! 너 지금 어쩔 건데?"[7]

---

5 令人四下收買, 安敢奪兄馬匹 – 四下는 사방, 각처.(四下裏, 八下 同). 安敢은 어찌 감히. 奪은 뺏을 탈.

6 尙自抵賴 – 尙은 그러고도, 오히려. 抵 거스를 저. 막다, 버티다. 賴는 힘입을 뢰. 抵賴(저뢰)는 (잘못 따위를) 잡아떼다, 발뺌하다.

7 你今待怎麼 – 你는 너 니(이). 怎은 어찌 즘. 麼는 어조사 마. 怎麼는 어떻게, 무슨?

그러자 여포도 욕을 했다.

"눈깔 동그란 도적놈! 너는 나를 여러 번 모욕했다!"[8]

장비도 응수했다.

"네 말을 강탈당했다고 화를 내면서, 너는 우리 형님의 徐州를 강탈했다는 말은 않는구나!"

여포는 창을 쥐고 말을 달려 장비와 싸웠고, 장비 역시 창으로 맞섰다. 두 사람은 1백여 합이나 실컷 싸웠지만 승부가 나지 않았다. 현덕은 장비가 혹 실수할까 걱정하여 징을 쳐서 불러들인 뒤에 군사를 이끌고 성으로 돌아왔다. 여포는 군사를 사방에 에워쌌다. 현덕은 장비를 불러 책망하였다.

"모든 것이 네가 말을 강탈했기에 이런 사단이 일어났다.[9] 그 말들은 지금 어디에 있는가?"

原文

飛曰, "都寄在各寺院內." 玄德隨令人出城, 至呂布營中說情, 願送還馬匹, 兩相罷兵.

布欲從之, 陳宮曰, "今不殺劉備, 久後必爲所害."

---

8 你累次藐視我 – 累次(누차)는 여러 번. 藐는 업신여길 묘, 넓고 클 막. 藐視는 업신여기다.

9 惹起事端 – 惹는 끌 야. 일으키다, 야기하다. 惹起(야기)는 일이나 분란을 일으키다. 事端는 意外의 사고, 분란.

布聽之, 不從所請, 攻城愈急. 玄德與糜竺孫乾商議. 孫乾曰, "曹操所恨者, 呂布也. 不若棄城走許都, 投奔曹操, 借軍破布, 此爲上策." 玄德曰, "誰可當先破圍而出?"

飛曰, "小弟情願死戰." 玄德令飛在前, 雲長在後, 自居其中, 保護老少. 當夜三更, 乘着月明出北門而走, 正遇宋憲, 魏續, 被翼德一陣殺退, 得出重圍. 後面張遼趕來, 關公敵住. 呂布見玄德去了, 也不來趕, 隨卽入城安民, 令高順守小沛, 自己仍回徐州去了.

國譯

장비는 "모두 각 절(寺)에 맡겨 두었습니다."라고 대답했다. 현덕은 사람을 성 밖 여포의 군영으로 보내 사정을 설명하고 말을 돌려줄 것이며 서로 군대를 해산하자고 제의했다. 여포가 현덕의 제의를 따르려 하자, 陳宮(진궁)이 말했다.

"이번에 유비를 죽이지 않으면 오랜 뒷날 틀림없이 해를 당할 것입니다."

여포는 진궁의 말에 따라 유비의 청을 거절하며 더욱 세차게 성을 공격하였다.[10] 이에 현덕은 糜竺(미축), 孫乾(손건)과 함께 상의하

---

10 攻城愈急 - 愈는 더할 유, 병 나을 유. 急은 서두르다, 빠르고 세차다.

였다. 이에 손건이 말했다.

"조조가 미워하는 자는 여포입니다. 이 성을 버리고 許都로 옮겨 가서 조조에 의탁했다가[11] 군사를 빌려 여포를 격파하는 것이 상책일 것입니다."

"누가 먼저 포위를 뚫고 탈출할 수 있겠는가?"

이에 장비가 나서면서 "제가 죽기를 작정하고 싸워보겠습니다."[12] 라고 말했다.

현덕은 장비를 선봉에, 운장을 후미에 두고 자신은 중간에서 노인과 어린아이를 보호하여 탈출키로 하였다. 그날 밤 三更(삼경)에 밝은 달빛을 이용하여 북문을 나서 도주하다가 바로 宋憲(송헌), 魏續(위적)과 정면으로 부딪쳤지만, 장비가 한바탕 싸워 물리치며 겹겹의 포위를 뚫고 나갈 수 있었다. 뒤에서 (여포의 部將) 張遼(장료)[13]가 추격해왔지만 關公이 막았다. 여포는 현덕이 도주한 것을

---

11 不若棄城走許都, 投奔曹操 – 若은 같은 약. 不若은 – ~만 못하다. ~하는 것이 좋다(不如). 棄는 버릴 기. 奔은 달아날 분. 도망가다. 投奔(투분)은 찾아가다, 의탁하다.

12 小弟情願死戰 – 情願(정원)은 진심으로 원하다, 달게 받다. 不願의 반대. 死戰은 死鬪(사투), 決死戰.

13 張遼(장료, 170 전후 – 222년, 字 文遠) – 幷州 雁門郡 馬邑縣 사람. 前漢 聶壹(섭일)의 후손, 원수를 피해 改姓했다. 曹魏의 유명한 五子良將(張遼, 樂進, 于禁, 張郃, 徐晃)의 첫째. 丁原, 董卓, 呂布 등을 섬겼다(侍從多主). 조조가 여포를 下邳(하비)에서 격파하자, 장료는 그 군사와 함께 투항하여 中郞將이 되었고 關內侯의 작위를 받았다. 장료는 여러 번 戰功을 세워 神將軍이 되었다. 조조는 袁紹를 격파한 뒤 별도로 장료를 보내 魯國의 여러 현을 평정케 하였다. 서기 215년에 李典(이전), 樂進(악진)과 함께 적은 병력으로 合肥(합비)를 지키며 東吳 孫權의 대

보고도 추격하지 않고[14] 즉시 入城하여 백성을 안정시킨 뒤 高順을 시켜 소패를 수비케 한 뒤, 여포는 서주로 돌아갔다.

原文

却說 玄德前奔許都, 到城外下寨, 先使孫乾來見曹操, 言被呂布追迫, 特來相投.

操曰, "玄德與吾兄弟也." 便請入城相見. 次日, 玄德留關張在城外, 自帶孫乾麋竺入見操. 操待以上賓之禮. 玄德備訴呂布之事.

操曰, "布乃無義之輩, 吾與賢弟倂力誅之."

玄德稱謝. 操設宴相待, 至晚送出. 荀彧入見曰, "劉備英雄也, 今不早圖, 後必爲患."

操不答.

군을 무질렀고 손권을 거의 생포할 뻔했다. 正史《三國志 魏書》17권, 〈張樂于張徐傳〉에 立傳.

《三國演義》25회에서는 조조가 下邳(하비) 城外 土山에서 관우를 포위했을 때 장료를 보내 귀순의사를 타진하고 '張文遠約三事' 했다. 관우와 장료는 서로 협조했고, 결국 관우는 五關斬六將한 뒤에 순탄하게 유비에게 돌아간다. (《三國演義》67회, 威震逍遙津).

14 也不來趕 - 也는 ~도 또한. 趕은 달릴 간. 뒤를 쫓다.

却說(각설)하나니, 玄德은 許都를 향해 달아나 허도의 성 밖에 영채를 만들면서, 먼저 손건을 보내 조조를 만나 여포에게 쫓긴 사실과 의탁하려 찾아왔다고 말하게 하였다.

이에 조조는 "현덕과 나는 형제와 같다." 면서 바로 입성하여 만나자고 하였다.

다음 날 현덕은 관우와 장비를 성 밖에 남겨두고 손건과 미축을 대동하고 들어가 조조를 만났다. 조조는 현덕을 上賓(상빈)의 예로 맞이하였다. 현덕은 여포와의 일을 모두 다 설명했다. 이에 조조가 말했다.

"여포는 의리가 없는 사람이니, 나는 賢弟와 함께 힘을 모아 주살할 것이요."[15]

현덕은 조조에게 사례하였다. 조조는 잔치를 벌려 접대했고 저녁때가 되어 현덕을 보냈다. 그러자 荀彧(순욱)이 들어와 조조에게 말했다.

"劉備는 영웅이니, 이번에 빨리 처치하지 않으면 틀림없이 후환이 될 것입니다."

조조는 대답하지 않았다.

---

15 吾與賢弟併力誅之 - 賢弟는 유비. 조조는 서기 155년 생으로 유비보다 6세 연장이었다. 倂은 아우를 병. 하나로 합치다. 倂力은 협력하다.

原文

或出, 郭嘉入. 操曰, "荀彧勸我殺玄德, 當如何?"

嘉曰, "不可. 主公興義兵, 爲百姓除暴, 惟仗信義以招俊傑, 猶懼其不來也, 今玄德素有英雄之名, 以困窮而來投, 若殺之, 是害賢也. 天下智謀之士, 聞而自疑, 將裹足不前, 主公與誰定天下乎? 夫除一人之患, 以阻四海之望, 安危之機, 不可不察."

操大喜曰, "君言正合吾心." 次日, 卽表薦劉備領豫州牧. 程昱諫曰, "劉備終不爲人之下, 不如早圖之."

操曰, "方今正用英雄之時, 不可殺一人而失天下之心, 此郭奉孝與吾有同見也."

遂不聽昱言. 以兵三千, 糧萬斛, 送與玄德, 使往豫州到任, 進兵屯小沛, 招集原散之兵, 攻呂布.

第十六回 呂奉先射戟轅門 曹孟德拜師淯水 中 節錄

國譯

荀彧(순욱)이 나가고, 郭嘉(곽가)가 들어왔다. 조조가 물었다.
"순욱이 나에게 유비를 죽이라 하는데 어찌해야 좋은가?"
이에 곽가가 말했다.

"죽여서는 안 됩니다. 主公께서 義兵을 일으켜 백성을 위하여 포악한 자를 제거하시면서, 오로지 신의를 바탕으로 俊傑(준걸)을 불러 모으시는데, 혹시라도 준걸이 찾아오지 않을까 걱정해야 합니다.[16] 지금 현덕은 평소에 영웅의 명성을 누리는데, 곤궁하여 의탁한 사람을 만약 죽인다면 이는 현인을 해치는 것입니다. 천하의 智謀之士(지모지사)가 이런 일을 알게 된다면, 주공의 뜻을 의심하면서 발을 묶어두고 찾아오지 않을 것이니,[17] 주공께서는 누구와 함께 천하를 평정하시겠습니까? 이는 후환이라고 한 사람을 죽여 천하의 명망을 가로막는 것이니,[18] 나라의 안위와 관련하여 깊이 생각하지 않을 수 없습니다.

조조는 크게 만족하며 "그대의 말이 나의 생각과 딱 부합한다."고 말했다. 조조는 다음 날 즉시 表文을 올려 유비를 豫州牧을 대행으로 천거하였다. 이에 程昱(정욱)이 조조에게 간언했다.

"유비는 끝내 다른 사람의 아래에 있지 않을 것이니 일찌감치 처치해야 합니다."

그러자 조조가 말했다.

"지금은 한창 英雄을 등용할 시기이니 한 사람을 죽여 천하의 민

---

16 猶懼其不來也 - 猶는 오히려 유. ~와 같다. 懼는 두려워할 구. 其는 '혹시', '아마도'의 뜻으로 추측을 표시.

17 將裹足不前 - 裹는 쌀 과. 싸매다, 묶어두다. 裹足(과족)은 앞으로 나아가지 않다.

18 夫除一人之患, 以阻四海之望 - 夫는 文語體 發語辭. 阻는 험준할 조, 막을 조.

심을 잃을 수 없나니, 郭奉孝(郭嘉)도 나와 같은 의견이다."

그러면서 조조는 끝내 정욱의 말을 따르지 않았다. 조조는 3천의 군사와 군량 1만 斛(곡)을 현덕에게 보내 주었고, 현덕은 豫州로 부임케 하고 군사를 거느려 小沛에 주둔하며 그전에 흩어진 군사를 불러 모아 여포를 공격케 하였다.[19]

---

19 여기에는 呂布와 劉備의 싸움을 자꾸 부추겨 呂布로 하여금 劉備를 죽이게 하겠
   다는 조조의 속셈도 작용했을 것이다.

발 도 할 발 권 위 수

22 拔刀割髮權爲首

칼로 두발을 잘라 머리(首)를 대신하다.

曹操의 뛰어난 臨機應變(임기응변)은 그의 두뇌가 우수했다는 반증일 것이다. 이를 조조의 '간사한 지혜(奸智)'라고 폄하할 수도 있지만, 전쟁터를 누비는 장수로서, 또 극도로 혼란한 시기의 정치적 지도자로서 그만한 임기응변도 없다면 어찌 거대 세력 집단의 지도자가 될 수 있겠는가?
조조의 임기응변을 볼 수 있는 2가지 예를 절록했다.

原文

却說, 曹兵十七萬, 日費糧食浩大, 諸郡及荒旱, 接濟不及. 操催軍速戰, 李豐等閉門不出. 操軍相拒月餘, 糧食將盡, 致書於孫策, 借得糧米十萬斛, 不敷支散. 管糧官任峻, 部下倉官王垕, 入稟操曰, "兵多糧少, 當如之何?" 操曰, "可將小斛散之, 權且救一時之急." 垕曰, "兵士倘怨, 如何?" 操曰, "吾自有策."

垕依命, 以小斛分散, 操暗使人各寨探聽, 無不嗟怨, 皆言丞相欺衆. 操乃密召王垕入曰, "吾欲問汝借一物, 以壓衆心, 汝必勿吝." 垕曰, "丞相欲用何物?" 操曰, "欲借汝頭以示衆耳."

垕大驚曰, "其實無罪." 操曰, "吾亦知汝無罪. 但不殺汝, 軍心變矣. 汝死後, 汝妻子吾自養之, 汝勿慮也."

垕再欲言時, 操早呼刀斧手推出門外, 一刀斬訖, 懸頭高竿. 出榜曉示曰, "王垕故行小斛, 盜竊官糧, 謹按軍法." 於是衆怨始解.

國譯

却說(각설)하고,[1] 조조의 17만 군사가 날마다 소비하는 군량은 막대하였고[2] 여러 郡에도 흉년이 들어 군량이 제대로 공급되지 않았다.[3] 조조가 속전을 독려하였지만, (袁術의 부장) 李豐(이풍) 등은

---

1 이때 건안 2년(서기 197), 조조는 원술 토벌에 나섰다. 여포, 유비 조조의 대군이 공격해오자, 원술은 李豐(이풍) 등에게 壽春城을 방어케 하고 자신은 재물을 모아 회수를 건너 피신하였다.

2 日費糧食浩大 - 費는 쓸 비. 비용, 소비하다. 浩大 (기세, 규모가)는 거대하다, 엄청나게 크다.

3 諸郡及荒旱 接濟不及 - 及은 미칠 급. 도달하다, 이르다. 荒은 거칠 황. 흉작, 기근. 旱은 가물 한. 旱害. 荒旱(황한)은 기근과 가뭄. 按은 살필 안. ~에 따라서. 濟

(壽春城) 성문을 닫고 응전하지 않았다. 조조의 군사가 한 달 이상 대치하는 동안 군량이 떨어지려 하자, 조조는 孫策(손책)에게 서신을 보내 군량 10만 斛(곡)을 차용하였지만 그것으로도 각 부대의 공급을 댈 수가 없었다.[4] 군량 공급을 주관하는 관리인 任峻(임준)의 부하인 창고지기인 王垕(왕후, 垕는 두터울 후)가 들어와 조조에게 稟議(품의)하며 말했다.

"군사는 많고 군량은 부족한데 어떻게 할까요?"

이에 조조가 말했다.

"말을 적게(小斛) 지급하여 우선 급한 상황을 넘겨보라."[5]

왕후가 "그래도 군사들이 불평하면 어찌하겠습니까?"[6]라고 묻자, 조조는 "나한테 방책이 있다."라고 말했다.

왕후는 명령에 의거 말(斗)을 줄여 지급했고, 조조는 사람을 시켜 각 군영을 돌며 염탐케 하였는데, 모두가 불평하면서 승상이 군사들을 속인다고 말하였다. 이에 조조는 은밀히 왕후를 불러들여 말했다.

"내가 너한테 하나를 빌려서 군사들을 안정케 하려는데, 너는 너무 아까워하지 말라."[7]

는 건널 제. 돕다, 구제하다.

4 不敷支散 – 지출을 댈 수가 없었다. 敷는 베풀 부. 충분하다, 설치하다. 支는 바칠 지. 지출. 散은 뿌릴 산. 나누어주다, 흩어진. 支散은 支出하다.

5 權且救一時之急 – 權은 임기응변의, 임시로, 잠시. 權且는 잠시, 우선, 당분간.

6 兵士倘怨 – 倘은 아마 당. 만약 ~이라면.

7 汝必勿吝 – 汝는 너 여. 勿은 말 물. ~하지 말라. 吝은 아낄 린. 인색하다.

이에 왕후가 말했다. "승상께 무엇이 필요하십니까?"

조조는 "너의 수급을 빌려 군사들에게 보여줘야겠다."고 말했다.

왕후가 깜짝 놀라며 말했다. "사실 저는 아무 잘못도 없습니다."

이에 조조가 말했다.

"나도 네가 무죄한 것을 알고 있다. 다만 너를 죽이지 않는다면 군사들이 변심할 것이다. 네가 죽은 뒤, 너의 처자식은 내가 양육케 할 것이니 너는 걱정하지 말라."

왕후가 더 말하려고 할 때 조조는 刀斧手(도부수)[8]를 불러 왕후를 끌고나가 한 칼에 참수하여 그 머리를 장대에 높이 매달게 했다.[9] 그리고 방문을 붙여 군사들이 보게 하였다.

"王토(왕후)가 일부로 말을 줄여 지급하고 군량을 도적질했기에 군법대로 처리했다."[10]

그러자 군사들의 원망은 잠잠해졌다.

原文

(前略) 操留荀彧在許都, 調遣兵將, 自統大軍進發.

---

8 刀斧手 – 斧는 도끼 부. 刀斧手는 사형집행인. 手는 기능이나 기술을 가진 사람.
  選手, 木手, 歌手, 能手, 凶手(살인범).

9 一刀斬訖 懸頭高竿 – 斬은 벨 참. 訖은 마칠 흘. 끝나다. 懸은 매달 현. 竿은 장대 간.

10 盜竊官糧 謹按軍法 – 竊은 훔칠 절. 謹은 삼갈 근. 엄히, 조심하다. 按은 당길 안. 시행하다.

行軍之次, 見一路麥已熟. 民因兵至, 逃避在外, 不敢刈麥. 操使人遠近遍諭村人父老, 及各處守境官吏曰,

"吾奉天子明詔, 出兵討逆, 與民除害. 方今麥熟之時, 不得已而起兵, 大小將校, 凡過麥田, 但有踐踏者, 並皆斬首. 軍法甚嚴, 爾民勿得驚疑."

百姓聞諭, 無不歡喜稱頌, 望塵遮道而拜. 官軍經過麥田, 皆下馬以手扶麥, 遞相傳送而過, 並不敢踐踏.

(前略)[11]

조조는 荀彧(순욱)을 허도에 남겨두고서, 대군을 거느리고 출정

---

11 (前略) – 曹操는 어렵게 壽春城을 함락시키고 許都로 개선한다. 그간에 李催(이각)과 郭汜(곽사)가 부하들에게 잡혀 죽으며 동탁과 그 잔당의 반란은 끝이 났다. 이듬해, 建安 3년(서기 198년) 4월, 張繡(장수)가 반란을 일으키자, 조조가 토벌에 나선다. 張繡(장수, 綉는 수놓을 수)는 正史《三國志》에 張繡(장수, 繡는 수놓을 수)로 기록되었다. 張繡(장수, ? – 207)는 동탁의 부하인 張濟(장제)의 조카이다. 동탁의 부장이었던 장제는 弘農郡에 주둔하고 있었는데 士卒이 飢餓(기아)에 시달리자 남쪽으로 내려와 南陽郡 穰縣(양현)을 공략하다가 화살에 맞아 죽었다 (建安 2년, 서기 197). 이에 장수는 그 무리를 거느리고 (南陽郡) 宛縣(완현)에 주둔하다가 劉表(유표)에 합세하였다. 나중에 장수는 무리를 거느리고 조조에 투항하였다. 그러나 조조가 張濟의 妻(장수에게는 숙모)를 첩으로 거느리자, 장수는 이에 원한을 품었다. 조조는 장수가 싫어하는 것을 알고 장수를 죽일 계획을 세웠다. 그러나 계획이 누설되었고, 장수는 조조를 엄습하였다. 조조는 패전하면서 流矢(유시)에 맞았고, 조조의 장남인 曹昂(조앙)과 조카인 曹安民(조안민)이 전사했다. 조조가 원소와 官渡(관도)에서 싸울 때, 張繡는 賈詡(가후)의 계책에

하였는데,[12] 행군 중에 길가의 보리가 모두 익은 것을 보았다.[13] 백성들은 군사 행군을 보고서 모두 도피했고 감히 보리를 수확하지 못했다.[14] 조조는 사람을 보내 원근의 마을을 돌며 어른들을 회유하면서 각지의 관리들에게 말했다.

"나는 천자의 조칙을 받아 반역자를 쳐서 백성에 대한 해악을 제거하려 출병하였다. 지금 한창 보리를 거둬드릴 시기이나 부득이 출병한 것이니, 대소의 모든 장교들이[15] 보리밭을 지나면서, 짓밟는 자가 있다면 모조리 다 참수할 것이다.[16] 군법이 엄정하니 백성들은 놀라거나 의심치 말라."[17]

백성들은 조조의 포고를 듣고 기뻐하며 칭송하지 않는 자가 없었으며, 행군하는 먼지 속에서도 길에 나와 절을 하였다.[18] 관군은 보

따라 무리를 거느리고 조조에 투항했다. 장수는 正史《三國志 魏書》8권, 〈二公孫陶四張傳〉에 입전.

12 調遣兵將 – 遣은 보낼 견. 調遣은 조달, 파견하다.

13 見一路麥已熟 – 一路는 도중에, 가는 길에. 一에 '하나' 라는 의미는 없음. '一路順風', '一路平安' 은 먼 길을 떠나는 사람에 대한 인사말. 麥은 보리 맥, 大麥은 보리, 小麥은 밀, 裸麥(나맥)은 쌀보리, 燕麥(연맥)은 귀리. 麥粉은 밀가루. 本文에서 麥이 보리? 아니면 밀? → 黃河 상류 지역은 보리나 밀의 主産地이다. 단위 면적당 수확량은 보리가 많다. 熟은 익을 숙. 익히다.

14 不敢刈麥 – 수확할 때가 되었는데도 수확을 하지 못한다는 뜻. 刈는 풀 벨 예. 죽이다.

15 將校 – 校는 단위부대. 단위부대의 병력을 거느리는(將) 사람이 장교이다.

16 但有踐踏者 並皆斬首 – 踐은 밟을 천. 踏은 밟을 답. 踐踏은 짓밟다. 斬은 벨 참.

17 爾民勿得驚疑 – 爾는 너 이. 驚은 놀랄 경. 驚疑는 놀라며 의아해하다.

18 望塵遮道而拜 – 塵은 티끌 진. 먼지. 遮는 막을 차.

리밭은 지나면서 모두 말에서 내려 손으로 보리를 제쳐 뒤로 전달하며 지나가니[19] 결코 보리밭을 밟지 않았다.

原文

操乘馬正行, 忽田中驚起一鳩, 那馬眼生, 竄入麥中, 踐壞了一大塊麥田. 操隨呼行軍主簿, 擬議自己踐麥之罪. 主簿曰, "丞相豈可議罪?"

操曰, "吾自制法, 吾自犯之, 何以服衆?" 卽掣所佩之劍欲自刎. 衆急救住.

郭嘉曰, "古者春秋之義, 法不加於尊. 丞相總統大軍, 豈可自戕?" 操沉吟良久, 乃曰, "旣春秋有法不加於尊之義, 吾姑免死."

乃以劍割自己之髮, 擲於地曰, "割髮權代首."

使人以髮傳示三軍曰, "丞相踐麥, 本當斬首號令, 今割髮以代."

於是 三軍悚然, 無不懍遵軍令. 後人有詩論之曰

---

19 遞相傳送而過 – 遞는 갈마들 체. 넘겨주다, 차례로 건네다, 순서대로.

十萬貔貅十萬心,　一人號令衆難禁.
拔刀割髮權爲首,　方見曹瞞詐術深.

第十七回　袁公路大起七軍　曹孟德會合三將　中　節錄

國譯

조조가 말을 타고 가던 중에, 갑자기 보리밭에서 비둘기 한 마리가 날아오르자, 말이 놀라 보리밭으로 뛰어들며[20] 보리밭 한 모퉁이를 짓밟았다.[21] 조조는 뒤따르던 行軍主簿(행군주부)를 불러, 자신이 보리밭을 밟은 죄를 판정케 하였다.[22] 이에 주부가 말했다.

"丞相께 어떻게 죄를 묻겠습니까?"

"내가 법을 만들고 내가 법을 어겼으니, 어떻게 군사를 통제하겠는가?"

조조는 그러면서 차고 있던 칼을 뽑아 자신의 목을 찌르려고 했다.[23] 그러자 여러 사람이 조조를 제지하였다. 이에 郭嘉(곽가)가 말했다.

---

20 那馬眼生 竄入麥中 - 那는 어찌 나. 그것, 저. 眼生은 낯이 익지 않다, 놀라다. 竄은 숨을 찬. 달아나다.

21 踐壞了一大塊麥田 - 壞는 허물 괴. 못쓰게 되다, 망치다. 塊는 덩어리 괴. 덩어리나 조각, 면적을 표시하는 量詞.

22 擬議自己踐麥之罪 - 擬는 헤아릴 의. 추측하다. 擬議는 예견하다, 제안하다.

23 豈可自戕 - 戕은 죽일 장, 찌를 장.

"옛날 《春秋》의 大義에도 尊位(존위)에는 법을 적용할 수 없다고 하였습니다. 승상께서는 대군을 통솔하시면서 어찌 스스로 벌하실 수 있겠습니까?"[24]

조조는 한동안 깊이 생각하다가 말했다.[25]

"《春秋》에 尊者에게는 법을 적용할 수 없다고 하였다니, 나는 사형을 잠시 면할 것이다."[26]

그리고서는 칼로 자신의 머리카락을 잘라 땅에 던지며 말했다.

"내 머리카락(髮)으로 내 머리(首)를 대신하겠다."

그리고 사람을 시켜 머리카락을 三軍에 돌려보게 하면서 "丞相이 보리밭을 밟아 응당 법대로 참수해야 하지만, 여기 두발을 잘라 대신하였다."고 말하게 하였다.

이에 三軍이 두려워 떨며 군령을 따르지 않는 자가 없었다.[27] 후세 사람이 시를 지어 이를 論했다.

십만 대군에 제각각 마음이 십만이니,[28]

---

24 《春秋》- 五經의 《春秋》.

25 操沉吟良久 - 沉은 가라앉을 침. 吟은 읊을 음. 끙끙 앓다. 沉吟은 깊이 생각하다. 良久는 오랫동안.

26 吾姑免死 - 姑는 시어머니 고. 고모, 잠시, 잠깐.

27 三軍悚然 無不懍遵軍令 - 悚은 두려워할 송. 悚然(송연)은 두려워하는 모양, 소름이 끼치다. 懍은 두려워할 름(늠). 懍遵(늠준)은 조심하며 준수하다.

28 원문의 豼貅 - 豼는 맹수 이름 비(貔와 同). 살쾡이의 다른 이름. 貅는 맹수 이름 휴. 豼貅는 맹수 이름. 용맹한 戰士.

혼자 命으로 대군을 금지하기 어렵도다.

칼을 뽑아서 두발을 잘라 머리를 대신하니,

이제 曹瞞의 뛰어난 거짓 술수를 보았노라.[29]

---

29 曹瞞(조만)은 조조를 멸시하는 뜻으로 부르는 이름. 瞞은 속일 만.

23 郭嘉說十勝十敗
곽가설십승십패

곽가가 십승십패를 설명하다.

許都(허도)의 조조에게는 袁紹와 呂布, 袁術과 劉表 등 모두가 적이었
다. 이들 군벌의 중앙에 자리 잡은 조조는 獻帝(헌제)를 끼고 있다지
만 주위를 제압할 수 있는 힘을 기르는 것이 급선무였다.
조조에게는 여러 맹장만큼이나 유능한 참모나 모사가 있어 조조에
게 적절한 조언을 해 주었다. 郭嘉(곽가)가 조조와 원소의 승패를 10
가지 측면에서 논한 것은 아주 예리한 분석이다. 그래서 이 부분을
절록했다.

原文

操還許都, 表奏孫策有功, 封爲討逆將軍, 賜爵吳
侯, 遣使齎詔江東, 諭令防剿劉表. 操回府, 衆官參見
畢.

荀彧問曰, "丞相緩行至安衆, 何以知必勝賊兵?"

操曰, "彼退無歸路, 必將死戰, 吾緩誘之而暗圖之,

是以知其必勝也." 荀彧拜服. 郭嘉入, 操曰, "公來何
暮也?" 嘉袖出一書, 白操曰, "袁紹使人致書承相, 言
欲出兵攻公孫瓚, 特來借糧借兵."

操曰, "吾聞紹欲圖許都, 今見吾歸, 又別生他議."
遂析書觀之. 見其詞意驕慢, 乃問嘉曰, "袁紹如此無
狀, 吾欲討之, 恨力不及, 如何?"

國譯

조조는 許都로 귀환한 뒤, 孫策(손책)의 공로를 상주하는 표문을
올려, (孫策을) 討逆將軍[1]에 봉하고 吳侯의 작위를 내리게 하였고,
사자에게 詔書(조서)를 가지고 江東에 보내어 (荊州의) 劉表를 방어
하라고 지시하였다.[2] 조조는 승상부로 돌아와 여러 관료들을 만났

---

1 討逆將軍(토역장군) − 孫策(손책, 175 − 200년, 字 伯符)의 後漢에서 받은 공식 직함.
　孫堅은 漢의 破虜將軍에 烏程侯(오정후)였다. 孫策은 長沙 태수 孫堅과 嫡妻 吳夫
　人의 長子, 吳 大帝 孫權의 형. 東吳의 기틀을 다져 동생 손권에게 물려주었다. 한
　때 원술의 휘하에 있었지만, 원술에게 당당하게 부친의 군사를 돌려달라고 요구
　했다. 단시일 내에 江東을 평정했다. 조조는 원술을 토벌한 손책의 공로를 인정하
　여 표문을 올려 漢의 討逆將軍으로 임명하였다. 손견은 破虜장군이었기에《三國
　志 吳書》1권 이름이 〈孫破虜討逆傳〉이다. 손책은 26세라는 아까운 나이에 죽었
　다. 서기 229년, 손권이 제위에 오른 뒤 손책에게 長沙 桓王(환왕)이라는 시호를
　올렸다. 손책과 주유는 同壻(동서)로, 손책의 부인(또는 妾)이 大橋(대교), 주유의
　부인이 小橋라고 했다. 대교의 신혼은 불과 몇 달이었고, 손책이 죽자 대교는 몇
　달을 통곡하다가 절명했다는 이야기가 전한다.
2 諭令防剿劉表 − 諭는 깨우칠 유. 윗사람이 아랫사람에게 告知하다. 剿는 끊을 초,

다. 荀彧(순욱)이 물었다.

"승상께서는 천천히 행군하여 安衆(地名)에 도착하시면서 적병을 틀림없이 이길 것이라고 어찌 아셨습니까?"

이에 조조가 말했다.

"저들은 후퇴하더라도 귀로가 없어 죽기로 싸울 것이기에, 우리가 서서히 행군하여 적을 유인하며 은밀히 도모하였기에 우리의 승리를 예견할 수 있었소."

순욱이 탄복하다. 이어 郭嘉(곽가)가 들어오자, 조조가 "公은 어찌 이리 늦게 오는가?"라고 물었다. 곽가는 소매에서 서신을 한통 꺼내면서 조조에게 말했다.

郭嘉(곽가, 170-207)

"袁紹(원소)가 사람을 보내 승상께 서신을 올렸는데 군사를 내어 公孫瓚(공손찬)을 치겠다면서 우리에게 군량과 병력을 차용해 달라고 말했습니다."

그러자 조조가 말했다.

"내 짐작에 원소는 許都를 공격할 생각이었는데, 내가 돌아온 것을 보고 다른 생각을 했구나."

───────

죽일 초. 防剿(방초)는 방어하며 공격을 차단하다.

그러면서 서신을 읽었다. 조조는 원소의 서찰이 교만한 것을 보고 곽가에게 물었다.

"袁紹가 이처럼 예의가 없는데,[3] 내가 치려 해도 힘이 미치질 못하니 어쩌면 좋겠는가?"

原文

嘉曰, "劉項之不敵, 公所知也. 高祖惟智勝, 項羽雖强, 終爲所擒. 今紹有十敗, 公有十勝, 紹兵雖盛, 不足懼也.

紹繁禮多儀, 公體任自然, 此道勝也. 紹以逆動, 公以順率, 此義勝也. 桓, 靈以來, 政失於寬, 紹以寬濟, 公以猛糾, 此治勝也. 紹外寬內忌, 所任多親戚, 公外簡內明, 用人惟才, 此度勝也.

紹多謀少決, 公得策輒行, 此謀勝也, 紹專收名譽, 公以至誠待人, 此德勝也. 紹恤近忽遠, 公慮無不周, 此仁勝也, 紹聽讒惑亂, 公浸潤不行, 此明勝也. 紹是非混淆, 公法度嚴明, 此文勝也. 紹好爲虛勢, 不知兵

---

3 如此無狀 - 狀은 편지 장, 모양 상. 無狀(무상)은 無法無天의 모양. 嚴重失禮, 罪惡極大하다. 예의가 없다, 난폭하다. 善行이 없다.

要, 公以少克衆, 用兵如神, 此武勝也. 公有此十勝,
於以敗紹無難矣."

이에 곽가가 말했다.

"(漢 高祖) 劉邦(유방)이 (楚) 項羽(항우)의 적수가 되지 못했던 것
은[4] 主公(曹操)께서도 알고 계십니다. 高祖의 지략이 뛰어났기에
항우가 비록 강했어도 결국 잡혀죽었습니다. 지금 원소에게는 10
가지의 敗因이 있고(十敗), 주공에게는 10개의 勝因(승인)이 있습니
다. 지금 원소의 군사가 강하다지만 두려울 것이 없습니다.

원소는 번다한 儀禮를 따지고, 주공께서는 자연스럽게 일을 행하
니, 이는 道義의 승리입니다.(道勝).[5] 원소는 (天意와 民心을) 背逆
(배역)하고 주공은 순종하시니, 이는 義理에서 이기는 것입니다.(義
勝). (後漢) 桓帝(환제)와 靈帝(영제) 이래로 정치는 관용 때문에 실
패했습니다.[6] 원소는 관용으로 일을 하지만 주공은 엄격하게 규찰
하시니,[7] 이는 정치적인 승리입니다(治勝). 원소는 겉으로는 관용

---

4 項羽와 劉邦이 秦의 폭정에 항거하며 起義했지만 처음부터 劉邦은 項羽에 비해
  절대적인 열세였다.
5 公體任自然 – 體는 실천하다(躬行). 體任은 천성대로 자연스럽게 실천하다. 道는
  일을 처리하는 方法, 또는 세상을 살아가는 道理.
6 政失於寬 – 지휘 감독, 신상필벌 없이 관용만 베풀어 정치 기강이 해이해졌다.
7 公以猛糾 – 猛은 사나울 맹. 강하다, 용감하다. 糾는 거둘 규. 바로잡다.

하는 것 같지만 내심으로 꺼리면서 많은 친척에게 위임하지만, 주공께서는 외적으로 대범하고 안으로 명철하시어 재능에 따라 用人하시는, 이는 도량에서 이기는 것입니다.(度勝).

원소는 모략이 많아도 결단이 부족하지만 주공께서는 방책을 정하시면 즉시 실천하시니,[8] 이는 策謀에서 이기는 것이며(謀勝), 원소는 오로지 헛 칭송을 얻으려 하고 주공께서는 성심으로 남을 대하시는, 이는 덕행의 승리입니다.(德勝). 袁紹는 가까운 사람만 챙기고 먼 사람을 소홀히 하지만 主公은 마음 씀씀이가 미치지 않는 곳이 없으시니,[9] 이는 仁慈에서 이기는 것입니다.(仁勝). 원소는 참언을 믿고 현혹되지만[10] 주공께서는 참소가 먹혀들지 않으니,[11] 이는 明哲에서 이긴 것입니다.(明勝). 원소는 옳고 그름이 뒤섞이지만[12] 주공께서는 法度가 엄격 明察하시니, 이는 文德의 승리입니다.(文勝). 원소는 허세를 좋아하고 병법의 요체도 모르지만 주공께서는 소수로도 다중을 이기고 그 용병이 마치 神과 같으시니, 이는 무예의 승리입니다.(武勝). 주공께는 이러한 10가지 면에서 승

---

8 得策輒行 - 方策이 나오면 바로 실행하다. 輒은 문득 첩. 즉시.

9 紹恤近忽遠 公慮無不周 - 恤은 근심할 휼. 불쌍히 여기다. 忽은 문득 홀. 가벼이 여기다. 不周는 주의가 두루 미치지 않다, 찬찬히 돌보지 못하다.

10 聽讒惑亂 - 讒은 참소할 참. 惑은 미혹할 혹. 현혹되다.

11 浸潤不行 - 浸은 담글 침. 潤은 젖을 윤. 윤택하다. 浸潤은 조금씩 스며들다, 참소가 먹혀들어 가다.

12 是非混淆 - 混은 섞일 혼. 淆는 뒤섞일 효. 混淆(혼효)는 뒤섞이다. 주로 추상적 서술에 쓰임.

리하시니 원소를 패망케 하는 일은 어렵지 않습니다.[13]

原文

操笑曰,"如公所言, 孤何足以當之?"

荀彧曰,"郭奉孝十勝十敗之說, 正與愚見相合. 紹
兵雖衆, 何足懼耶!"

嘉曰,"徐州呂布, 實心腹大患. 今紹北征公孫瓚,
我當乘其遠出, 先取呂布, 掃除東南, 然後圖紹, 乃爲
上計. 否則我方攻紹, 布必乘虛來犯許都, 爲害不淺
也."操然其言, 遂議東征呂布.

第十八回 賈文和料敵決勝 夏候惇拔矢啖睛 中 節錄

---

13 郭嘉의 요점을 다시 정리하면 다음과 같다.

	曹操 의 十勝	袁紹 의 十敗
인간(道)	자연스레 몸소 실천.(體任自然)	허례허식 따름.(繁禮多儀)
의리(義)	正義를 따름.(順率)	正義를 거역.(逆動)
통치(治)	엄격한 관리 감독.(猛糾)	방만한 관리.(寬濟)
성격(度)	간결, 명철.(外簡內明) 재능대로 등용.(用人唯才)	외관 내기.(外寬內忌) 친척에 위임.(任多親戚)
지략(謀)	책략을 신속 결행.(得策輒行)	지모 있음, 결단 적음.(多謀少決)
덕행(德)	지성으로 사람을 대함.(至誠待人)	오직 명예만을 추구.(專收名譽)
인자(仁)	주변 모두를 챙겨 줌.(慮無不周)	근친 자애. 먼 사람 홀대.(恤近忽遠)
분별(明)	참소가 먹혀들지 않음.(浸潤不行)	참소에 현혹됨.(聽讒惑亂)
행정(文)	법도 엄격 밝음.(法度嚴明)	시비 분별 못함.(是非混淆)
군사(武)	神의 용병술.(用兵如神)	병법 요체 모름.(不知兵要)

(곽가의 말에) 조조는 웃으면서 "내가 어찌 그대의 말과 같겠는가?"라고[14] 말했다. 그러자 순욱이 말했다.

"郭奉孝(郭嘉)의 十勝十敗에 대한 설명은 제 생각과도 꼭 같습니다. 원소의 군사가 많다지만 무엇이 두렵겠습니까!"

곽가가 말했다.

"徐州의 여포는 실제로 우리 내부의 큰 우환거리입니다.[15] 지금 원소가 북으로 공손찬을 정벌 중이니, 우리가 원소의 원정을 이용하여 먼저 여포를 사로잡아 동남방을 안정시킨 다음에 원소를 공격하는 것이 가장 좋은 방책일 것입니다. 아니면 우리가 원소를 공격하는 동안 여포는 틀림없이 빈틈을 타 허도를 공격할 것이니, 그 폐해가 적지 않을 것입니다."

조조도 그렇게 생각하여 동쪽으로 여포 정벌을 논의하였다.

---

14 孤何足以當之 – 孤는 외로울 고. 옛날 王侯의 謙稱.

15 實心腹大患 – 心腹은 腹心(복심). 심장과 배(腹), 측근, 부하. 요충.

24 夏侯惇拔矢啖睛
하 후 돈 발 시 담 정

하후돈이 화살을 뽑아 눈동자를 씹어 먹다.

曹操는 원소에게 황제의 이름으로 대장군 벼슬을 내려 무마하면서,
공손찬을 공격하게 한다. 그리고 자신은 여포를 공격한다. 조조는 소
패의 유비에게 여포를 협공하라고 한다. 여포는 이런 정보를 알고 소
패를 공격한다.
이 전투 중에 우리가 상상하기 힘든 끔찍한 이야기가 있다.

原文

高順軍至, 玄德在敵樓上問曰, "吾與奉先無隙, 何
故引兵至此?" 順曰, "你結連曹操, 欲害吾主, 今事已
露, 何不就縛?"

言訖, 便麾軍攻城. 玄德閉門不出. 次日, 張遼引兵
攻打西門.

雲長從城上謂之曰, "公儀表非俗, 何故失身於賊?"
張遼低頭不語. 雲長知此人有忠義之氣, 更不以惡言

相加, 亦不出戰.

遼引兵退至東門, 張飛便出迎戰. 早有人報知關公. 關公急來東門看時, 只見張飛方出城, 張遼軍已退. 飛欲追趕, 關公急召入城. 飛曰, "彼懼而退, 何不追之?"

關公曰, "此人武藝不在你我之下. 因我以正言感之, 頗有自悔之心, 故不與我等戰耳." 飛乃悟, 只令士卒堅守城門, 更不出戰.

國譯

(여포의 部將) 高順(고순)의 군사가 (소패에) 도착하자, 玄德이 적을 감시하는 성의 누각에서[1] 물었다.

"나와 奉先(여포)은 틀어진 일도 없는데, 무엇 때문에 군사를 거느리고 여기까지 왔는가?"

고순이 말했다.

"당신은 조조와 결탁하여 우리 主君을 해치려 한 일이 이미 드러났으니 결박을 받아야 한다."[2]

---

1 敵樓 – 적의 情況을 살피기 위한 성벽의 망루.
2 조조의 사자가 유비의 答信을 받아돌아가다가 陳宮한테 생포되었다. 縛은 묶을 박. 체포하다.

고순은 말을 마치자 군사를 지휘하여 성을 공격했다. 현덕은 성문을 닫고 출전하지 않았다. 다음 날은 張遼(장료)[3]가 군사를 거느리고 西門을 공격했다. (서문을 지키던) 關雲長이 성 위에서 장료에게 말했다.

"당신의 儀表(의표)가 俗되지 않거늘 어찌하여 반적에게 빠졌는가?"

장료는 고개를 숙인 채 대답하지 않았다. 운장은 장료가 忠義의 기개를 가진 사람이라 생각하여 더 이상 악언을 하지 않았고 나가 싸우지도 않았다.

장료가 군사를 이끌고 물러나며 동문에 이르자 장비가 곧바로 나가 맞서 싸우려 했다. 어떤 사람이 이를 운장에게 알렸다. 관공이 서둘러 동문에 달려와서 보니 장비가 성문을 나서자 장료의 군사는 멀리 물러나 있었다. 장비가 추격하려 하자, 관공이 급히 성으로 불러들였다.

장비는 "저쪽이 두려워 후퇴하는데 왜 추격하지 못합니까?"라고 물었다. 이에 관우가 말했다.

"저 사람의 무예가 나나 아우만 못하지 않다. 내가 그에게 바른 말을 건네자 뉘우치는 마음이 있어[4] 우리와 싸우려 하지 않은 것이

---

3 張遼(장료) – 呂布의 部將, 呂布가 죽자 曹操의 部將이 되고, 나중에 關羽가 土山에 포위되었을 때 張遼가 關羽를 설득했다.

4 頗有自悔之心 – 頗는 치우칠 파. 자못, 상당히, 매우. 悔는 뉘우칠 회.

다."

그러자 장비도 알아채고 사졸에게 성문을 굳게 지키게 할 뿐, 더이상 출전하지 않았다.

原文

却說 簡雍至許都見曹操, 具言前事. 操卽聚衆謀士議曰, "吾欲攻呂布, 不憂袁紹掣肘, 只恐劉表張綉擾其後耳."

荀攸曰, "二人新破, 未敢輕動. 呂布驍勇, 若更結連袁術, 縱橫淮泗, 急難圖矣." 郭嘉曰, "今可乘其初叛, 衆心未附疾往擊之."

(前略) 却說 夏侯惇引軍前進, 正與高順軍相遇, 便挺槍出馬搦戰. 高順迎敵, 兩馬相交, 戰有四五十合, 高順抵敵不住, 敗下陣來. 惇縱馬追趕, 順遶陣而走. 惇不捨, 亦遶陣追之.

陣上曹性看見, 暗地拈弓搭箭, 覰得眞切, 一箭射去, 正中夏侯惇左目.

惇大叫一聲, 急用手拔箭, 不想連眼珠拔出, 乃大呼曰, "父精母血, 不可棄也!" 遂納於口內啖之.

仍復挺槍縱馬, 直取曹性. 性不及提防, 早被一槍搠
透面門, 死於馬下. 兩邊軍士見者, 無不駭然.

第十八回 賈文和料敵決勝 夏侯惇拔矢啖睛 中 節錄

國譯

却說(각설)하나니, (유비가 보낸) 簡雍(간옹)[5]이 許都에 도착하여
曹操를 만나 지난 일을 상세히 말했다. 조조는 곧바로 여러 모사를
불러 상의하며 말했다.

"내가 여포를 공략할 경우에 원소의 견제는 걱정안하지만,[6] 다만
劉表와 張繡(장수, 張繡)가 우리 후방을 공격할까 걱정이 된다."

이에 순유가 말했다.

"유표와 장수는 얼마 전에 패전했기에 가벼이 군사를 내지 못할
것입니다. 呂布는 날쌔고 용감하니[7] 만약 원술과 연결이 되어 淮水
(회수)와 泗水(사수)[8] 일대를 멋대로 누비게 된다면 갑자기 공략하기

---

5 簡雍(간옹) - 簡雍(간옹, 생졸년 미상, 字 憲和). 雍은 화목할 옹. 涿郡(탁군) 사람. 젊
어 유비와 친했으며, 유비를 따라 온 곳을 돌아다녔다. 유비가 荊州에 들어갈 때,
간옹과 糜竺(미축), 孫乾(손건)이 모두 從事中郞으로 손님과 늘 담소하거나 명을
받아 사자로 왕래했다. 正史《三國志 蜀書》8권, 〈許糜孫簡伊秦傳〉에 입전.

6 不憂袁紹掣肘 - 掣는 끌 체. 당기다. 肘는 팔꿈치 주. 掣肘(체주)는 방해하다, 견제
하다.

7 呂布驍勇 - 驍는 날랠 효.

8 泗水(사수) - 淮水의 지류, 山東省 泗水縣에서 발원하여 泗水縣, 曲阜市 및 兗州市
(연주시). 濟寧市(제령시)를 통과한다.

어려울 것입니다."

이에 곽가도 말했다.

"지금 여포가 반기를 들었지만 백성은 아직 그와 한편이 아니니 빨리 공격해야 합니다."[9]

(前略)[10]

却說하고, 夏侯惇(하후돈)[11]이 군사를 이끌고 전진하는데, 마침 高順의 부대와 딱 만나게 되자 하후돈은 바로 창을 뽑아들고 말을 달려 나가 싸움을 걸었다.[12] 고순이 적을 맞아 말 두 필이 서로 뒤엉켜 4, 50합을 싸웠는데, 고순은 상대를 당할 수 없자[13] 패하여 자신의 진영으로 달아났다. 하후돈이 말을 달려 추격하자, 고순은 자신의 진지를 에워싸며 달아났다. 하후돈도 고순을 놓치지 않고 진

---

9 疾往擊之 - 疾은 병 질. 미워하다. 빠를 질.

10 曹操의 南下와 呂布의 대응과 장수를 배치하는 등의 이야기.

11 夏侯惇(하후돈, ? - 220년. 字 元讓)은 沛國 譙縣〔今 安徽省 亳州市(박주시)〕출신, 曹操의 從兄弟(4촌). 夏侯는 복성. 漢 開國 功臣인 夏侯嬰(하후영)의 후손. 조조의 절대적 신임을 받았던 무장. 조조가 죽은 몇 개월 뒤에 죽었다. 그의 忠義는 후세에 미담으로 전해졌다. 하후돈은 조조의 절대 신임을 받으며 지위와 권한이 막강하였지만 생활은 늘 검소하였다. 하후돈의 인품은 고결하였지만 군사 지휘관으로서는 크게 성공하지 못하여 승리보다는 패배가 많았다. 그래서 조조는 하후돈을 최일선 지휘관으로는 내보내지 않았다. 하후돈이 활에 맞아 눈을 잃은 뒤, 軍中에서는 하후돈을 '盲夏侯(맹하후)'라고 불렀다. 하후돈은 그 말을 싫어했고 화가 나서 거울을 내팽개치곤 했다는 기록도 있다.

12 出馬搦戰 - 搦은 잡을 약(냑), 억누를 익(닉). 搦戰(익전)은 싸움을 걸다.

13 高順抵敵不住 - 抵는 막을 저. 抵不住는 버티지 못하다.

지를 돌며 추격하였다. 여포의 군진
에서 曹性(조성)이 바라보고서는
은밀히 활에 화살을 멕여 힘
껏 당겼다가[14] 적절한 순간
에 화살을 쏘자,[15] 화살은
바로 하후돈의 왼쪽 눈
에 꽂혔다.

하후돈은 크게 소
리치며 급히 손으로 화
살을 뽑자 눈알까지 그대
로 뽑혀 나왔는데,[16] 하후
돈은 "이는 父精이고 母血
이니 버릴 수가 없다!'며[17]
입에 넣고 씹어 삼켰다.[18]

그리고서 하후돈은 바

夏侯惇(하후돈, 서기 ?-220년)

---

14 暗地扭弓搭箭 - 扭은 (손가락으로) 집을 념(염). 搭은 걸칠 탑. 더하다, 타다.

15 覻得眞切 - 覻는 엿볼 처. 眞切은 뚜렷하다. 확실하다.

16 急用手拔箭, 不想連眼珠拔出 - 拔은 뽑을 발. 連은 이을 연(련). 연이어, ~조차
도, ~ 까지도.

17 이는 「身體髮膚(신체발부)는 受之父母하였으니, 不敢毁傷(불감훼상)이 孝至始也
라.」는 윤리의식에 바탕을 둔, 완전 虛構이지만 독자에게 강한 인상을 남겨 오래
도록 人口에 膾炙(회자)되었다.

18 遂納於口內啖之 - 啖은 먹을 담.

로 말을 달려 그대로 조성에게 달려들었다. 조성은 미처 막을 겨를
도 없이 그대로 하후돈의 창이 입에 맞아[19] 그대로 말에 떨어져 죽
었다.

양쪽의 군사들이 이를 보고서는 놀라지 않는 사람이 없었다.

---

19 早被一槍搠透面門 – 무는 벌써, 이미, 진작. 搠은 바를 삭(塗也). 푹 찌르다. 透는
  통할 투. 面門은 입.

백 문 루 여 포 운 명
25 白門樓呂布殞命
백문루에서 여포가 운명하다.

呂布는 徐州 땅을 거의 다 빼앗기고 서주의 治所인 下邳城(하비성)에
서 孤立無援(고립무원)의 처지가 된다. 煩悶(번민) 속에 처첩과 주색에
빠진 여포는 어느 날 禁酒令을 내리고 이를 어겼다고 부하들을 매질
한다.
조조의 水攻으로 물바다가 된 하비성에서 여포는 부하들에 의해 생
포되고 하비성이 함락되며 여포는 최후를 맞이한다. 하비성 白門樓
(백문루)에서의 두 죽음은 極과 극으로 대비된다.

原文

次日平明, 城外喊聲震地. 呂布大驚, 提戟上城, 各
門點視, 責罵魏續走透侯成, 失了戰馬, 欲待治罪. 城
下曹兵望見城上白旗, 竭力攻城, 布只得親自抵敵.
從平明直打到日中, 曹兵稍退.

布少憩門樓, 不覺睡着在椅上. 宋憲趕退左右, 先盜

其畫戟, 便與魏續一齊動手, 將呂布繩纏索綁, 緊緊縛住.

布從睡夢中驚醒, 急喚左右, 却都被二人殺散, 把白旗一招, 曹兵齊至城下. 魏續大叫, "已生擒呂布矣" 夏侯淵尚未信. 宋憲在擲下呂布畫戟來, 大開城門, 曹兵一擁而入. 高順, 張遼在西門, 水圍難出. 爲曹兵所擒. 陳宮奔至南門, 爲徐晃所獲.

다음 날 새벽에, 성 밖에서 함성이 땅을 흔들었다.[1] 여포는 크게 놀라 창을 잡고 성에 올라 각 성문을 순시한 뒤에, 魏續(위속)이 侯成(후성)을 놓쳐 戰馬(赤兎馬)를 잃었다고 꾸짖으며 治罪하려고 했다.[2] 성 아래 조조의 군사들은 성 위의 白旗(백기)를 보고서는, 전력을 다해 성을 공격했는데, 여포도 부득불[3] 직접 적을 상대하며 싸웠다. 새벽부터 한낮이 될 때까지 싸우던[4] 조조의 군사가 차츰 후퇴하였다.

---

1 喊聲震地 – 喊은 소리 함. 고함지르다. 震은 벼락 진. 뒤흔들다, 놀라다.
2 罵는 욕할 매. 責罵는 책망하며 욕하다. 호되게 꾸짖다. 여포의 부하 侯成(후성)이 여포의 적토마를 훔쳐 曹操에게 갈 때 이미 내통한 魏續(위속)은 쫓아가는 척했다.
3 只得 – 부득이, 할 수 없이. 不得不. 只好.
4 從平明直打到日中 – 平明은 새벽. 打는 때리다, 공격하다, 싸우다.

여포는 문루에서 잠시 쉬었는데, 자신도 모르게 의자에서 잠이 들었다.[5] (여포의 부장) 宋憲(송헌)은 여포의 측근을 쫓아버린 뒤, 먼저 여포의 畫戟(화극)을 치워 놓은 다음에, 바로 魏續(위속)과 함께 손을 써서 여포를 밧줄로 꽁꽁 묶어버렸다.[6]

여포는 잠에서 깨어나면서[7] 좌우 측근을 불렀지만, 두 사람은 측근을 모두 죽이거나 쫓아버리면서 백기를 들고 휘두르자, 조조의 군사가 한꺼번에 성 아래 모여들었다. 위속은 "벌써 여포를 생포했습니다."라고 소리쳤지만, 夏侯淵(하후연)은 그때까지도 믿을 수가 없었다.

송헌이 여포의 화극을 밖으로 집어던지며[8] 성문을 활짝 열자, 조조의 군사가 한꺼번에 몰려들어왔다. (여포의 부장) 高順(고순)과 張遼(장료)는 西門에 있었는데 물에 잠겨 나갈 수가 없었다. 고순과 장료는 조조의 군사에게 사로잡혔다. (여포의 謀士) 陳宮(진궁)은 남문으로 달아났지만 徐晃(서황)에게 사로잡혔다.[9]

---

5 布少憩門樓 不覺睡着在椅上 - 憩는 쉴 게. 睡는 잘 수. 睡着는 잠들다.

6 將呂布繩纏索綁 緊緊縛住 - 繩은 줄 승. 밧줄. 纏은 묶을 전. 索은 동아줄 삭, 찾을 색. 綁은 동여맬 방. 緊은 굳게 얽을 긴. 緊緊은 바짝, 단단히.

7 布從睡夢中驚醒 - 睡夢(수몽)은 잠, 수면. 醒은 깰 성. 술이 깨다.

8 宋憲在擲下~ - 在는 마침(正在). 擲은 던질 척.

9 爲徐晃所獲 - 獲은 얻을 획. 所獲은 잡히다(피동).

曹操入城, 卽傳令退了所決之水, 出榜安民. 一面與
玄德同坐白門樓上, 關張侍立於側, 提過擒獲一干人
來. 呂布雖然長大, 却被繩索綑作一團. 布叫曰, "縛
太急, 乞緩之!"

操曰, "縛虎不得不急." 布見侯成魏續宋憲, 皆立於
側, 乃謂之曰, "我待諸將不薄, 汝等何忍背反?"

憲曰, "聽妻妾言, 不聽將計, 何謂不薄?" 布默然.

須臾, 衆擁高順至. 操問曰, "汝有何言?" 順不答,
操怒命斬之.

曹操가 入城하여 즉시 (하비성으로) 터놓았던 물을 빼내게 명령
한 뒤, 방문을 붙여 백성을 안정시켰다. 그러면서 조조는 현덕과 함
께 白門樓 위에 나란한 자리에 앉았고, 관우와 장비는 현덕 옆에 시
립하였는데, 사로잡은 한 무리의 사람들을 끌어내왔다.[10] 체구가
장대한 여포는 밧줄로 통째로 꽁꽁 묶여 끌려 나왔다.[11] 여포가 소

---

10 提過擒獲一干人來 – 干은 방패 간. 一干은 (어떤 사건과 관계있는) 일련의, 한
  무리의, '一千'의 뜻도 있는데, 이는 干과 千의 모양이 비슷하기에 통용된다. 국
  내 世昌書館 懸吐本(현토본)에는 '一千'으로 되어 있다.

11 却被繩索綑作一團 – 却은 물리칠 각. 도리어, 반대로, 그러나 (逆接의 뜻) ~하

리 질렀다.

"밧줄이 너무 조이니 좀 늦춰주시오!"[12]

조조가 말했다. "호랑이는 바짝 묶지 않을 수 없다."

여포가 (부장인) 侯成(후성)과 魏續(위속), 宋憲(송헌) 등이 조조 옆에 서있는 것을 보고 그들에게 말했다.

"내가 여러 장수들을 박대하지 않았거늘, 너희들이 어찌 배반할 수 있는가?"

송헌이 말했다. "처첩의 말만 듣고 장수들의 계책을 따르지 않았으면서 박대하지 않았다고 어찌 말하는가?"

여포는 할 말이 없었다. 얼마 후 군사들이 高順(고순)을 데리고 나왔다. 조조가 물었다.

"너는 할 말이 있는가?"

고순이 대답하지 않자, 조조는 화를 내며 참수케 하였다.

原文

徐晃解陳宮至. 操曰, "公臺別來無恙?"

宮曰, "汝心術不正, 吾故棄汝!"

고 나서, 역시, 바로, 어찌 등 다양한 용법으로 쓰인다. 繩은 줄 승. 새끼. 索은 줄 삭. 繩索은 밧줄. 綑은 동여맬 곤. 묶음. 一團은 한 덩어리. 손발 몸통을 하나로 묶었다는 뜻.

12 乞緩之 - 乞은 빌 걸. 빌리다, 바라다. 緩은 느릴 완. 느슨하게 하다.

操曰, "吾心不正, 公又奈何獨事呂布?"

宮曰, "布雖無謀, 不似你詭詐奸險."

操曰, "公自謂足智多謀, 今竟何如?"

宮顧呂布曰, "恨此人不從吾言! 若從吾言, 未必被擒也."

操曰, "今日之事當如何?"

宮大聲曰, "今日有死而已!"

操曰, "公如是 奈公之老母妻子何?"

宮曰, "吾聞以孝治天下者, 不害人之親. 施仁政於天下者, 不絕人之祀. 老母妻子之存亡, 亦在於明公耳. 吾身旣被擒, 請卽就戮, 並無挂念."

國譯

徐晃(서황)이 陳宮(진궁)을 압송해 들어왔다.[13] 조조가 말했다.

"公臺(공대, 陳宮의 字)는 그간 잘 지냈는가?"[14]

이에 진궁이 말했다.

"당신의 心術이 不正했기에 나는 당신을 버렸던 것이요."[15]

---

13 徐晃解陳宮至 – 解는 풀 해. 변명하다, 벗기다, 파면하다. 여기서는 호송하다, 압송하다.

14 別來無恙 – 別來는 헤어진 뒤로. 恙은 근심 양. 無恙(무양)은 건강하다(無他).

15 汝心術不正 吾故棄汝 – 心術은 심술, 심보. 棄는 버리다. 포기하다.

"내 마음이 不正했다면 그대는 왜 혼자 여포를 섬겼는가?"[16]

"여포가 비록 무모하지만 당신처럼 거짓으로 간악하거나 음험하지는 않았소."[17]

"그대는 지모가 뛰어나다면서, 지금은 왜 이렇게 되었는가?"[18]

진궁은 여포를 돌아보며 말했다.

"이 사람이 내 말을 듣지 않았기 때문이요! 만약 내 말을 따랐다면 사로잡히지는 않았을 것이요."

"오늘 일을 어찌해야 하겠는가?"

진궁이 큰 소리로 말했다.

"오늘 죽으면 그뿐이요!"[19]

"그대가 죽게 되면 그대의 노모와 처자는 어찌 되겠는가?"[20]

그러자 진궁이 말했다.

"내가 알기로, 효도로 천하를 다스리는 자는 남의 부모를 해치지 않는다고 하였소. 그리고 세상에 어진 정사(仁政)를 베푸는 사람은 남의 제사를 끊지 않는다고 하였소, 내 노모와 처자가 살고 죽는 것 또한 明公에게 달렸소. 나는 이미 사로잡힌 몸이니 곧 죽기를 바랄

---

16 公又奈何獨事呂布 – 奈何(내하)는 어찌? 어떻게 해서?(反問). 曹操가 진궁을 公이라 호칭한 것은 상대방을 대우한 것이다.

17 不似你詭詐奸險 – 詭는 속일 궤. 詭詐(궤사)는 교활하다. 奸은 간사할 간. 險은 험악할 험. 奸險(간험)은 간사하고 음험하다.

18 今竟何如 – 竟은 다할 경. 끝내다, 전부의. 今竟은 결국. 필경(畢竟)은.

19 有死而已 – 而는 말 이을 이. 順接과 逆接에 두루 쓰인다. 而已는 ~뿐.

20 奈公之老母妻子何 – 奈 ~ 何는 어떻게 되나? 어떻게 해야 하나?

뿐, 아무 생각 없소이다."[21]

操有留戀之意, 宮徑步下樓, 左右牽之不住. 操起身泣而送之, 宮幷不回顧. 操謂從者曰, "卽送公臺老母妻子回許都養老. 怠慢者斬." 宮聞言, 亦不開口, 伸頸就刑. 衆皆下淚. 操以棺槨盛其屍, 葬於許都. 後人有詩歎之曰,

生死無二志,　丈夫何壯哉!
不從金石論,　空負棟梁材.
輔主眞堪敬,　辭親實可哀.
白門身死日,　誰肯似公臺?

조조는 살려주고 싶은 생각이 있었지만[22] 진궁은 곧바로 누각에

---

21 請卽就戮 幷無挂念 － 請은 바라건대. 戮은 죽일 륙. 형벌. 幷無(병무)는 결코 없다. 挂는 걸 괘. 남겨두다. 挂念(괘념)은 근심하다 염려하다.

22 操有留戀之意 － 留는 머물 류. 戀은 그리워할 연(련). 留戀은 차마 떠나지 못하다. 떠나보내기를 서운해하다.

서 내려갔는데 좌우에서 붙잡을 겨를도 없었다.[23] 조조도 일어나 눈물로 진궁을 보냈지만 진궁은 결코 뒤를 돌아다보지도 않았다. 조조가 시종에게 말했다.

"즉시 公臺(陳宮)의 老母와 妻子를 許都로 데려다가 편히 모시라. 잘못 모시는 자는 참수할 것이다."[24]

진궁은 조조의 말을 듣고도 입을 열지 않았고 목을 늘려 형을 받았다.[25] 주위 모두가 눈물을 흘렸다. 조조는 진궁의 시신을 棺槨(관곽)에 넣어[26] 許都에 장례케 하였다. 뒷사람이 시를 지어 진궁을 敬歎(경탄)하였다.

生死에 다른 마음이 없나니
丈夫가 어찌 이리도 장한가!
金石의 정론 따르지 않아서
棟梁될 인재 헛되이 잃었다.[27]
主君을 모셔 참되이 받들고
老母와 하직 정말로 애닯다.

---

23 宮徑步下樓 左右牽之不住 – 徑은 지름길 경. 바로. 牽은 당길 견. 牽之不住는 그를 잡을 수 없었다.

24 怠慢者斬 – 怠는 게으를 태. 慢은 게으를 만. 斬은 목 벨 참.

25 伸頸就刑 – 伸은 펼 신. 늘리다. 頸은 목 경.

26 操以棺槨盛其屍 – 棺은 널 관. 시신을 넣는 곳. 槨은 덧널 곽. 관을 감싸는 外部의 棺. 盛은 흥성할 성. 담다.

27 空負棟梁材 – 棟梁은 용마루와 대들보.

白門樓 그날 육신은 죽었고

陳公臺 그와 같은 이 누구랴?

　方操送宮下樓時, 布告玄德曰, "公爲坐上客, 布爲
階下囚, 何不發一言而相寬乎?" 玄德點頭.

　及操上樓來, 布叫曰, "明公所患, 不過於布. 布今
已服矣. 公爲大將, 布副之, 天下不難定也." 操回顧
玄德曰, "何如?"

　玄德答曰, "公不見丁建陽董卓之事乎?"

　布目視玄德曰, "是兒最無信者!" 操令牽下樓縊之.

　布回顧玄德曰, "大耳兒! 不記轅門射戟時耶?"

　忽一人大叫曰, "呂布匹夫! 死則死耳, 何懼之有!"

　衆視之, 乃刀斧手擁張遼至. 操令將呂布縊死, 然後
梟首. 後人有詩歎曰,

　　洪水滔滔淹下邳,　　當年呂布受擒時.

　　空餘赤兔馬千里,　　漫有方天戟一枝.

　　縛虎望寬今太懦,　　養鷹休飽昔無疑.

戀妻不納陳宮諫, 枉罵無恩大耳兒.

第十九回 下邳城曹操鏖兵 白門樓呂布殞命 中 節錄

| 國譯 |

조조가 막 백문루 아래로 내려가 진궁을 보내자, 여포가 현덕에게 말했다.

"公은 坐上客이고, 나는 계단 아래 죄수인데, 왜 나를 도와주는 말 한마디도 하지 않는가?"

그러자 현덕은 고개를 끄덕였다. 조조가 다시 백문루에 오르자, 여포가 조조에게 크게 말했다.

"明公의 걱정거리가 여포만은 아니었습니다.[28] 여포는 이제 굴복했습니다. 公은 대장이 되시고 이 여포가 돕는다면 천하 평정도 어렵지 않습니다."

그러자 조조가 현덕을 돌아보며 "어떻게 생각하십니까?"라고 물었다. 이에 현덕이 대답하였다. "公께서는 丁建陽(丁原)과 董卓(동탁)의 일을 보지 않으셨습니까?"

그러자 여포가 현덕을 바라보며 말했다.

"저 놈은 정말 믿을 수 없구먼!"

조조는 여포를 끌고 내려가 목을 매달라고 명령했다.[29]

---

28 明公所患 不過於布 – 不過는 ~만은 아니다. ~에 지나지 않다.

29 操令牽下樓縊之 – 牽은 끌 견. 당기다. 縊는 목 맬 의(예, 액). → 국어사전에 '스

그러자 여포가 현덕을 돌아보며 말
했다.

"귀만 큰 아이야! 轅門(원
문)에서 내가 창을 쏴 맞춘
때를 잊었는가?"

그러자 갑자기 한 사람
이 크게 소리쳤다.

"呂布 못난 놈아! 죽으면 죽
었지 무엇이 그리 두려운가!"[30]

모두가 바라보니 바로 刀斧手
(도부수)에게 끌려나온 張遼(장
료)이었다. 조조는 여포를 교수
형에 처한 뒤에 梟首(효수)하게
하였다.[31] 後人이 시를 지어 탄
식했다.

張遼(장료, ?-222)

도도한 홍수가 하비성을 덮쳤으니,[32]
그때에 여포는 사로잡힌 장수였다.

스로 목을 매어 죽음' 은 자액(自縊)으로 나옴.

30 匹夫 - 평범한 사람, 못난 놈. 懼는 두려울 구.

31 然後梟首 - 梟는 올빼미 효. 사납고 용맹하다, 목을 베어 매달다.

32 洪水滔滔淹下邳 - 滔는 물 넘칠 도. 滔滔는 큰물이 출렁이는 모양. 淹은 담글

천리를 치닫는 적토마는 살아있고,

여포의 한 자루 방천극은 버려졌다.

포박된 나약한 호랑이는 느슨하길 바라나니,

예부터 사냥매 배부르게 먹이지를 않았도다.

여자 말 잘듣고 陳宮의 바른말은 안 듣더니,

공연히 신의도 없다며 大耳兒만 탓했었다.³³

<hr />

엄. 물에 잠기다.

33 枉罵無恩大耳兒 - 枉은 굽을 왕. 헛되이, 보람 없이. 罵는 욕할 매.

26 曹操煮酒論英雄
조 조 자 주 논 영 웅
조조가 술을 마시며 영웅을 논하다.

여포를 죽인 조조는 유비를 데리고 許都로 개선한다. 유비는 헌제를
배알하고 황족의 족보대로 皇叔(황숙)으로 불린다.
國舅(국구) 董承(동승)이 衣帶(의대) 속에 숨겨진 '忠義烈士를 규합하
여 간적을 제거하라'는 獻帝의 密詔(밀조)를 받은 뒤, 조조를 제거할
계획을 추진하는데 유비도 여기에 가담한다. 유비는 자신의 뜻을 숨
기기 위한 방법으로 채소 농사에 열중한다.

原文

玄德也防曹操謀害, 就下處後園種菜, 親自澆灌, 以
韜晦之計. 關張曰, "兄不留心天下大事, 而學小人之
事, 何也?"

玄德曰, "此非二弟所知之." 二人乃不復言.

一日, 關張不在, 玄德正在後園澆菜, 許褚張遼引數
十人入園中曰, "丞相有命, 請使君便行." 玄德驚問

曰, "有甚緊事?"

許褚曰, "不知. 只教我來相請."

玄德只得隨二人入府見操. 操笑曰, "在家做得好大事!"

諕得玄德面如土色. 操執玄德手, 直至後園曰, "玄德學圃不易."

玄德方纔放心, 答曰, "無事消遣耳."

操曰, "適見枝頭梅子青青, 忽感去年征張繡時, 道上缺水, 將士皆渴. 吾心生一計, 以鞭虛指曰, 前面有梅林. 軍士聞之, 口皆生唾, 由是不渴. 今見此梅, 不可不賞. 又值煮酒正熟, 故邀使君小亭一會."

玄德心神方定, 隨至小亭, 已設樽俎, 盤置青梅, 一樽煮酒. 二人對坐, 開懷暢飲.

國譯

玄德은[1] 조조의 謀害(모해)를 예방하려는 뜻으로, 거처 후원에 채소를 심고 직접 물을 주면서[2] 韜晦(도회)의 계책을 썼다.[3] 관우와 장

---

1 玄德也~ - 也는 또 야(亦也), 어조사 야. 無意味 語助辭. 말 맺을 야.

2 就下處後園種菜 親自澆灌 - 下處는 劉備 일행이 머무르는 客舍. 여인숙. 種은 씨를 뿌리다. 심다. 씨앗. 菜는 나물 채. 채소, 요리. 種菜는 채소를 가꾸다. 澆는 물

비가 말했다.

"형님께서는 천하의 대사에 마음을 두지 않으시고 小人의 일을 (농사)⁴ 열심히 하시니 무슨 뜻입니까?"

그러자 현덕은 "이는 두 아우가 알 바 아닐세!"라고 말했고, 두 사람은 다시 더 말하지 않았다.

어느 날 관우와 장비가 없을 때 현덕은 후원 채소밭에 물을 주고 있었는데, 許褚(허저)와 張遼(장료)가 수십 명 부하를 거느리고 후원에 들어와 말했다.

"승상께서 使君을 모셔오라 하였으니, 곧 출발합시다."

현덕이 놀라 "무슨 긴요한 일이라도 있는가?"⁵라고 물었다.

허저는 "모르겠습니다. 다만 모셔오라고만 하셨습니다."

현덕은 할 수 없이⁶ 두 사람을 따라 승상부에 가서 조조를 만났다. 조조가 웃으면서 말했다.

"집에서 무슨 좋은 일이라도 있습니까!"⁷

깜짝 놀란 현덕은 낯이 흙빛이 되었다.⁸ 조조는 현덕의 손을 이

댈 요. 灌은 물댈 관.

3 以韜晦之計 – 韜는 감출 도. 싸매다. 병법, 칼집. 晦는 그믐 회, 어둘 회. 韜晦는 韜光養晦(도광양회, 재능을 감추고 드러내지 않다)의 줄임.

4 學小人之事 – 小人은 下民, 細民. 小人之事는 농사일.

5 有甚緊事 – 甚은 심할 심. 무슨, 어떤. 緊은 바짝 맬 긴, 급할 긴.

6 玄德只得 ~ – 只得(지득)은 할 수 없이.

7 在家做得好大事 – 做는 지을 주. 作과 同, ~을 행하다, ~이 되다. 做得는 ~을 해내다, ~을 이루다. 做得好는 ~을 잘하다.

8 諕得玄德~ – 諕은 감짝 놀랄 확(하, 획). 嚇(놀랄 혁)과 같음. 驚貌.

끌고 뒤뜰로 가면서 "농사일이 쉽지 않을 것이요."[9]라고 말했다. 현덕은 그제야 마음을 놓으면서[10] "할 일이 없어 하는 소일거리입니다."[11]라고 대답하였다. 조조가 말했다.

"마침 가지마다 매실이 파랗게 맺은 것을 보니 갑자기 작년에 張繡(장수)를 원정할 때, 행군 중에 물이 부족해서 장졸이 모두 고생하던 일이 떠올랐습니다. 나는 마음속으로 꾀를 내어 채찍으로 허공을 가리키며 앞에 매실나무 숲이 있다고 말했습니다. 군사들은 내 말을 듣고 모두 입에 침이 돌아서[12] 잠시라도 갈증을 잊었습니다. 오늘 이 매실을 玩賞(완상)하지 않을 수 없습니다. 또 마침 담근 술이 알맞게 익었기에[13] 정자에서 한번 뵈려고 이렇게 청했습니다."

현덕은 마음을 겨우 진정시키면서 조조를 따라 작은 정자에 오르니, 이미 술상과 함께[14] 소반에는 靑梅(청매)와 따뜻하게 데운 술이 준비되어 있었다. 두 사람은 마주 앉아 마음을 열고 술을 마셨다.[15]

---

9 學圃不易 – 圃는 밭 포. 學圃는 농사일. 易는 쉬울 이.

10 方纔放心 – 纔는 겨우 재(才). 方纔(方才)는 겨우, ~해서야 비로소, 지금.

11 無事消遣耳 – 遣은 보낼 견. 消遣은 심심풀이(를 하다.)

12 口皆生唾 – 唾는 침 타. 침을 뱉다.

13 又値煮酒正熟 – 値는 값 치. ~때를 만나다. 煮는 삶을 자. 煮酒는 술을 데우다. 熟은 익을 숙. 음식을 데우다. 正熟은 알맞게 데워지다.

14 已設樽俎 – 樽은 술통 준. 俎는 도마 조. 樽俎는 술잔과 안주. 술자리.

15 開懷暢飲 – 懷는 품을 회. 속마음. 暢은 통할 창. 開懷暢飲(개회창음)은 흉금을 터놓고 마음껏 마시다.

曹操煮酒論英雄(조조자주논영웅)

繡像 三國志演義(수상 삼국지연의) − 上海 鴻文書局 印行, 국립중앙도서관 소장

　酒至半酣，忽陰雲漠漠，驟雨將至．從人遙指天外龍掛，操與玄德欄觀之．操曰，"使君知龍之變化否？"

　玄德曰，"未知其詳."操曰，"龍能大能小，能升能隱．大則興雲吐霧，小則隱介藏形．升則飛騰於宇宙之間，隱則潛伏於波濤之內．方今春深，龍乘時變化，猶人得志而縱橫四海．龍之爲物，可比世之英雄．玄德久歷四方，必知當世英雄．請試指言之."

　玄德曰，"備肉眼安識英雄？"操曰，"休得過謙."

　玄德曰，"備叨恩庇，得仕於朝．天下英雄，實有未知."

　操曰，"旣不識其面，亦聞其名."玄德曰，"淮南袁術，兵糧足備，可謂英雄."操笑曰，"塚中枯骨，吾早晚必擒之！"

　玄德曰，"河北袁紹，四世三公，門多故吏．今虎踞冀州之地，部下能事者極多，可謂英雄."操笑曰，"袁紹色厲膽薄，好謀無斷．幹大事而惜身，見小利而忘命，非英雄也."

술이 어지간히 들어가자,[16] 갑자기 검은 구름이 온 하늘에 깔리
면서 소낙비가 내릴 것 같았다.[17] 시종이 멀리 하늘 저쪽에 용오름
(龍掛)[18]을 가리키자, 조조와 현덕은 난간에서 바라보았다. 조조가
물었다.

"사군께서는 龍의 조화를 아십니까?"

현덕은 "상세히는 모릅니다."라고 말했다. 이에 조조가 설명했다.

"용은 커질 수도 또 작아질 수도, 하늘에 오르고 숨기도 합니다.
크게는 구름을 일으키고 안개를 뿜어대며, 작게는 티끌 속에[19] 모
습을 감출 수도 있습니다. 용이 승천한다면 宇宙(우주) 사이를 날아
오르고, 숨는다면 파도 속에 잠복할 수 있습니다.[20] 지금 봄이 한창
이라서 용이 때를 맞아 변화하니, 이는 사람이 득지하면 사해를 縱
橫(종횡)으로 누비는 것과 같습니다. 용이란[21] 가히 인간세상의 영
웅과 같을 것입니다. 당신은 사방을 오랫동안 돌아다니셨으니, 이

---

16 半酣 – 酣은 술 즐길 감.

17 忽陰雲漠漠 驟雨將至 – 漠은 사막 막. 광활하다. 漠漠은 구름, 안개가 짙게 낀 모
　양. 驟는 달릴 취. 갑작스레. 驟雨(취우)는 소나기(急雨).

18 從人遙指天外龍掛 – 遙는 멀 요. 龍掛(용괘)는 용오름. 용이 구름을 말아 모습을
　감추고 승천하는 모습, 또는 용이 물을 마신다고 생각하였다.

19 小則隱介藏形 – 隱은 숨을 은. 숨기다. 介는 낄 개. 갑옷, 비늘. 芥는 티끌 개와
　通. 藏은 감출 장.

20 隱則潛伏於波濤之內 – 潛은 (물에) 잠길 잠. 波는 물결 파. 濤는 큰 물결 도. 潮
　水.

21 龍之爲物 – 爲物은 물건의 됨됨이.([참고] 爲人은 사람 됨됨이).

시대의 영웅을 아실 것입니다. 그러니 한번 말씀해 보십시오."

현덕이 말했다.

"안목이 없는(肉眼)[22] 제가 어찌 영웅을 알아보겠습니까?"

그러자 조조는 "너무 겸양하지 마십시오."라고 말했다. 이에 현덕이 말했다.

"저는 승상의 은덕을 입어 조정에 출사하였습니다.[23] 사실 천하의 영웅들을 알지 못합니다."

조조가 다시 물었다.

"그런 사람들을 만나지는 못했어도 이름은 들었을 것입니다."[24]

현덕이 말했다.

"淮南(회남)의 원술은 군사와 군량이 많으니 영웅이라 할 수 있습니다."

조조가 웃으며 말했다.

"(원술은) 무덤 속 해골과 같으니 내가 조만간 틀림없이 생포할 것입니다."

"河北의 袁紹(원소)는 四世三公 집안이라 그 가문에 옛 관리들이 많습니다. 지금 冀州(기주)에 호랑이처럼 웅크리고 있으며, 유능한

---

22 備肉眼安識英雄 – 肉眼(육안)은 평범한 안목. 慧眼(혜안)의 반대.

23 備叨恩庇 得仕於朝 – 叨는 탐낼 도. 외람되게.(承受의 뜻). 庇는 덮을 비. 庇護(비호). 恩庇는 은혜(보살핌)과 비호 덕분에.

24 既不識其面 亦聞其名 – 既는 이미 기. ~할 뿐만 아니라 또 ~, 다음에 亦과 호응함.

부하들이 아주 많으니 영웅이라 할 수 있습니다."

조조가 웃으면서 말했다.

"원소는 외모는 그럴 듯하나 담력이 없고, 모사에는 능하지만 결단하지 못합니다. 큰 일을 하면서 몸을 아끼고[25] 작은 이득에 목숨을 거니 영웅이 아닙니다."

原文

玄德曰, "有一人名稱八駿, 威鎮九州, 劉景升可爲英雄." 操曰, "劉表虛名無實, 非英雄也." 玄德曰, "有一人血氣方剛, 江東領袖, 孫伯符乃英雄也." 操曰, "孫策藉父之名, 非英雄也."

玄德曰, "益州劉季玉, 可爲英雄乎?" 操曰, "劉璋雖係宗室, 乃守戸之犬耳, 何足爲英雄!" 玄德曰, "如張繡張魯韓遂等輩 皆何如?" 操鼓掌大笑曰, "此等碌碌小人, 何足掛齒!"

玄德曰, "捨此之外, 備實不知." 操曰 "夫英雄者, 胸懷大志, 腹有良謀. 有包藏宇宙之機, 呑吐天地之志者也."

---

25 幹大事而惜身 – 幹은 줄기 간(干). 일을 처리하다, 저지르다. 惜은 아낄 석.

玄德曰, "誰能當之?" 操以手指玄德, 後自指曰, "今天下英雄, 惟使君與操耳." 玄德聞言, 吃了一驚, 手中所執匙筯, 不覺落於地下.

時正值天雨將至, 雷聲大作. 玄德乃從容俯首拾筯曰, "一震之威, 乃至於此." 操笑曰, "丈夫亦畏雷乎?"

玄德曰, "聖人迅雷風烈必變, 安得不畏?" 將聞言失筯緣故, 輕輕掩飾過了. 操遂不疑玄德. 後人有詩讚曰,

勉從虎穴暫趨身, 說破英雄驚殺人.
巧借聞雷來掩飾, 隨機應變信如神.

國譯

玄德이 말했다.

"八駿(팔준)[26]의 한 사람으로, 九州에 威名을 날리는 (荊州) 劉景

---

26 八駿(팔준) – 駿은 준마 준. 後漢 順帝가 지방관의 부정을 감독하기 위해 특별히 파견한 사자 8인을 八使라 하였다. 侍中인 杜喬(두교), 光祿大夫인 周擧(주거) 등 8인을 각 州와 郡에 나눠 보내서 風俗을 순찰하며 교화를 널리 펴고 (관리의) 선악을 사실대로 조사하여 부정을 규찰, 탄핵케 하였다. 당시 백성이 이들을 '八駿 (8준)'이라 부르며 칭송했다. 61권, 〈左周黃列傳〉의 〈周擧傳〉 참고.

升(유경승, 劉表)도 영웅일 것입니다."

"劉表는 헛 명성에 無實하니, 영웅이 아닙니다."

"그러면, 혈기가 한창 강하고 江東 땅의 領袖(영수)[27]인 孫伯符(손백부, 孫策)도 영웅입니다."

"孫策은 부친의 명성을 누리고 있으니 영웅이 아닙니다."

"益州의 劉季玉(유계옥, 劉璋)도 영웅입니까?"

"劉璋이 비록 漢의 종실이라지만 대문이나 지키는 강아지이니[28] 어찌 영웅이겠소!"

"張繡(장수)나 張魯(장로), 韓遂(한수) 같은 무리는 어떻습니까?"

조조는 박장대소하며 말했다.[29]

"그 같은 碌碌(녹록) 소인들을 어찌 입에 올릴 수 있겠습니까!"[30]

"이들 말고는 사실 알지 못합니다."

《後漢書 黨錮列傳》에서는 당고의 화를 당한 인물로 海內에 본보기가 될 만한 사람을 특별한 호칭으로 부르기 시작하였다. 그 으뜸은 '三君'이고, 다음은 '八俊(팔준)', 그 다음은 '八顧(팔고)', 또 그 다음은 '八及(팔급)이고, 또 그 다음은 '八廚(팔주)'라고 하였으니, 고대의 '八元(팔원)'과 '八凱(팔개)'와 같은 의미였다. 형주자사인 劉表는 '八及'으로 분류되었다. 及이란 능히 다른 사람을 이끌어 따라오게 할 사람이란 뜻이다. 소설에서 八駿이라 한 것은 착오이나, 유표가 종실인데다가 외모가 출중하여, 당시에 이름이 알려진 것은 사실이다.

27 江東領袖 - 領은 옷깃 령. 袖는 소매 수. 領袖는 지도자.

28 乃守戶之犬耳 - 乃는 이에 내. 겨우, 단지, 너. 耳는 ~일 뿐이다(而已).

29 操鼓掌大笑曰 - 鼓는 북 고. 두드리다. 掌은 손바닥 장. 鼓掌은 拍掌, 撫掌(무장).

30 此等碌碌小人 何足掛齒 - 碌은 돌 모양 녹(록). 碌碌(녹록)은 평범한 모양. 掛는 걸 괘. 掛齒(괘치)는 언급하다.

"영웅이라면 가슴에 큰 뜻을 품고 뱃속에는 좋은 책모가 있어야 합니다. 우주를 가슴에 품을 수 있는 機智와 천지를 呑吐(탄토)하겠다는 대지가 있는 사람입니다."[31]

그러자 현덕은 "그 누가 그럴 만하겠습니까?"라고 물었다. 이에 조조는 손가락으로 현덕을 가리켰다가 자신을 지적하며 말했다.

"지금 천하의 영웅은 使君과 조조뿐입니다."

현덕은 그 말을 듣고 크게 놀라며[32] 손에 들었던 젓가락을[33] 자신도 모르게 떨어트렸다.

그때 마침 비가 쏟아지려는지 천둥이 크게 쳤다. 현덕은 조용히 고개를 수그리며[34] 젓가락을 집어 올리며 말했다.

"벼락의 위세가 이 정도군요."

그러자 조조가 웃으며 말했다.

"대장부도 천둥소리가 두렵습니까?"[35]

玄德이 말했다.

"聖人께서도 벼락이 치거나 큰 바람이 불면 낯빛을 고친다고 하

---

31 有包藏宇宙之機 呑吐天地之志者也 – 藏은 감출 장. 包藏은 속에 품다. 宇宙(우주)는 다음의 天地와 同. 機는 기민한 지혜(機智). 呑은 삼킬 탄. 吐는 토할 토.

32 吃了一驚 – 吃은 마실 흘. 먹다(喫은 마실 끽과 同), 당하다, 말을 더듬다. 驚은 놀란 경.

33 手中所執匙筯 – 匙는 숟가락 시. 筯는 젓가락 저.

34 從容俯首拾筯曰 – 從容은 (태도가) 조용하다, 침착하다. 俯는 구부릴 부.

35 丈夫亦畏雷乎? – 畏는 두려울 외. 雷는 천둥 뇌(뢰).

였는데[36] 어찌 두렵지 않겠습니까?"

현덕은 조조의 말에 놀라 수저를 떨어트렸던 일을 이렇게 꾸며 둘러대었다.[37] 조조는 현덕에 대해 아무 의심도 없었다. 후인이 시를 지어 이를 칭찬하였다.

어쩌다가 호랑굴에 잠시 한몸을 맡긴 처지에,[38]
영웅이라 설파하니 놀라 간담이 서늘했었다.
천둥소리 놀라면서 꾸며 교묘히 감추었나니,
기회보아 응변하니 정말 귀신도 모를지어라.[39]

原文

天雨方住, 見兩個人撞入後園, 手提寶劍, 突至亭前, 左右攔擋不住. 操視之, 乃關張二人也. 原來二人從城外射箭方回, 聽得玄德被許褚張遼請將去了, 慌

---

36 聖人迅雷風烈必變 – 聖人은 孔子. 迅은 빠를 신. 迅雷(신뢰)는 갑작스런 번개나 천둥. 風烈은 세찬 바람. 「有盛饌, 必變色而作. 迅雷風烈必變.」《論語 鄕黨》
37 輕輕掩飾過了 – 輕은 가벼울 경. 輕輕은 가만히, 살짝, 가볍게. 掩은 가릴 엄. 飾은 꾸밀 식. 掩飾(엄식)은 (결점, 실수를) 덮어 숨기다, 속이다.
38 勉從虎穴暫趨身 – 勉은 힘쓸 면. 여기서는 억지로(勉强), 할 수 없이. 虎穴(호혈)은 위험한 곳. 暫은 잠깐 잠. 趨는 달릴 추.
39 隨機應變信如神 – 隨는 따를 수. 隨機應變은 臨機應變(임기응변).

忙來相府打聽. 聞說在後園, 只恐有失, 故衝突而入. 却見玄德與操對坐飲酒, 二人按劍而立.

操問二人何來. 雲長曰, "聽知丞相和兄飲酒, 特來舞劍, 以助一笑."

操笑曰, "此非鴻門會, 安用項莊項伯乎?"

玄德亦笑. 操命, "取酒與二樊噲壓驚."

關張拜謝. 須臾席散, 玄德辭操而歸. 雲長曰, "險些驚殺我兩個"

玄德以落箸事說與關張. 張問是何意. 玄德曰, "吾之學圃, 正欲使操知我無大志. 不意操竟指我爲英雄, 我故失驚落箸. 又恐操生疑, 故借懼雷以掩飾之耳."

關張曰, "兄眞高見!"

二十一回 曹操煮酒論英雄 關公賺城斬車冑 中 節錄

國譯

내리던 비가 막 멈추자, 두 사람이 손에 칼을 쥐고 후원으로 밀고 들어오는데[40] 정자 앞까지 돌진해도 좌우에서 제지하질 못했다.[41]

---

40 見兩個人撞入後園 - 兩個人은 두 사람. 1人은 一個人. 撞은 부딪칠 당. 撞入은 밀고 들어오다, 돌진해 들어오다.

41 左右攔擋不住 - 攔은 막을 난(란). 擋은 물리칠 당. 攔擋은 가로막다, 저지하다.

조조가 바라보니 관우와 장비였다. 원래 두 사람은 성 밖에 나가 활을 쏘고 막 돌아와서 현덕이 허저와 장료 두 사람과 함께 나갔다는 말을 듣고 황망히 승상부에 와서 물었다. 두 사람은 유비가 후원에 있다는 말을 듣고 혹시라도 잘못될까 걱정하며 밀고 들어왔다. 두 사람은 현덕과 조조가 마주 앉아 술을 마시는 것을 보고서 칼을 찬 채 서 있었다.[42]

조조가 두 사람이 왜 왔는가 묻자, 운장이 말했다.

"승상께서 형님과 함께 음주하신다 하여 劍舞라도 보여드려 흥을 도우려 왔습니다."

그러자 조조가 웃으며 말했다.

"여기가 鴻門(홍문)의 연회도 아닌데, 어찌 項莊(항장)과 項伯(항백)이 있어야 하겠는가?"[43]

玄德도 함께 웃었다. 조조는 "술을 두 樊噲(번쾌)에게 주어 놀란 마음을 진정시켜라."[44]고 명령했다. 관우와 장비는 조조에게 사례

---

42 二人按劍而立 – 按은 누를 안. 쥐다, 잡다. 按劍는 칼을 잡다, 칼집에 넣다.

43 劉邦이 秦의 도읍 咸陽에 먼저 入城하자, 項羽는 우세한 군사력으로 劉邦을 위협한다. 劉邦은 부득이 項羽와 鴻門(홍문)에서 만난다. 이 鴻門之會에서 項羽의 謀士 范增(범증)은 항우의 조카 項莊(항장)에게 劍舞를 추다가 劉邦을 죽이라고 한다. 項莊의 뜻을 알고, 項伯은 張良과의 관계 때문에 역시 劍舞를 추면서 劉邦을 보호한다. 이런 위기 상황에서 劉邦의 部將 樊噲(번쾌)가 뛰어 들어온다.

44 取酒與二樊噲壓驚 – 樊은 울타리 번. 噲는 목구멍 쾌. 壓은 누를 압. 驚은 놀랄 경. 壓驚은 술이나 음식을 주어 놀란 마음을 진정시키다. 樊噲(번쾌)는 劉邦의 部將. 유방과 동서간이다. 곧 유방의 처 呂雉(여치)의 여동생이 번쾌와 결혼했다. 劉邦을 지키려고 뛰어온 번쾌에게 項羽가 술과 고기를 주라고 했다.

했다.

곧 술자리가 파하고[45] 현덕은 조조에게 인사하고 돌아왔다. 운장이 말했다.

"우리는 크게 놀라 하마터면 죽을 지경이었습니다."[46]

玄德은 젓가락을 떨어트린 이야기를 관우와 장비에게 들려주었다. 장비는 그게 무슨 뜻이냐고 물었다. 이에 현덕이 말했다.

"나는 농사를 지으며 조조에게 내가 큰 뜻이 없다는 것을 알려주려는 뜻이었다. 그런데 조조가 갑자기 나를 가리키며 영웅이라 하기에 놀라 나도 모르게 젓가락을 떨어트렸다. 그리고 조조가 의심할까 생각하여 천둥칠 때 일부러 무서워하는 척 꾸며대었다."

관우와 장비는 "형님은 정말 高見이십니다."라고 말했다.

---

45 須臾席散 – 須는 모름지기 수. 臾는 잠깐 유. 須臾는 잠시, 잠깐.

46 險些驚殺我兩個 – 險은 험할 험. 些는 적을 사. 조금. 險些(험사)는 하마터면, 거의. 驚殺은 놀라 죽다. 我兩個는 우리 두 사람.

27 備脫許都歸徐州

유비는 허도를 벗어나 서주로 돌아가다.

袁紹는 公孫瓚을 죽이고 세력을 더 키웠다. 한편 쇠약해진 원술은 원소에게 옥새를 넘기고 의탁하려 한다. 만약 원술과 원소가 연합한다면 조조에게 큰 부담이 될 것이다.

이에 유비는 원술이 지나갈 것으로 예상되는 徐州로 나가서 원술을 막겠다며 조조에게 병력을 요청한다. 이는 유비의 脫身之計(탈신지계)이었다.

原文

玄德聞公孫瓚已死, 追念昔日薦己之恩, 不勝傷感.

又不知趙子龍 如何下落, 放心不下. 因暗想曰, '我不就此時 尋個脫身之計, 更待何時?'

遂起身對操曰, "術若投紹, 必從徐州過. 備請一軍就半路截擊, 術可擒矣."

操笑曰, "來日奏帝, 卽便起兵."

次日, 玄德面奏獻帝. 操令玄德總督五萬人馬, 又差朱靈路昭二人同行. 玄德辭帝, 帝泣送之. 玄德到寓, 星夜收拾軍器鞍馬, 掛了將軍印, 催促便行. 董承趕出十里長亭來送. 玄德曰, "國舅忍耐, 某次行必有以報命." 承曰, "公宜留意, 勿負帝心."

二人分別. 關, 張在馬上問曰, "兄今番出征, 何故如此慌速?"

玄德曰, "吾乃籠中鳥, 網中魚. 此一行如魚入大海, 鳥上青霄, 不受籠網之羈絆也." 因命關, 張催朱靈, 路昭, 軍馬速行.

國譯

玄德은 公孫瓚(공손찬)[1]이 이미 죽었다는 소식을 듣고 옛날 자신

---

1 公孫瓚(공손찬, ? - 199년)의 字는 伯珪(백규)로, 遼西郡(요서군) 출신이다. 공손찬은 훌륭한 외모에 美聲(미성)이라서 태수인 侯氏(후씨)가 큰 인물이라 생각하여 딸을 시집보냈다. 공손찬은 涿郡(탁군)의 盧植(노식)을 찾아가 경전을 공부했다. 공손찬의 華北의 패권을 놓고 원소와 한때 맞섰으나, 여러 번 패전하며 세력이 크게 위축되자, 군사를 철수한 뒤, 易京(역경, 易縣에 축조한 人工 언덕)을 固守하였다. 10겹의 참호를 팠고 그 참호 안에 인공의 높은 언덕(京)을 만들었는데 모두 사람 키의 5, 6배 높이였고, 다시 그 위에 누각을 지었으며 중앙의 인공의 언덕을 易京(역경)이라 불렀는데, 그 높이만 10丈(장)이었고 3백만 斛(곡)의 곡식을 비축하고 지구전으로 버티었다. 建安 4년(서기 199), 원소가 모든 군사를 동원하여 공손찬을 공격하자, 패망을 예견한 공손찬은 처자를 모두 죽이고 불에 뛰어들어 자살하였

을 천거해준 은덕을 생각하며 슬픈 마음을 이기지 못했다. 또 趙子龍(趙雲)이 어디에서 어떻게 지내는지를 몰라 마음을 놓지 못했다.[2] 그러면서 마음속으로 헤아렸다.

'내가 이때를 이용하여 몸을 빼내지 못한다면[3] 어느 기회를 또 기다리겠는가?'

그리고서는 일어나서 조조에게 말했다.

"만약 원술이 원소를 찾아가 의탁하려면 틀림없이 徐州를 지나가야 합니다. 제가 一軍을 거느리고 도중에서 원술의 행군을 끊고 공격하면[4] 원술을 잡을 수 있습니다."

그러자 조조가 웃으며 말했다.

"내일 황제께 상주한 뒤 바로 출정하십시오."

다음 날, 현덕은 헌제께 직접 상주하였다. 조조는 현덕에게 5만의 군사와 말을 거느리게 했고, 또 朱靈(주령)과 路昭(노소) 두 장수를 차출하여 함께 동행케 하였다. 현덕이 황제께 떠나는 인사를 올

다. 正史《三國志 魏書》8권, 〈二公孫陶四張傳〉에 立傳.

2 又不知趙子龍如何下落 放心不下 - 下落은 行方, 所在. 放心은 안심하다. 不下는 마음을 놓지 못하다. 趙雲(조운, ?-229년, 字 子龍)은 常山 眞定人(今 河北省 石家莊市 正定縣). 姿顔雄偉. 처음에는 公孫瓚을 섬기다가 유비를 따랐다.《三國志 蜀書》에서는 趙雲, 關羽, 張飛, 馬超, 黃忠을 함께 입전하였고,《三國演義》에서는 이들을 '五虎上將'이라 불렀다. 충의와 용맹, 성실의 본보기가 되었다.

3 我不就此時尋個脫身之計 - 尋은 찾을 심. 個는 一個, 하나의. 個는 量詞. 脫身은 몸을 빼내다, 달아나다. 拔身(발신)과 同.

4 備請一軍就半路截擊 - 半路는 途中에 길을 가는 동안. 截 끊을 절. 가로막다. 擊은 칠 격. 截擊(절격)은 행군하는 중간을 차단하고 공격하다.

리자 헌제는 눈물을 흘리며 전송했다.[5]

현덕은 거처에 돌아와 밤을 새워 장비와 군마를 점검하고서 장군의 인수를 차고 서둘러 출발하였다. 董承(동승)은 유비를 10리 가량 따라나와 전송했다. 이에 현덕이 말했다.

"國舅(국구)께서 참고 계시면[6] 제가 이번 행군에 틀림없이 보답이 있을 것입니다."

동승은 "공께서는 꼭 조심하면서 황제의 뜻을 저버리지 마시오."라고 말했다. 두 사람이 헤어지자 관우와 장비가 마상에서 물었다.

"형님은 이번 출정에 왜 이리 서두르십니까?"

"나는 그간 새장에 갇힌 새였고 어망 속의 물고기였다.[7] 이번 출정은 물고기가 바다에 들어가고 새가 푸른 하늘을 나는 것과[8] 같아 새장이나 그물에 얽매이지 않을 것이다."[9]

그러면서 관우와 장비에 명하여 (部將인) 주령과 노소를 재촉하여 군마가 빨리 행군토록 서둘렀다.

---

5 帝泣送之 – 泣은 울 읍. 소리 없이 눈물을 흘림. 無聲出涕. 送之의 之는 劉備.

6 國舅忍耐 – 舅는 외삼촌 구, 시아버지 구. 國舅는 皇后나 貴妃의 부친. 忍耐(인내)는 참다, 견디다.

7 籠中鳥 網中魚 – 籠은 대그릇 농(롱). 網은 그물 망.

8 鳥上靑霽 – 霽는 갤 제. 날이 개다. 靑霽는 하늘.

9 不受籠網之羈絆也 – 羈는 재갈 기. 고삐. 絆은 줄 반. 羈絆(기반)은 굴레, 속박.

時郭嘉程昱 考較錢糧方回, 知曹操已遣玄德進兵徐州, 慌入諫曰, "丞相何故令劉備督軍?"

操曰, "欲截袁術耳." 程昱曰, "昔劉備爲豫州牧時, 某等請殺之, 丞相不聽. 今日又與之兵, 此放龍入海, 縱虎歸山也. 後欲治之, 其可得乎?"

郭嘉曰, "丞相縱不殺備, 亦不當使之去. 古人云, '一日縱敵, 萬世之患.' 望丞相察之." 操然其言, 遂令許褚將兵五百前往, 務要追玄德轉來. 許褚應諾而去.

(前略) 玄德知袁術將至, 乃引關,張,朱靈,路昭, 五萬軍出, 正迎着先鋒紀靈至. 張飛更不打話, 直取紀靈. 鬪無十合, 張飛大喝一聲, 刺紀靈於馬下. 敗軍奔走, 袁術自引軍來鬪.

玄德分兵三路, 朱靈, 路昭在左, 關張在右, 玄德自引兵居中, 與術相見, 在門旗下責備曰, "汝反逆不道, 吾今奉明詔前來討汝. 汝當束手受降, 免你罪犯."

袁術罵曰, "織席編屨小輩, 安敢輕我!" 麾兵趕來.

繡像 三國志演義(수상 삼국지연의) - 上海 鴻文書局 印行
왼편부터 文醜(문추), 袁紹(원소), 顏良(안량), 袁術(원술), 국립중앙도서관 소장

그때, 郭嘉(곽가)와 程昱(정욱)이 군대의 錢糧(전량)을 점검하고[10] 막 돌아와서는 조조가 이미 유비에게 군사를 주어 徐州로 진공케 한 사실을 알고 서둘러 들어와 "승상께서는 왜 유비에게 군사 지휘를 맡기셨습니까?"라고 따져 물었다.

조조는 "원술을 중간에서 공격하려고 한다."고 대답했다. 그러자 정욱이 말했다.

"예전에 유비가 豫州牧(예주목)일 때, 제가 죽여야 한다고 말씀드렸지만 승상께서는 따르지 않았습니다. 이번에 또 병력까지 내주었으니, 이는 龍을 놓아 바다에 들여보내고 호랑이를 산에 풀어준 것입니다.[11] 뒷날 통제하려 한들 가능하겠습니까?"[12]

곽가도 말했다.

"승상께서 설령 유비를 죽이지는 않더라도[13] 떠나보낸 것은 옳지 않습니다. 옛말에도, '어느 날 적을 풀어주면 萬世의 우환거리라.'고 하였으니 승상께서는 통찰하시기 바랍니다."

조조는 그 말을 옳게 여겨 결국 許褚(허저)에게 군사 5백을 거느리고 쫓아가서 현덕을 데려오라고 하였다.[14] 허저는 대답하고 출발하였다.

---

10 考較錢糧 – 考는 조사(검사)하다. 시험. 考較(고계)는 비교하며 조사하다.

11 縱虎歸山也 – 縱은 놓을 종(放也). 縱虎歸山(종호귀산)은 적을 풀어주어 후환을 남기다.

12 其可得乎 – 其는 어찌, 反問을 나타냄. 혹시, 아마도, 추측을 나타냄.

13 丞相縱不殺備 – 縱은 설사 ~일지라도. 假使와 同.

14 務要追玄德轉來 – 務는 힘쓸 무. 일, 반드시, 꼭, 필히, 要는 ~ 해야 한다.

(前略)[15]

玄德은 원술의 군사가 곧 도착한다는 보고를 받고, 관우, 장비, 주령, 노소 등과 함께 5만 군사를 거느리고 나갔다가 (원술의) 선봉인 紀靈(기령)의 군사와 맞싸우게 되었다.

장비는 이런저런 말도 없이[16] 곧바로 기령을 공격하였다. 채 10합을 싸우지 않았는데 장비의 고함소리와 함께 기령을 찔러 말 아래로 떨어트렸다. 패군이 달아나자, 원술이 직접 군사를 거느리고 나와 싸웠다.

현덕은 군사를 三路로 나눠 주령과 노소는 좌측에서, 관우와 장비는 우측에서, 현덕은 군사를 거느리고 중앙에서 진격하였는데, 원술을 마주보게 되자, 현덕은 깃발 앞으로 나와 원술을 질책하였다.[17]

"네가 反逆不道하니, 나는 황제의 명을 받아 너를 토벌하러 나왔다. 너는 당장 손을 묶어 투항하여 죽을죄를 면해야 한다."[18]

이에 원술이 유비를 욕했다.

"자리나 짜고 짚신을 삼던[19] 어린 녀석이 어찌 감히 나를 깔볼 수 있는가!"

그리고서는 군사를 몰아 공격해왔다.[20]

---

15 (前略) - 허저가 劉備를 만나 許都로 돌아가야 한다고 하였으나 유비는 '將帥가 밖에 나가면 君命도 받지 않을 수 있다.' 하며 거절하고 徐州에 안착한다.

16 張飛更不打話 - 更은 다시 갱. 더욱, 다시. 打話는 말하다, 대답하다.

17 在門旗下責備曰 - 責備는 꾸짖다, 책망하다. 譴責(견책)과 同.

18 汝當束手受降 免你罪犯 - 束手(속수)는 손을 묶다. 受降은 투항하다. 免은 면하다, 벗어나다. 罪犯은 범죄, 지은 죄.

19 織席編屨小輩 - 織은 짤 직. 編은 엮을 편. 屨는 신발 구.

20 麾兵趕來 - 麾는 대장기 휘. 지휘하다. 趕은 달릴 간. 뒤를 쫓다. 來는 동작의 진

玄德暫退, 讓左右兩路軍殺出. 殺得術軍 屍橫遍野, 血流成渠. 士卒逃亡, 不可勝計. 又被嵩山雷薄,陳蘭 劫去錢糧草料.

欲回壽春, 又被群盜所襲, 只得住於江亭. 止有一千 餘眾, 皆老弱之輩. 時當盛暑, 糧食盡絕, 只剩麥三十 斛, 分派軍士, 家人無食, 多有餓死者. 術嫌飯粗, 不 能下咽, 乃命庖人取蜜水止渴.

庖人曰, "止有血水, 安得蜜水?" 術坐於床上, 大叫 一聲, 倒於地下, 吐血斗餘而死. 時建安四年六月也. 後人有詩曰,

漢末刀兵起四方,　　無端袁術太猖狂.
不思累世爲公相,　　便欲孤身作帝王.
强暴枉夸傳國璽,　　驕奢妄說應天祥.
渴思蜜水無由得,　　獨臥空床嘔血亡.

第二十一回 曹操煮酒論英雄 關公賺城斬車冑 中 節錄

행 방향을 표시하는 副詞.

현덕은 잠시 물러났다가,[21] 좌우측 양쪽의 군사들을 공격케 하였다. 원술의 군사를 무찌르니 시체가 온 들에 나뒹굴었고, 피는 냇물이 되어 흘렀다.[22] 도망가는 사졸은 이루 다 셀 수도 없었다.[23] 패전한 원술은 또 嵩山(숭산)의 도적떼인 雷薄(뇌박)과 陳蘭(진란)[24]에게 금전과 軍糧, 馬草마저 겁탈 당했다.

(원술은 자신의 근거지인) 壽春(수춘)으로 돌아가려다가 다시 도적떼에게 습격당한 뒤 겨우 강가 亭(정)에 멈추었다. 휘하에 겨우 1천여 군사가 남았는데 그나마도 모두 노약자들이었다. 그때가 한창 무더울 때였고 식량이 모두 떨어졌고 남아있는 보리 30여 斛(곡)을 군사들에게 나눠 주고 나니, 식구들이 먹을 양식이 없어 굶주려 죽는 자가 많았다. 원술은 거친 밥을 목에 넘기질 못하고[25] 주방 요

---

21 玄德暫退 – 暫은 오래지 않을 잠(不久). 짧은 시간. 暫時, 暫間.

22 屍橫遍野 血流成渠 – 屍는 屍身(시신). 橫은 가로 횡. 뒤엉키다. 遍은 두루 편. 渠는 물도랑 거.

23 士卒逃亡 不可勝計 – 逃는 달아날 도. 亡은 없어질 망. 勝은 이길 승. ~할 수 있다. 勝計는 계산할 수 있다. 不可勝計는 계산이 不可能하다.

24 嵩山雷薄陳蘭 – 嵩山(숭산)의 雷薄(뇌박)과 陳蘭(진란)은 본래 원술의 부하였으나 숭산으로 도망갔다가 다시 돌아와서 원술의 전량을 겁탈해갔다. 嵩山은 河南省 중부 登封市 서북에 위치. 五嶽 중 中嶽. 최고봉인 連天峰은 높이 1,512m. 五嶽之尊, 萬山之祖로 알려졌다.

25 術嫌飯粗 不能下咽 – 嫌은 싫어할 혐. 飯粗(반조)는 밥이 거칠다. 보리밥이나 잡곡밥이었을 것이다. 咽은 목구멍 인. 삼키다.

리사를 불러 갈증을 풀어줄 꿀물을 가져오라 하였다.[26] 이에 요리사가 말했다.

"겨우 핏물이 있을 뿐인데 꿀물이 어디 있습니까?"[27]

원술은 평상에 앉아 있다가 소리 한 번 크게 지르더니 땅에 고꾸라지면서 피를 한 말이나 토하고 죽었다. 때는 建安 4년(서기 199) 6월이었다. 後人이 詩를 남겼다.

漢末에 사방서 칼을 든 군사가 일어날 때,
실없는 원술은 미친 듯 너무나 날뛰었다.
여러代 公相을 지냈던 처지도 생각않고,
보잘것 없어도 자신은 제왕을 꿈꾸었다.
포악한 성질에 강탈한 국새를 자랑하며,
교만과 사치에 함부로 천명을 떠들었다.
갈증에 꿀물을 찾으나 마시지 못하더니,
평상에 외롭게 앉아서 피 쏟고 죽었다네.[28]

---

26 乃命庖人取蜜水止渴 – 庖는 부엌 포. 庖人은 주방장. 蜜은 꿀 밀. 渴은 목마를 갈. 止渴(지갈)은 解渴하다, 만족하다.

27 止有血水, 安得蜜水 – 止는 그칠 지, 다만 지. 只와 同. 安은 어디서.

28 원술이 죽자, 원술의 처자는 원술의 옛 관리였던 廬江(여강) 太守인 劉勳(유훈)에게 의지했다. 孫策(손책)이 유훈을 격파하자 다시 손책의 도움을 받았다. 원술의 딸은 孫權의 후궁으로 들어갔고, 원술의 아들 袁燿(원요)는 郎中이 되었으며, 원요의 딸은 손권의 아들 孫奮(손분)과 결혼했다. 正史《三國志 魏書》6권, 〈董二袁劉傳〉의 〈袁術傳〉 참고.

28 皇叔敗走投袁紹
황 숙 패 주 투 원 소

유비는 패전하고 원소를 찾아가다.

醫員인 吉平(길평)의 曹操 독살 미수 사건 이후, 조조는 董承(동승)과 뜻을 같이 한 유비를 치기 위해 대군을 거느리고 徐州로 진격한다. 현덕은 孫乾(손건)을 河北의 원소에게 보내 급히 구원을 요청한다. 그러나 원소는 막내아들이 아프기에 파병할 수 없다면서 "만약 不如意하여 찾아온다면 내가 도와줄 길이 있을 것이다.(倘有不如意, 可來相投, 吾自有相助之處.)"라고 말한다.

原文

是夜月色微明, 玄德在左, 張飛在右, 分兵兩隊進發. 只留孫乾守小沛. 且說 張飛自以爲得計, 領輕騎在前, 突入操寨, 但見零零落落, 無多人馬, 四邊火光大起, 喊聲齊擧.

飛知中計, 急出寨外. 正東張遼, 正西許褚, 正南于禁, 正北李典, 東南徐晃, 西南樂進, 東北夏侯惇, 西北夏侯淵, 八處軍馬殺來.

張飛左衝右突, 前遮後當, 所領軍兵原是曹操手下舊軍, 見事勢已急, 儘皆投降去了. 飛正殺間, 逢着徐晃大殺一陣, 後面樂進趕到.

飛殺條血路突圍而出, 只有數十騎跟定. 欲還小沛, 去路已斷, 欲投徐州, 下邳, 又恐曹軍截住. 尋思無路, 只得望芒碭山而去.

國譯

그날 밤, 희미한 달빛 아래, 현덕은 왼쪽에서, 장비는 오른 편에서 군사를 나눠 양쪽에서 출발하였다. 현덕은 孫乾(손건)을 남겨 小沛(소패)를 지키게 하였다. 한편 張飛는 좋은 계책이라 생각하며,[1] 혼자 경무장 기병을 거느리고 조조의 영채를 습격하였지만, 군마가 드문드문 보일 뿐[2] 人馬가 많지 않았는데, 사방에서 火光이 크게 솟아오르면서 함성이 한꺼번에 일어났다.

장비는 계략에 걸릴 줄 알고,[3] 서둘러 영채 밖으로 빠져나왔다. 그러나 正東에서는 張遼(장료)가, 서쪽에서는 許褚(허저), 남쪽에는

---

1 張飛自以爲得計 – 張飛는 劉備에게 야간 기습작전을 건의했고 받아들여졌다. 以爲는 생각하다, ~이라 여기다. 以~爲~는 ~을 ~이라고 알다.

2 但見零零落落 – 零은 가랑비 영, 나머지 영. 零零落落은 드문드문하다.

3 飛知中計 – 中計는 계략에 빠지다, 걸려들다.

于禁(우금), 북쪽에는 李典(이전),[4] 동남에는 徐晃(서황), 서남에서는 樂進(악진),[5] 동북에서는 夏侯惇(하후돈), 서북에서는 夏侯淵(하후연) 등의 군마가 8방에서 쇄도하였다.

장비는 左衝右突(좌충우돌)하며 전후방을 막으며 싸웠지만,[6] 거느린 군마가 본래 조조 手下의 옛 군사들이고 형세가 이미 급박한지라, 모두가 투항하며 도주하였다.[7] 장비가 한참 적을 무찌르는 동안 한바탕 크게 공격해오는 서황과 부딪쳤고 뒤쪽에서는 악진이 추격해왔다.

장비는 간신히 血路(혈로) 하나를 찾아[8] 포위를 뚫고 벗어났는데 겨우 기병 수십 명만이 따라왔다. 장비가 서주의 하비성으로 도주하려 했지만 길이 이미 막혔고 또 조조의 군사가 퇴로를 차단했다. 장비는 한참을 생각하다가 겨우 芒碭山(망탕산)을 찾아 숨어

---

4 李典(이전, 180 – 215년, 字 曼成) – 兗州(연주) 관할 山陽郡 鉅野縣(今 山東省 서남부 菏澤市 관할 巨野縣) 출신. 원래 山陽郡의 土豪,《左傳》등 群書를 硏學했다. 儒將이라 일컬어진다. 36세에 죽음. 文帝 曹丕 즉위 후 追諡는 愍侯(민후). 正史 《三國志 魏書》18권,〈二李臧文呂許典二龐閻傳〉에 立傳.

5 樂進(악진,? – 218년, 字 文謙) – 兗州 陽平郡 衛國縣 출신. 曹魏 五子良將(張遼, 樂進, 于禁, 張郃, 徐晃) 중 제일 먼저 曹操를 따라다녔다. 체구는 작았지만 담력이 있었고, 처음에는 문서를 다루는 下吏이었다. 正史《三國志 魏書》17권,〈張樂于張徐傳〉에 입전.

6 張飛左衝右突 前遮後當 – 左衝右突(좌충우돌). 遮는 막을 차. 當은 물리치다, 대적하다.

7 儘皆投降去了 – 儘은 다할 진. 모두, 盡과 同. 儘皆(진개)는 모두.

8 飛殺條血路突圍而出 – 殺은 싸우다, 끔찍하게, 처절하게. 血路(혈로)는 험한 길(險路). 條는 一條의 축약, 길(路), 강, 산맥 등에 붙이는 量詞.

들었다.[9]

原文

却說 玄德引軍劫寨, 將近寨門, 喊聲大震, 後面衝出
一軍, 先截去了一半人馬, 夏侯惇又到. 玄德突圍而
走, 夏侯淵又從後趕來. 玄德回顧, 止有三十餘騎跟
隨. 急欲奔還小沛, 早望見小沛城中火起, 只得棄了小
沛, 欲投徐州, 下邳, 又見曹軍漫山塞野, 截住去路.

玄德自思無路可歸, 想袁紹有言, "倘不如意, 可來
相投", 今不若暫往依棲, 別作良圖. 遂望靑州路而走,
正逢李典攔住. 玄德匹馬落荒望北而逃, 李典擄將從
騎去了.

且說 玄德匹馬投靑州, 日行三百里, 奔至靑州城下
叫門. 門吏問了姓名, 來報刺史. 刺史乃袁紹長子袁譚.

譚素敬玄德, 聞知匹馬到來, 卽便開門相迎, 接入公
廨, 細問其故. 玄德備言兵敗相投之意. 譚乃留玄德

---

9 尋思無路 只得望芒碭山而去 – 尋은 찾을 심. 尋思는 깊이 생각하다. 芒은 풀 끝 까
끄라기 망. 碭은 무늬 있는 돌 탕. 망탕산은 河南省 중동부 끝 永城市에 소재한 산
으로, 최고봉이 해발 157m. 劉邦이 白蛇(백사)를 죽이고 起義한 곳으로 알려졌다.

於館驛中住下, 發書報父袁紹. 一面差本州人馬, 護送玄德.

國譯

한편, 玄德이 군사를 이끌고 조조의 군영을 습격하려[10] 영채 입구까지 접근하자 함성이 크게 일어나며, 뒤쪽에서 한 무리의 군사가 공격해 나오자 군사 절반을 나눠 막게 했으나 하후돈의 부대가 또 들이닥쳤다. 현덕이 포위를 뚫고 도주하자 夏侯淵이 또 뒤에서 추격해왔다. 현덕이 돌아보니 겨우 기병 30여 명이 따라오고 있었다. 현덕이 서둘러 小沛(소패)로 되돌아가려 했지만 벌써 소패성 안에서는 불길이 솟는 것을 보고, 소패성을 버릴 수 밖에 없어 徐州의 下邳(하비)로 가려 했으나 그쪽에도 조조의 군사가 산과 들을 가득 메워 길을 막고 있었다.[11]

현덕이 생각해도 갈 만한 길이 없자, 전에 원소가 "만약 뜻대로 안 되면 찾아와 의지하라."[12]는 말을 기억하며, 지금 원소에게 잠시 의지하면서[13] 다른 방책을 찾아보겠다고 생각하였다. 현덕은 혼자

---

10 玄德引軍劫寨 – 劫은 겁탈할 겁. 강제로 뺏다. 寨는 울짱 채. 영채, 군영.

11 漫山塞野 截住去路 – 漫은 질펀할 만. 가득하다. 塞은 막을 색. 가득하다. 변방 새. 漫山塞野는 산과 들에 가득하다(滿山遍野). 截은 끊을 절.

12 倘不如意 – 倘은 혹시 당. 만약 ~이라면(倘若).

13 今不若暫往依棲 – 不若은 ~만 못하다, ~하는 것이 좋다.(不如와 同). 棲는 깃들 서. 살다. 依棲는 의지하고 살다.

북쪽으로 아무 길이나 따라 도주하였고,[14] (조조의 부장) 李典(이전)
은 (현덕의) 기병을 잡아 돌아갔다.

한편, 현덕이 匹馬(필마)로 青州[15]를 찾아가는데, 하루에 3백 리를
달려 청주 성문을 두드렸다. 성문 군졸이 성명을 묻고 청주자사에
게 보고했다. 이때 청주자사는 원소의 큰아들인 袁譚(원담)이었다.[16]

원담은 평소에 현덕을 敬慕(경모)했었는데, 현덕이 홀로 온 것을
알고 즉시 성문을 열고 영입케 하여 청사로 맞이하며[17] 그간의 사
연을 자세히 물었다. 현덕은 패전한 사실과 投合(투합)하려는 뜻을
모두 다 말했다. 원담은 현덕을 驛館(역관)에 머물게 하면서, 서신
으로 부친 원소에게 보고하였다. 그러면서 청주의 군사를 동원하
여 현덕을 원소에게 호송하였다.

---

14 落荒望北而逃 − 落荒(낙황)은 큰 길에서 벗어나 아무 길이나 찾아서.

15 青州는 후한 13자사부의 하나. 青州자사부의 치소는 齊國 臨淄縣〔임치현, 今 山
東省 淄博市 臨淄區(임치구)〕. 齊南國, 平原郡, 樂安國, 北海國, 東萊郡, 齊國 등 지
금 山東 반도 일원이 관할구역이었다.

16 刺史乃袁紹長子袁譚 − 袁은 옷이 치렁치렁할 원. 성씨. 紹는 이을 소. 譚은 이야
기 담. 袁譚(원담. ?−205년, 字 顯思)은 汝南郡 汝陽縣(今 河南省 商水縣) 출신.
袁紹의 長子, 袁熙, 막내 袁尙(원상)과 同父異母의 兄長, 사람이 억세고 살인을
좋아했다. 전성기의 원소는 공손찬을 (河間國의) 易京(역경)에서 격파하고(建安
4년, 서기 199) 長子 袁譚을 青州(청주) 자사로 내보냈다. 中子인 袁熙(원희)를 幽
州牧에, 생질인 高幹(고간)에게 幷州(병주)를 통치케 하였고, 막내 원상을 본거지
冀州에 데리고 있었다. 원소가 病死(建安 7년, 서기 202)한 뒤, 형제 내분이 있었
고, 원담은 조조에 의지하여 원상을 공격했다. 나중에 원담은 조조를 배신했다
가 패망했다.

17 接入公廨 − 廨는 관아 해. 公廨는 官衙, 관청 집무처.

至平原界口, 袁紹親自引衆 出鄴郡三十里迎接玄德.

玄德拜謝, 紹忙答禮曰, "昨爲小兒抱病, 有失救援, 於心怏怏不安. 今幸得相見, 大慰平生渴想之思."

玄德曰, "孤窮劉備, 久欲投於門下, 奈機緣未遇, 今爲曹操所攻, 妻子俱陷, 想將軍容納四方之士, 故不避羞慚, 逕來相投. 望乞收錄, 誓當圖報."

紹大喜, 相待甚厚, 同居冀州.

第二十四回 國賊行凶殺貴妃 皇叔敗走投袁紹 中 節錄

國譯

현덕이 (靑州 관할) 平原郡 경내에 들어가자, 袁紹가 친히 군사를 이끌고 마중 나왔는데, 鄴郡(업군)[18]에서 30리 떨어진 곳까지 나와 현덕을 영접했다.

玄德은 원소에게 拜謝하자 원소도 황급히 답례하며 말했다.

---

18 鄴郡(업군) – 冀州刺史部, 치소는 常山國 高邑縣이었다가 후한 말기에는 魏郡 鄴縣(업현)이 그 치소였다. 漢代에서 郡國의 치소가 있는 縣名을 郡名으로도 혼용했다. 鄴(업)은 현명이었는데, 소설에서는 업군으로 혼용했다. 冀州는 魏郡, 鉅鹿郡, 常山國, 中山國, 安平國, 河間國, 淸河國, 趙國, 渤海郡를 관할하였다. 鄴縣(업현)은, 今 河北省 남부 邯鄲市(한단시) 관할 臨漳縣인데, 曹操가 魏公이 되고 魏王으로 있는 동안 조조 세력의 근거지였다.

"전날에 小兒가 병을 알아 구원하지 못하여[19] 늘 마음이 불안하였습니다.[20] 오늘 다행히도 만나보니 평생 갈망하며 그리던 뜻을 이루었습니다."[21]

玄德이 말했다.

"孤窮한 劉備는 오래전부터 門下에 의지하고 싶었으나, 어찌 되었는지 機緣(기연)을 만나지 못하였습니다.[22] 이번에 조조의 공격을 받아 처자는 모두 적의 수중에 들었는데, 장군께서 사방의 인사를 받아들이는 것을 생각하고서 부끄러움을 무릅쓰고 곧장 찾아왔습니다.[23] 바라옵건대 받아준다면 맹세코 보답하겠습니다."

원소는 크게 기뻐하면서 정중하게 현덕을 대우했고 冀州(기주)에 함께 머물렀다.

---

19 昨爲小兒抱病 – 昨은 어제 작. 이전에. 抱는 안을 포. 抱病은 병이 들다. 建安 5년(서기 200), 조조는 동쪽으로 나아가 유비를 공격했다. (원소의 謀士인) 田豐(전풍, ?-200年, 字 元皓)이 원소에게 조조의 후방(許都)을 습격해야 한다고 건의하였으나 원소는 아들이 병이 났다며 허락하지 않았다. 이에 전풍은 지팡이로 땅을 치며 말했다. "다시 얻을 수 없는 기회를 만났는데도 어린애가 아프다며 기회를 놓치다니 안타깝다!"

20 怏怏不安 – 怏은 섭섭할 앙. 怏怏은 만족스럽지 못한 모양.

21 大慰平生渴想之思 – 渴은 목마를 갈. 渴想之思는 간절히 그리워하는 마음. 渴念, 渴慕와 同.

22 奈機緣未遇 – 機緣(기연)은 기회와 인연. 遇는 만날 우.

23 故不避羞慚 逕來相投 – 羞는 부끄러울 수. 음식을 올리다. 慚은 부끄러울 참. 羞慚(수참)은 부끄러움. 逕은 소로 길 경. 당장, 곧바로.

토 산 관 공 약 삼 사
29 土山關公約三事
土山에서 關公은 세 가지를 약조하다.

> 關羽는 하비성을 지켰지만 衆寡不敵(중과부적)에다 유인전술에 말려
> 성 밖의 작은 土山에 포위되고 성은 함락된다. 관우를 생포하려는 조
> 조의 뜻에 따라 조조의 부장인 張遼(장료)가 토산에 와서 관공을 만
> 난다.

原文

張遼曰, "玄德不知存亡, 翼德未知生死. 昨夜曹公
已破下邳, 軍民盡無傷害, 差人護衛玄德家眷, 不許
驚擾. 如此相待, 弟特來報兄."

關公怒曰, "此言特說我也. 吾今雖處絶地, 視死如
歸. 汝當速去, 吾卽下山迎戰."

張遼大笑曰, "兄此言豈不爲天下笑乎?"

公曰, "吾仗忠義而死, 安得爲天下笑?"

遼曰, "兄今卽死, 其罪有三." 公曰, "汝且說我那三罪?"

遼曰, "當初劉使君與兄結義之時, 誓同生死, 今使君方敗, 而兄卽戰死, 倘使君復出, 欲求兄相助, 而不可復得, 豈不負當年之盟誓乎? 其罪一也. 劉使君以家眷付託於兄, 兄今戰死, 二夫人無所倚賴, 負却使君依託之重. 其罪二也. 兄武藝超群, 兼通經史, 不思共使君匡扶漢室, 徒欲赴湯蹈火, 以成匹夫之勇, 安得爲義? 其罪三也. 兄有此三罪, 弟不得不告."

國譯

장료[1]가 말했다.

"玄德의 존망을 알 수 없고, 익덕의 생사도 모릅니다. 엊저녁에 조공께서는 이미 下邳(하비)를 격파했고 군사나 백성 모두 상해를 입지 않았으며, 사람을 보내 현덕의 가족을 보호하며 놀라지 않게 보살피고 있습니다.[2] 이런 사정을 형(關羽)께 말씀드리러 제가 왔

---

1 張遼(장료, 字 文遠)는 呂布의 부장으로 여포가 소패의 劉備를 공격할 때 關羽와 상면한다. 呂布가 죽자, 曹操에게 욕을 하고 처형당할 때, 劉備와 關羽 덕에 목숨을 건졌고 曹操의 部將이 된다. 《三國演義》19회 말, 20회 초 참고.

2 差人護衛玄德家眷 不許驚擾 – 眷은 돌아볼 권, 붙이 권. 家眷은 가족, 妻. 驚은 놀랄 경. 놀라게 하다. 擾는 어지러울 요. 요란하다.

습니다."

그런데도 관공[3]은 화를 내며 말했다.

"이런 말은 나를 설득하려는 뜻이오. 내가 지금은 궁지에 몰렸지만 죽음을 가야 할 곳에 가는 것으로 생각하네.[4] 아우는 속히 떠나게. 나는 바로 하산하여 싸울 것이다."

장료는 큰 소리로 웃으며 말했다.

"형님의 그 말은 어찌 천하의 웃음거리가 아니 되겠습니까?"[5]

"나는 忠義에 따르다가 죽는데 어째서 천하의 웃음거리가 되는가?"

"형님이 죽는다면 죄가 세 가지나 됩니다."

"자네는 나의 三罪가 무엇인지 한번 말해보게?"

"당초에 劉使君(劉備)과 형님이 결의형제 하시면서 생사를 같이 하기로 서약했는데, 지금 사군께서 패전했다 하여 형님이 싸우다 죽는다면, 사군께서 다시 와서 형님을 도우려 해도 도울 수가 없으니, 이는 그때의 맹서를 저버리는 것이 아니겠습니까?[6] 이것이 첫

---

3 《三國演義》에서 關羽를 지칭할 때는 거의 '關公'이라 썼다. 이는 '羽'를 諱(휘)한 것이다. 곧 소설이 정착되는 明淸代에는 이미 관우에 대한 神格化가 이루어졌다는 뜻이다.

4 吾今雖處絶地 視死如歸 – 處는 곳 처. 살다, 어떤 상황에 처하다. 絶地는 窮地(궁지). 매우 험한 곳. 視死如歸는 죽음을 갈 곳으로 가는 것처럼 생각한다. 당당하게 죽겠다는 의지의 표현.

5 豈不爲天下笑乎 – 豈는 어찌 기. 豈不은 ~이 아닌가? 爲는 피동의 뜻.

6 豈不負當年之盟誓乎? – 負는 여기서는 저버리다, 위반하다의 뜻. 豈 ~ 乎는 의문문에서 반문, 추측을 표시하는 助詞. 豈는 어찌.

번째 죄입니다. 劉使君께서 식구들을 형님에게 부탁하셨는데, 형님이 이번에 싸우다가 죽는다면 두 형수는 의지할 데가 없으니, 이는 사군의 부탁을 저버리는 것이며,[7] 바로 두 번째 죄가 됩니다. 형님께서는 무예가 출중하시며 經史에 겸통하시니[8] 사군과 함께 漢室을 보필할 사명을 생각 않고[9] 물불을 가리지 않고 위험에 빠져[10] 용맹을 뽐내는 필부처럼 죽는다면 어찌 대의를 실천하시겠습니까? 이것이 세 번째 죄입니다. 형님의 이런 죄를 제가 말씀드리지 않을 수 없습니다."

公沈吟曰, "汝說我有三罪, 欲我如何?"

遼曰, "今四面皆曹公之兵, 兄若不降, 則必死, 徒死無益, 不若且降曹公, 却打聽劉使君音信, 知何處,

---

7 二夫人無所倚賴 負却使君依託之重 − 倚는 의지할 의. 賴는 믿고 의지할 뢰. 倚賴 − 依賴와 同. 重은 (정도가) 심하다, 중하다. 依託之重은 의탁한 큰 뜻.

8 兼通經史 − 兼은 겸할 겸. 두루, 동시에 하다. 經史는 儒家 經典과 史書. 관우는 특히 《春秋》에 밝았다고 중국인들은 믿고 있다. 武藝가 超群하기에 武神으로 숭배받는 것은 당연하고, 兼通經史했다 하여 책을 보는 關羽의 그림이 많으며 과거 시험 응시자들은 평소에 관우를 숭배했다고 한다.

9 不思共使君匡扶漢室 − 匡은 바를 광. 도와주다. 匡扶는 바르게 도와주다, 보필하다.

10 徒欲赴湯蹈火 − 徒는 걸을 도, 무리 도. 제자, 패거리, 공연히, 다만, 맨손. 赴는 나아갈 부. 湯은 끓는 물 탕. 蹈는 밟을 도.

卽往投之. 一者可以保二夫人, 二者不背桃園之約,
三者可留有用之身. 有此三便, 兄宜詳之."

公曰, "兄言三便, 吾有三約. 若丞相能從我, 卽當
卸甲, 如其不允, 吾寧受三罪而死."

遼曰, "丞相寬洪大量, 何所不容? 願聞三事."

公曰, "一者, 吾與皇叔設誓, 共扶漢室, 吾今只降
漢帝, 不降曹操. 二者, 二嫂處請給皇叔俸祿瞻, 一應
上下人等, 皆不許到門. 三者, 但知劉皇叔去向, 不管
千里萬里, 便當辭去. 三者缺一, 斷不肯降. 望文遠急
急回報."

國譯

關公은 깊이 생각한[11] 다음에 말했다.

"자네가 나의 죄 3가지를 말했는데, 내가 어찌하기를 바라는가?

이에 장료가 말했다.

"지금 사방이 모두 曹公의 군사이니, 형님이 투항하지 않는다면
틀림없이 죽게 되니 무익한 헛 죽음이니,[12] 일단 조공에게 투한한

---

11 公沈吟曰 - 沈은 가라앉을 침, 성씨 심. 吟은 신음할 음. 沈吟(침음)은 깊이 생각
하다.

12 徒死無益 - 徒는 무리 도. 걷다. 지닌 것이 없는.(예 徒手는 맨손. 徒步는 맨몸으
로 걷다.) 徒死(도사)는 헛된 죽음.

屯土山關公約三事(둔토산관공약삼사)

繡像 三國志演義(수상 삼국지연의) – 上海 鴻文書局 印行, 국립중앙도서관 소장

다음에 劉使君의 소식을 탐문하여 어디에 있는지 알게 되면 바로 찾아가시면 됩니다. 그럴 경우에 첫째 사군의 부인 두 분을 지킬 수 있고, 둘째 도원의 맹약을 저버리지 않으며, 셋째 쓸모 있는 일을 할 수 있습니다. 이런 3가지 이점을 형님께서는 잘 이해하셔야 합니다."

그러자 관공이 말했다.

"장형[13]이 3가지 잇점을 말했으니 나도 3가지 약속이 있소. 만약 승상이 내 요구를 들어준다면 즉시 갑옷을 벗겠지만,[14] 만약 수락치 않는다면[15] 나는 차라리 3가지 허물을 짓더라도 죽고 말 것이요."

"丞相은 도량이 넓고 크니 어찌 수락치 않겠습니까? 3가지 요구가 무엇입니까?"

"첫째는 나와 皇叔(玄德)은 漢室을 돕기로 함께 서약하였으니, 지금 나는 漢의 황제에게 투항하는 것이지 조조에게 투항하는 것이 아니요.[16] 두 번째로, 두 분 형수님 거처에 皇叔의 녹봉을 지급하

---

13 兄言三便 - 關羽는 張遼를 처음에는 '너(汝)'로 호칭, 여기서는 兄이라 호칭하여, 연령적으로 아래지만 존경의 뜻을 표현.

14 即當卸甲 - 即은 곧 즉, 당연히 ~이다. 卸는 벗을 사(脫衣 解甲). 御(거느릴 어)가 아님. 甲은 으뜸 갑. 껍질(甲介), 갑옷(兵甲, 甲冑).

15 如其不允 - 如其는 만일(如果보다 강한 語感). 允은 믿을 윤, 허락할 윤(允許). 참으로.

16 吾今只降漢帝 不降曹操 - 이는 關羽의 投降을 위한 名分論이다. 君子에게 正名은 당연한 일이다. 名不正이면 言不順하고 事不成하며, 禮樂不興하고 刑罰不中하여 民은 手足을 둘 데가 없다고 하였다.《論語 子路》

여 봉양케 해주고[17] 상하의 누구를 막론하고 집안에 못 들어오게 해주시오. 세 번째는 내가 劉皇叔의 소식을 듣거나 거처를 알기만 하면[18] 천리만리를 상관치 않고[19] 바로 더 나갈 것이요. 이 3가지 중 하나라도 빠진다면 결단코 투항하지 않을 것이요.[20] 그러니 그대는 빨리 되돌아가 통보해 주시오."

原文

張遼應諾, 遂上馬, 回見曹操, 先說降漢不降曹之事.

操笑曰 ; "吾爲漢相, 漢卽吾也. 此可從之."

遼又言, "二夫人慾請皇叔俸給, 並上下人等不許到門." 操曰, "吾於皇叔俸內, 更加倍與之. 至於嚴禁內外, 乃是家法, 又何疑焉?"

遼又曰, "但知玄德信息, 雖遠必往."

---

17 二嫂處請給皇叔俸祿贍 - 請은 요청하다, 초청하다. 상대방에게 어떤 부탁을 하는 경어. 俸祿(봉록)은 녹봉(祿俸). 贍은 넉넉할 섬. 부양하다.

18 却打聽劉使君音信 知何處 - 打聽(타청)은 어떤 사실이나 상황을 물어보다, 알아보다, 탐문해서 알다. 音信은 편지, 소식, 기별. 知何處는 어디에 있는가를 알다.

19 不管千里萬里 - 不管은 관계하지 않다. ~을 막론하고, ~에 관계없이(不問).

20 三者缺一 斷不肯降 - 缺은 그릇 깨어질 결. 부족하다. 斷은 자를 단. 절대로, 결코.

操搖首曰, "然則吾養雲長何用? 此事却難從."

遼曰, "豈不聞豫讓衆人國士之論乎? 劉玄德待雲長不過恩厚耳. 丞相更施厚恩以結其心, 何憂雲長之不服也?"

操曰, "文遠之言甚當, 吾願從此三事."

張遼再往上回報關公. 關公曰, "雖然如此, 暫請丞相退軍, 容我入城見二嫂, 告知其事, 然後投降."

張遼再回, 以此言報曹操. 操卽傳令, 退軍至十里. 荀彧曰, "不可. 恐有詐."

操曰, "雲長義士, 必不失信." 遂引軍退. 關公引兵入下邳, 見人民安妥不動, 竟到府中, 來見二嫂.

第二十五回 屯土山關公約三事 句白馬曹操解重圍 中 節錄

國譯

張遼(장료)가 응낙하고 말을 타고 돌아와 조조를 만나서, 먼저 漢에 투항하는 것이지 曹公에게 투항하지 않겠다는 조건을 말했다. 그러자 조조가 웃으며 말했다.

"나는 漢의 승상이고, 내가 곧 漢이다. 이는 수락할 만하다."

장료가 이어 "二夫人에게 유황숙의 녹봉을 지급할 것과 상하 누구든 출입을 금하게 해 달라."고 요구하였다. 이에 조조가 말했다.

"나는 유황숙의 봉록을 두 배로 늘려 지급할 것이다. 內外 잡인 출입 엄금은 바로 가문의 법도이니 무엇을 의심하겠는가?"

장료가 이어 "현덕의 소식만 들으면 아무리 먼 곳이라도 꼭 찾아 갈 것입니다."라고 말했다.

그러나 조조가 고개를 가로 저으며 말했다.

"그렇다면 내가 운장을 보살펴 무슨 소용이 있겠나? 이는 정말 수락하기 어렵다."

이에 장료가 말했다. "(晉나라) 豫讓(예양)의 衆人(보통 사람)과 國士에 대한 議論[21]을 알고 계시지 않습니까? 劉玄德이 운장을 대 하는 것이 단순히 후한 은덕만은 아닙니다. 승상께서 더 많은 厚誼 (후의)와 은덕을 베풀어 운장의 마음을 움직인다면, 운장의 불복을 어찌 걱정하시겠습니까?"

조조가 말했다.

---

21 豈不聞豫讓衆人國士之論乎 - 豫讓(예양)은 《史記 刺客列傳》에 수록된 晉나라 智伯(지백)의 家臣이었다. 죽은 智伯의 원수를 갚기 위해 당시 실력자 趙襄子(조 양자)를 죽이려고 온갖 방법을 강구하였다. '士爲知己者死(志士는 知己者를 위 하여 목숨을 버리고), 女爲悅己者容(여인은 자기를 기쁘게 해주는 사람을 위해 화장을 한다)'는 유명한 말을 남겼다. 예양이 나중에 잡혔을 때, 조양자가 '智伯 도 죽고 없는데 왜 이리 복수하려 하느냐?'고 묻자, 예양은 "내가 섬긴 范氏(범 씨)나 中行氏(중행씨)는 나를 보통 사람으로(衆人) 대했기에 나도 그렇게 섬겼다. 그러나 智伯은 나를 國士(걸출한 인물)로 대우해 주었다. 그래서 나는 國士로서 그에게 보답하려는 것이다."라고 말했다. 곧 내가 대접받은 그대로 섬긴다는 뜻.

"文遠(張遼)의 말이 정말 지당하니, 나도 그 3가지 요구를 들어주겠소."

장료는 다시 관공에게 돌아와 알려주었다. 이에 관공이 말했다.

"그렇지만 승상이 잠시 군사를 물려주면, 내가 성 안에 들어가 두 형수를 만나보고 이를 말씀드린 뒤에 투항할 것이오."

장료가 다시 돌아가서 관공의 말을 조조에게 보고했다. 조조는 즉시 10리 정도 군사를 물리라고 명령했다. 순욱은 "안 됩니다. 속임수가 있을지 모릅니다."라고 말했다. 조조가 말했다.

"雲長은 義士이니 틀림없이 신의를 지킬 것이오."[22]

조조는 군사를 퇴각케 했다. 관공은 군사를 이끌고 하비성에 들어가 백성이 안전하고 동요하지 않는 것을 보고서는,[23] 관저에 들어가 두 형수를 만났다.[24]

---

22 君子無失信하고 失信是小人이라는 속담도 있다.

23 見人民安妥不動 – 妥는 편안할 타, 안정할 타. 安妥는 안정된 상태.

24 竟到府中 來見二嫂 – 竟은 다할 경. 결국, 끝내, 드디어. 府中은 고관의 집, 관청. 嫂는 형수 수. 아주머니. 친구 부인에 대한 존칭(嫂夫人).

30 關雲長掛印封金
관 운 장 괘 인 봉 금
관운장은 괘인 봉금하다.

土山에서 張遼(장료)와 三罪와 三便에 대해 이야기를 나누고, 조조와
三事를 약속한 뒤, 관공은 許都에 입성한다. 이어 獻帝를 알현하고 偏
將軍에 임명되었으며, 美髥公(미염공)이란 별칭을 얻었다.

조조는 관공에게 새 戰袍(전포)와 여포가 타던 赤兎馬(적토마)를 선사
하고, 관우를 위하여 3일에 小宴(소연)을, 5일에 대연을 베풀어주지
만 관공은 흔들리지 않는다.

원소와 조조가 대결할 때는 단칼에 顔良(안량)을 베고 漢壽亭侯(한수
정후)[1]에 봉해진다. 또 文醜(문추)를 베어 명성을 떨치기도 한다.(建安
5년, 서기 200)

어느 날 관공은 劉備의 서신을 받는다.

---

1 漢壽亭侯(한수정후) - 漢의 壽亭侯(수정후)가 아니다. 漢壽亭(한수정)이란 곳의
토지를 봉지로 받은 列侯이다. 後漢의 경우 王은 劉氏뿐이다. 왕은 郡 단위의 封
地를 받는다. 列侯는 縣侯, 都鄕侯, 鄕侯, 都亭侯, 亭侯의 3(5)등급이 있었는데
모두 食邑을 받았다. 縣侯는 縣에 立國할 수 있고(國으로 호칭), 鄕侯와 亭侯는
立國하지 못하나 家臣을 거느릴 수는 있었다. 曹魏에서는 후한의 제도를 답습
하였다.

　且說, 關公正尋思間, 忽報有故人相訪. 及請入, 却不相識. 關公問曰, "公何人也?" 答曰, "某乃袁紹部下南陽陳震也."

　關公大驚, 急退左右, 問曰, "先生此來, 必有所爲?"

　震出書一緘, 遞與關公. 公視之, 乃玄德書也. 其略云,

「備與足下, 自桃園締盟, 誓以同死. 今何中道相違, 割恩斷義? 君必欲取功名, 圖富貴, 願獻備首級以成全功! 書不盡言, 死待來命!」

　關公看書畢, 大哭曰, "某非不欲尋兄, 奈不知所在也. 安肯圖富貴而背舊盟乎?" 震曰, "玄德望公甚切, 公旣不背舊盟, 宜速往見." 關公曰, "人生天地間, 無終始者, 非君子也. 吾來時明白, 去時不可不明白. 吾今作書, 煩公先達知兄長, 容某辭却曹操, 奉二嫂來相見." 震曰, "倘曹操不允, 爲之奈何?"

　公曰, "吾寧死, 豈肯久留於此?"

　震曰, "公速作回書, 免致劉使君懸望."

한편, 關公이 마침 깊은 생각에 잠겼는데, 갑자기 아는 사람이 찾아와 뵙고자 한다고 아뢰었다. 관우가 불러 들어오게 하였으나 전혀 모르는 사람이었다. 관공이 "그대는 누구신가?"라고 물었다.

그러자 그는 "저는 袁紹의 부하인 南陽郡 출신 陳震(진진)입니다."

관공이 크게 놀라며 급히 좌우를 물리치고 물었다.

"先生이 여기까지 왔으니[2] 필히 일이 있을 것 같은데?"

진진은 서신을 하나 꺼내어 관우에게 올렸다.[3] 관공이 보니 바로 현덕의 서신이었다. 그 대략은 아래와 같았다.

「備가 足下에게 보내나니,[4] 桃園에서 맹약을 한 뒤로 같이 죽자고 서약했었네. 지금 어찌하여 중도에 相違(상위)하고 恩義를 끊으려 하는가? 아우님은 굳이 功名을 取하고 富貴를 圖謀코자 한다면, 나의 수급을 바쳐 큰 공을 완성하기 바랄 뿐이네![5] 서신으로는 다 말할 수 없으니, 죽을 때까지라도 소식을 기다리겠네!」

관공은 서신을 읽고 큰 소리로 울면서 말했다.

---

2 先生此來 – 先生은 성인 남자에 대한 존칭. 또 의사, 점쟁이, 관상가, 道士에 대한 호칭으로 통용.

3 震出書一緘 遞與關公 – 緘은 봉할 함. 書信. 遞는 번갈아 들 체. 건네주다.

4 足下 – 대등한 관계에서, 또는 윗사람에게도 쓸 수 있는 경칭. 貴下.

5 願獻備首級以成全功 – 級은 실 갈피 급, 등급 급. 首級은 머리. 古代, 秦에서는 적군의 머리를 베어오면 평민에게는 민간 작위를, 병졸에게는 계급을 높여주었다. 全功은 완전한 成功, 모든 노력.

"내가 형님을 안 찾은 것이 아니고, 어찌해도 소재를 알 수 없었다. 내가 어찌 부귀를 얻으려 옛 맹세를 버리겠는가?"

그러자 진진이 말했다.

"현덕은 公을 아주 간절히 기다리고 계시며, 공께서도 옛 맹서를 버리지 아니 하시니, 속히 가서서 만나보셔야 합니다."

이게 관공이 말했다.

"천지 간에 태어난 인생이 시작과 끝이 없다면 君子라 할 수 없소. 내가 올 때에도 내 언행이 명백했으니 떠날 때에도 불가불 명백해야 합니다. 내가 지금 서신을 써줄 터이니 그대가 먼저 형님한테 통지하여 주시고, 내가 조조에 떠난다는 인사를 하고, 두 형수를 모시고 찾아갈 것이요."

그러자 진진이 물었다.

"만약 조조가 허락지 않는다면 어찌하시겠습니까?"

관공은 "내가 차라리 죽을지언정 어찌 이곳에 오래 머물겠는가?"라고 말했다.

진진이 말했다.

"公께서는 속히 회신을 작성하시어 劉使君께서 염려하지 않게 하십시오."[6]

---

6 免致劉使君懸望 - 致는 이를 치. ~이 되다. 懸은 매달 현. 懸望(현망)은 염려하다.

關公寫書答云,

「竊聞義不負心, 忠不顧死. 羽自幼讀書, 粗知禮義, 觀羊角哀, 左伯桃之事, 未嘗不三歎而流涕也. 前守下邳, 内無積粟, 外無援兵. 欲卽效死, 奈有二嫂之重, 未敢斷首捐軀, 致負所託. 故爾暫且羈身, 冀圖後會. 近至汝南, 方知兄信. 卽當面辭曹操, 奉二嫂歸. 羽但懷異心, 神人共戮. 披肝瀝膽, 筆楮難窮. 瞻拜有期, 伏惟照鑒!」

陳震得書自回. 關公入内告知二嫂, 隨卽至相府, 拜辭曹操. 操知來意, 乃懸迴避牌於門. 關公怏怏而回, 命舊日跟隨人役, 收拾車馬, 早晚伺候.

分付宅中, 所有原賜之物, 盡皆留下, 分毫不可帶去. 次日再往相府辭謝, 門首又掛迴避牌. 關公一連去了數次, 皆不得見. 乃往張遼家相探, 欲言其事, 遼亦託疾不出.

關公思曰, "此曹丞相不容我去之意. 我去志已決, 豈可復留?"

關公이 답신에서 말했다.

「저는 義란 본마음을 저버리지 않고, 忠은 죽음을 돌아보지 않는다고 들었습니다.[7] 저는 어려서부터 독서하면서 禮義에 대하여 대충 알고 있으며,[8] 羊角哀(양각애)와 左伯桃(좌백도)의 행적[9]을 읽으면서 여러 번 탄식하며 눈물을 흘리지 않은 적이 없었습니다.[10] 앞서 下邳(하비)를 수비할 때, 성 안에는 축적된 곡식이 없고 외부의 원병도 없었습니다. 곧 싸우다가 목숨을 바치려 했지만,[11] 그러나 二嫂를 보호할 큰 책임이 있어 목을 매달거나 몸을 버려 임무를 저

---

7 竊聞義不負心 – 竊은 훔칠 절. 남몰래, 저의 의견(자신을 낮추는 겸손어). 竊聞(절문)은 '제가 듣기로는', '제가 알기로는' 저는 ~라고 생각합니다. 자신의 식견이나 생각을 낮추어 표현할 때 쓰는 말.

8 粗知禮義 – 粗는 거칠 조(추)(不精), 간략할 조(略也). 촌스럽다. 대충.

9 觀羊角哀左伯桃之事 – 북쪽 燕나라의 羊角哀(양각애)와 左伯桃(좌백도) 두 사람은 남쪽 楚 元王이 인재를 초빙한다는 말을 듣고 楚나라를 찾아간다. 여행 도중, 눈보라 속에 양식이 떨어질 지경이 되자, 좌백도는 자기의 남은 식량과 옷을 벗어 양각애에게 주고 자신은 숲속에서 얼어 죽었다. 楚에 무사히 도착하여 上大夫가 된 양각애는 좌백도의 시신을 찾아 禮를 다해 장례를 치러 주었다. → 親友를 위해 자신의 목숨을 버리는 진정한 友愛와 義理. 春秋時期의 燕國人이라 하지만, 이들은 明朝 小說家 馮夢龍(풍몽룡)의 《喩世明言(유세명언)》에 등장하는 인물이다. 이들이 실재했는가는 증명되지 않았다.

10 未嘗不三歎而流涕也 – 嘗은 맛볼 상. 未嘗은 일찍이 ~한 적이 없다. ~이라고 말할 수 없다. 不定詞 앞에 놓여 二重 否定을 표현. 未嘗不(미상불)은 아닌 게 아니라. 涕는 눈물 체.

11 欲卽效死 – 效는 본받을 효. (힘이나 생명을 다해 다른 사람이나 집단을 위해) 바치다. 效死는 온 힘을 다하다가 목숨을 바치다. 죽다.

버릴 수 없었습니다.[12] 그래서 잠시 몸을 맡겨 뒷날의 기회를 찾으려 했습니다.[13] 최근에 汝南(여남)[14]에 이르러서야 형님의 소식을 들었습니다. 저는 즉시 조조를 만나 인사한 뒤 두 형수를 모시고 돌아가겠습니다. 만약 관우가 딴마음을 품었다면 神이 세상 사람과 함께 나를 도륙할 것입니다. 속을 터놓고 진심을 말씀드려야지[15] 글로써는 다 쓸 수가 없습니다.[16] 다음 뵐 때까지 굽어 살펴 주시기를 바랄 뿐입니다!」[17]

陳震(진진)은 답서를 가지고 돌아갔다.

關公은 안채에 들어가 두 형수에게 아뢴 뒤에 곧바로 조조에게 떠나는 인사를 하려고 승상부로 갔다. 조조는 관공이 찾아온 뜻을 알고 출입문에 누구도 만나지 않는다는 팻말을 내걸게 하였다.[18] 관공

---

12 奈有二嫂之重 未敢斷首捐軀 – 奈는 어찌할 내. 어찌하겠나? 捐은 버릴 연. 軀는 몸 구. 捐軀(연구)는 목숨을 바치다.

13 故爾暫且羈身, 冀圖後會 – 그러므로 이에 잠시 몸을 맡기고 뒷날의 만남을 바랐습니다. 故爾는 그러므로, 그 때문에. 暫且(잠차)는 잠깐, 잠시. 羈는 굴레 기. 얽매이다. 羈身(기신)은 남의 나라에 붙어살다. 冀는 바랄 기.

14 汝南(여남)은 군명. 豫州 관할 汝南郡(여남군)의 治所는 平興縣, 今 河南省 남부 駐馬店市 관할 平興縣.

15 披肝瀝膽 – 披는 쪼갤 피. 마음을 열다. 瀝은 물로 씻어낼 역(력). 거르다. 膽은 쓸개 담.

16 筆楮難窮 – 楮는 닥나무 저. 종이. 窮은 다할 궁. 難窮(난궁)은 다할 수 없다.

17 瞻拜有期 伏惟照鑒 – 瞻은 볼 첨. 惟는 생각할 유. 伏惟는 삼가 생각건대. 照는 비칠 조. 鑒은 거울 감, 볼 감.

18 乃懸迴避牌於門 – 懸은 내걸 현. 매달다. 迴는 돌아갈 회. 避는 피할 피.

은 불평하며 돌아와서[19] 예전부터 데리고 있던 사람들을 시켜[20] 거마를 준비케 하면서 아침 저녁으로 명령을 기다리게 하였다.[21]

관공은 집안에 분부하여 본래부터 가지고 있던 물건 외에 하사받은 물건들을 모두 그대로 남겨두고 조그마한 물건 하나도 갖고 가지 못하게 하였다.[22]

다음 날 다시 사직하러 승상부를 찾아갔으나 출입문에는 만나지 않는다는 팻말이 걸려 있었다. 관공은 연이어 몇 차례 찾아갔지만 조조를 만날 수가 없었다. 이에 張遼(장료)의 집에 가서 떠나겠다는 말을 하려고 했지만 장료 역시 병을 핑계로 만나주지 않았다.[23] 관공은 이를 헤아려본 뒤 말했다.

"이는 조승상이 나를 못 떠나게 하려는 뜻이다. 이미 떠나기로 결심했거늘 어찌 더 머물 수 있겠는가?"

原文

即寫書一封, 辭謝曹操. 書略曰,

---

19 關公怏怏而回 – 怏은 원망할 앙. 怏怏은 즐겁지 않은, 만족스럽지 않은 모양.

20 命舊日跟隨人役 – 跟은 발뒤꿈치 근. 따라가다. 跟隨(근수)는 수행하다. 人役은 일하는 사람(供役使之人). 役人, 從者.

21 早晚伺候 – 早晚(조만)은 아침이나 저녁, 조만간. 다음의 가까운 시일. 伺는 엿볼 사. 候는 물을 후, 모실 후. 伺候는 ~을 기다리다.

22 分毫不可帶去 – 毫는 가는 털 호. 分毫(분호)는 아주 미세한 분량.

23 託疾不出 – 託은 맡길 탁. 병을 핑계 삼다. 託疾(탁질)은 稱病(칭병)하다.

「羽少事皇叔, 誓同生死. 皇天后土, 實聞斯言. 前者下邳失守, 所請三事, 已蒙恩諾. 今探知故主現在袁紹軍中, 回思昔日之盟, 豈容違背? 新恩雖厚, 舊義難忘. 茲特奉書告辭, 伏惟照察. 其有餘恩未報, 願以俟之異日.」

寫畢封固, 差人去相府投遞. 一面將累次所受金銀, 一一封置庫中, 懸漢壽亭侯印於堂上, 請二夫人上車. 關公上赤兔馬, 手提青龍刀, 率領舊日跟隨人役, 護送車仗, 逕出北門.

門吏擋之, 關公怒目橫刀, 大喝一聲, 門吏皆退避.

關公旣出門, 謂從者曰, "汝等護送車仗先行, 但有追趕者, 吾自當之, 勿得驚動二位夫人." 從者推車, 望官道進發.

國譯

關公은 즉시 편지 한 장을 써 조조에게 떠나겠다고 작별을 고했다.[24] 서신의 대략은,

「관우는 젊어서 皇叔을 모시고 생사를 같이하기로 맹서하였습니

---

24 辭謝曹操 – 辭는 말씀 사, 글 사, 고별하다, 사직하다, 辭謝는 헤어지다.

다. 皇天과 后土도 이를 알고 있습니다.[25] 앞서 下邳(하비)를 지키지 못하고 3가지를 말씀드려 이미 승낙을 받았습니다.[26] 지금 옛 주군(玄德)께서 원소의 軍中에 계시다는 소식을 탐지하였습니다만, 돌이켜 생각컨대, 옛날의 맹서를 어찌 위배할 수 있겠습니까? 新恩이 비록 厚하다지만, 舊義를 잊을 수 없습니다. 이에 다만 서신으로 인사를 아뢰오니 살펴 주시기를 바랄 뿐입니다.[27] 혹 아직 보답하지 못한 餘恩(여은)이 있다면, 다른 날을 기다려 보답하겠습니다.[28]」

關羽(관우, 160−220)

---

25 皇天后土 實聞斯言 – 皇天은 하늘, 上帝. 后土(후토)는 大地, 地神. 斯는 이 사. 이것.

26 已蒙恩諾 – 蒙은 어릴 몽, 받을 몽, 입을 몽. 諾은 대답할 락. 受諾.

27 玆特奉書告辭 伏惟照察 – 玆는 초목 우거질 자, 이 자(此也). 지금, 이에, 더욱더. 伏惟(복유)는 삼가 생각하건대. 가만히 속으로 생각하다.

28 願以俟之異日 – 俟는 기다릴 사. 異日은 다른 날, 後日.

쓰기를 마치자 잘 봉한 뒤에 사람을 승상부에 보내 서신을 올렸다.[29] 그러면서 그간 여러 번 걸쳐 받은 금과 은[30]을 일일이 봉하여 창고에 보관케 하였고, 漢壽亭侯의 인수를 대청에 걸어두고 두 형수를 수레에 모셨다. 關公은 적토마를 타고, 손에 청룡도를 잡고 전부터 거느리던 시종들을 인솔하여 수레를 호위하여 곧장 북문으로 나아갔다.[31]

門吏가 일행을 막았지만,[32] 관공이 성난 눈초리에 청룡들을 비껴들며 큰 소리로 한번 꾸짖자 문지기들은 모두 물러났다.

關公은 북문을 나선 뒤, 종자들에게 말했다.

"너희들은 수레를 호위하며 앞서가거라, 우리를 추격하는 자가 있으면 내가 막을 것이니 두 분 부인을 놀래게 해서는 안 된다."[33]

종자들은 수레를 밀고 官道(큰 길)를 따라 나아갔다.

原文

却說 曹操正論關公之事未定, 左右報關公呈書.

---

29 寫畢封固 差人去相府投遞 – 畢은 다할 필. 遞는 갈마들 체. 投遞는 公文이나 書信을 배달하다.

30 一面將累次~ – 將은 ~을(를), ~으로(써).

31 迳出北門 – 迳은 좁은 길 경. 지름길. 곧을 경(直也).

32 門吏擋之 – 擋은 물리칠 당. 막다, 차단하다.

33 勿得驚動二位夫人 – 勿은 말 물. ~하지 말라(別~), 不要와 同. 驚動은 놀라게 하다.

操卽看畢, 大驚曰, "雲長去矣!" 忽北門守將飛報, "關公奪門而去, 車仗鞍馬二十餘人, 皆望北行."

又關公宅中人來報說, "關公盡封所賜金銀等物. 美女十人, 另居內室. 其漢壽亭侯印懸於堂上. 丞相所撥人役, 皆不帶去, 只帶原跟從人, 及隨身行李, 出北門去了."

眾皆愕然. 一將挺身出曰, "某願將鐵騎三千, 去生擒關某, 獻與丞相!" 眾視之, 乃將軍蔡陽也.

第二十六回 袁本初敗兵折將 關雲長掛印封金 中 節錄

國譯

却說(각설)하나니, 曹操는 마침(正) 關公의 일을 논의했으나 결정짓지 못하였는데, 측근이 관공의 서신을 올렸다.

조조가 읽고서는 크게 놀라며 "雲長이 떠났구나!"라고 말했다. 갑자기 (許都) 북문 守將의 급보가 들어왔다.

"關公이 멋대로 성문을 나갔는데[34] 수레와 말 탄 사람 20여 명이 북쪽을 향해 가고 있습니다."

또 關公의 집에 있던 사람이 와서 보고하였다.

"關公은 그간 받은 금은 등의 물건을 모두 두고 갔습니다. 10여

---

34 關公奪門而去 - 奪은 빼앗을 탈. 奪門은 억지로 문에 들어오다, 문으로 쇄도하다.

명의 미녀는 내실에 따로 모여 있습니다. 漢壽亭侯의 인수는 대청에 걸어두었습니다. 승상께서 보내준 役人들은[35] 한 사람도 데려가지 않았으며, 원래 따라온 시종과 몸에 지닐만한 짐 보따리만을 가지고[36] 북문으로 나갔습니다."

이에 여러 사람이 모두 놀랐다.[37] 어떤 장수 한 사람이 앞으로 나와 말했다.

"제가 중무장 기병 3천을 거느리고 가서 關某를 잡아다가 승상께 바치겠습니다."

여러 사람이 바라보니, 바로 장군 蔡陽(채양)이었다.[38]

---

35 丞相所撥人役 - 撥은 다스릴 발. 손발로 밀어 움직이다, 일부분을 갈라내다, 떼어주다. 人役은 役人.

36 只帶原跟從人 及隨身行李 - 帶는 띠 대. 데리고 가다, 帶同하다. 隨는 따를 수. 隨身은 몸에 지니다. 行李는 여행에 필요한 짐(침구, 옷 등), 行裝(행장). 이때 李는 보따리 이. 중국은 원체 큰 땅덩어리에 기후가 달라. 모든 여행객이 자신의 침구를 갖고 다녔다.

37 衆皆愕然 - 愕은 놀랄 악. 驚愕(경악). 愕然은 놀라는 모양.

38 蔡陽(채양) - 조조의 부장. 正史《三國志》에는 蔡揚. 建安 6년(서기 201)에 조조의 명을 받아 汝南郡의 도적 무리인 共都(공도) 등을 공격케 하였지만 이기지 못하고 오히려 공도에게 격파당했다.

31 雲長五關斬六將

관운장은 五關을 지나며 六將을 참하다.

> 關羽가 조조와 헤어진 뒤 유비를 찾아가는 獨行千里(독행천리)에 5개
> 관문을 지나며 6명의 장수를 죽인 이야기는 關羽의 義理와 武勇을
> 상징한다.
> 이 과정에 나오는 지명과 인명이 모두 허구이며 劇情(극정)이라며 부
> 정하는 사람도 있다. 사실 正史《三國志》어디에도 기록은 없다. 그
> 러나《三國演義》의 精彩(정채)나는 한 부분으로 얼마나 재미있는가?

原文

　滎陽太守王植, 却與韓福是兩親家. 聞得關公殺了
韓福, 商議欲暗害關公, 乃使人守住關口. 待關公到
時, 王植出關, 喜笑相迎. 關公訴說尋兄之事. 植曰,
"將軍於路驅馳, 夫人車上勞困, 且請入城, 館驛中暫
歇一宵, 來日登途未遲."

　關公見王植意甚殷勤, 遂請二嫂入城. 館驛中皆鋪

陳了當. 王植請公赴宴, 公辭不往. 植使人送筵席至館驛. 關公因於路辛苦, 請二嫂膳畢, 就正房歇定. 令從者各自安歇, 飽餵馬匹. 關公亦解甲憩息.

國譯

榮陽(형양) 太守[1]인 王植(왕식)은 (洛陽 太守) 韓福(한복)과 서로 사돈 간이었다.[2] 關公이 한복을 죽였다는 소식을 듣고 은밀히 관공을 살해할 모의를 꾸미면서 사람을 보내 關門[3] 입구를 지키게 하였다. 관공이 도착할 때가 되자, 왕식은 관문에 나와 웃으면서 관공을 영접했다. 관공은 형을 찾아가는 일을 상세히 말했다.[4] 그러자 왕식이 말했다.

---

1 榮陽太守王植 – 榮은 실개천 형. 榮陽(형양)은 河南尹(郡)의 현명. 옛 漢 高祖와 項羽의 격전지. 교통과 군사의 요지. 今 河南省 중부 鄭州市 관할 榮陽市. 太守는 郡의 행정책임자. 질록은 (연봉) 二千石. 이천석이라는 말은 태수를 의미. 후한의 행정구역상 형양군은 없다. 王植은 가공인물. 앞서 洛陽 태수로 등장했던 韓福(한복)도 가공인물이다. 낙양태수라는 직함은 없었다. 河南尹의 아래 낙양 현령이 낙양의 행정을 담당했다. 한복은 關羽에게 활로 부상을 입혔으나 관우의 단칼에 죽었다.

2 却與韓福是兩親家 – 親家(qīn jiā)는 친척. 親家(qìngjiā)는 혼인관계를 맺은 집안끼리 부르는 호칭. 親家公은 사돈어른, 親家母는 안사돈.

3 교통과 군사상의 요지에는 關(관)을 설치하고 관리의 통행을 돕고 일반 백성의 출입을 통제하였다. 漢에서 關中은 일정 지역을 지칭하는데, 동쪽 函谷關(함곡관), 남 武關, 서 散關(산관), 북 蕭關(소관)으로 둘러싸인 땅을 關中이라 한다. 후한의 도읍 洛陽의 동쪽 관문은 虎牢關(호뢰관)이었다.

4 關公訴說尋兄之事 – 訴는 아뢸 소. 송사하다. 訴說은 간곡히 말하다, 하소연하다.

"장군께서는 먼 길을 달려오셨고[5] 부인께서도 수레에서 피곤하실 것이니, 일단 성에 들어가 驛館(역관)에서 하룻밤을 쉬었다가[6] 내일 떠나셔도 늦지 않을 것입니다."[7]

關公은 王植의 뜻이 깊고 은근하다고 생각하여[8] 두 형수를 모시고 入城하였다. 驛館에는 모든 것이 준비되어 있었다.[9] 왕식은 관공을 잔치에 초대하였지만 관공은 사양하며 참석하지 않았다. 그러자 왕식은 사람을 시켜 잔치 음식을 역관으로 보내왔다.[10] 관공은 길을 오느라 피곤하였기에 두 형수에게 식사를 마친 뒤, 正房에서 쉬도록 했다.[11] 그러면서 시종들에도 각자 편히 쉬게 하였으며 말들을 배불리 먹이게 했다.[12] 관공 역시 갑옷을 벗고 쉬었다.[13]

---

5 將軍於路驅馳 - 驅는 몰 구. 몰아내다. 馳는 달릴 치. 驅馳는 말을 빨리 몰다.

6 館驛中暫歇一宵 - 館驛〔관역, 驛站(역참)〕 - 관리의 출장, 물자 수송을 위해 국가에서 운영하는 숙박 시설. 暫은 잠시 잠. 歇은 쉴 헐. 宵는 밤 소.

7 來日登途未遲 - 途는 길 도. 道와 同. 遲는 늦을 지.

8 意甚殷勤 - 甚은 심할 심. 매우. 殷은 번성할 은, 정성스러울 은. 勤은 부지런할 근, 도타울 근(篤厚). 殷勤(은근)은 정성스럽다, 따스하고 빈틈없다.(慇懃)

9 館驛中皆鋪陳了當 - 鋪는 깔 포. 자리를 펴다. 점포. 鋪陳은 벌여 놓다. 짐을 풀다. 了는 마칠 료. 了當은 처리하다, 순조롭게 잘 되다.

10 植使人送筵席至館驛 - 筵은 대나무 자리 연. 잔치. 筵席은 술자리, 잔치 음식.

11 請二嫂膳畢 就正房歇定 - 膳은 반찬 선. 식사. 畢은 마칠 필. 正房은 본채. 안채.

12 飽餵馬匹 - 飽는 배부를 포. 충분히. 餵는 먹일 위. 짐승에게 먹이를 주다.

13 解甲憩息 - 憩는 쉴 게. 息은 쉴 식.

原文

却說, 王植密喚從事胡班聽令曰, "關某背丞相而逃, 又於路殺太守並守關將校, 死罪不輕! 此人武勇難敵. 汝今晚點一千軍圍住館驛, 一人一個火把, 待三更時分, 一齊放火. 不問是誰, 盡皆燒死! 吾亦自引軍接應."

胡班領命, 便點起軍士, 密將乾柴引火之物, 搬於館驛門首, 約時擧事. 胡班尋思, "我久聞關雲長之名, 不識如何模樣, 試往窺之."

乃至驛中, 問驛吏曰, "關將軍在何處?"

答曰, "正廳上觀書者是也."

胡班潛至廳前, 見關公左手綽髥, 於燈下凭几看書.

班見了, 失聲歎曰, "眞天人也!" 公問何人. 胡班入拜曰, "滎陽太守部下從事胡班." 關公曰, "莫非許都城外胡華之子否?"

班曰, "然也." 公喚從者於行李中取書付班. 班看畢, 歎曰, "險些誤殺忠良!" 遂密告曰, "王植心懷不仁, 欲害將軍, 暗令人四面圍住館驛, 約於三更放火. 今某當先去開了城門, 將軍急收拾出城."

美髥公千里走單騎(미염공천리주단기)
繡像 三國志演義(수상 삼국지연의) − 上海 鴻文書局 印行, 국립중앙도서관 소장

한편, 王植은 몰래 從事인 胡班(호반)을 불러 지시하였다.[14]

"저 關某[15]는 丞相을 배신하고 도망 나오면서 오는 도중에 태수와 관문을 지키는 장교를 죽였으니 그 죄과가 작지 않다! 그러나 저 사람은 무예가 뛰어나 상대하기가 쉽지 않다. 너는 오늘 저녁에 군사 1천 명을 거느리고 역관을 포위하되 모든 군사가 횃불을 들고 있다가[16] 삼경이 될 때를 기다려 일제히 불을 질러라. 그리고서는 누구를 막론하고 모두 다 태워 죽여라! 나 역시 군사를 거느리고 호응할 것이다."

호반은 명령을 받고서는 바로 군사를 점검하고 비밀리에 마른 땔나무나 불쏘시개를 준비하여 역관 입구에 놓아두고[17] 시간에 맞춰 거사키로 하였다. 호반이 생각하였다.

"나는 오랫동안 관운장의 명성을 들었지만 어떤 모습인지 모르니 몰래 한 번 봐야겠다."[18]

---

14 王植密喚從事胡班聽令 – 喚은 부를 환. 聽은 들을 청. 남의 의견을 따르다. 聽令은 명령을 따르게 하다.

15 關某(관모) – 關羽. 關公 또는 雲長, 아니면 關某라 호칭.《三國演義》가 완성되는 명대에는 관우에 대한 神格化가 이뤄져서 關羽라고 이름을 부르지 못했다.

16 一人一個火把 – 把는 잡을 파. 묶음. 火把는 횃불.

17 密將乾柴引火之物 – 柴는 땔나무 시. 乾柴(건시)는 마른 장작. 引火之物은 불쏘시개.

18 不識如何模樣 試往窺之 – 模樣(모양)은 생김새. 試는 시험 삼아, 한번. 窺는 엿볼 규.

그리고서는 역관에 가서 驛吏에게 "關將軍이 어디에 있는가?"라고 물었다.

"바로 대청에서 책을 보고 있습니다."

호반은 몰래 대청 가까이 다가갔는데, 관공은 왼손으로 수염을 쓰다듬으며 등불을 켜고 안석에 기대어 책을 읽고 있었다.[19] 호반은 관공을 보자 자신도 모르게 감탄하였다.

"정말 天人이시다!"

관공이 누구냐고 물었다. 호반은 들어가 배례하며 말했다.

"형양 태수의 아랫사람인 從事 호반입니다."

그러자 관공이 말했다.

"혹시 許都 성 밖에 사는 胡華(호화)의 아들이 아닌가?"[20]

호반은 "그렇습니다."라고 말했다. 관공은 시종을 불러 보따리 안에서 서신을 꺼내오라 하여 호반에게 건네주었다. 호반은 (부친의) 서신을 읽고서는 탄식하였다.

"하마터면 忠良한 분을 죽일 뻔하였다!"[21]

그리고서는 은밀히 말씀드렸다.

"王植이 흉측한 마음을 품어 장군을 해치려고 몰래 군사를 시켜

---

19 見關公左手綽髥 於燈下凭几看書 - 綽은 너그러울 작. 손에 쥐다. 髥은 구레나룻 염, 턱수염 염. 綽髥(작염)은 수염을 쓰다듬다. 凭은 기댈 빙. 几는 안석 궤, 책상 궤(机와 同). 看書는 책을 읽다. 讀書, 念書와 同.

20 莫非許都城外～ - 莫非(막비)는 설마, 혹시 ~이 아닌가?

21 險些誤殺忠良 - 險은 할 험. 些는 적을 사. 險些(험사)는 하마터면, 거의.

역관을 포위하고 삼경에 불을 지르기로 약조하였습니다. 제가 먼저 성문을 열을 것이니 장군께서는 서둘러 챙겨 성을 나가십시오."

原文

關公大驚, 忙披掛提刀上馬, 請二嫂上車, 盡出館驛, 果見軍士各執火把聽候. 關公急來到城邊, 只見城門已開.

關公催車仗急急出城. 胡班還去放火. 關公行不到數里, 背後火把照耀, 人馬趕來. 當先王植大叫, "關某休走!"

關公勒馬, 大罵, "匹夫! 我與你無讎, 如何令人放火燒我?"

王植拍馬挺鎗, 逕奔關公, 被關公攔腰一刀, 砍爲兩段. 人馬都趕散. 關公催車仗速行, 於路感胡班不已.

第二十七回 美髥公千里走單騎 漢壽侯五關斬六將 中 節錄

國譯

關公은 크게 놀라며, 서둘러 갑옷에 칼을 잡고 말에 올라 두 형수를 수레에 타게 한 뒤에 모두 역관을 나서는데, 과연 모든 군사가 횃불을 손에 들고 명령을 기다리고 있었다.[22] 관공이 서둘러 성문 가까이 가자 성문은 이미 열려 있었다.

關公은 수레를 재촉하여 황급히 성문을 나갔다. 호반은 역관에 불을 지르려고 돌아갔다. 관공이 불과 몇 리를 못 갔을 때 뒤에서 횃불이 밝게 비치면서[23] 말 탄 군사가 추격해 왔다. 앞장 선 왕식이 크게 소리 질렀다.

"關某는 도망치지 말라!"

관공은 말을 몰아 큰 소리로 꾸짖었다.

"못난 녀석! 내가 너하고 원수진 일이 없는데, 왜 불을 질러 나를 태워 죽이려 하는가?"

王植은 말을 채찍질하며 창을 잡고 곧장 관공에게 달려들다가 관공이 단칼로 허리를 후려치자 허리가 잘려 두 토막이 되었다.[24] 왕식의 군사는 모두 흩어졌다. 관공은 서둘러 수레를 몰아가면서 호반에게 크게 감사하였다.

---

22 各執火把聽候 - 聽候(전후)는 (어떤 결정이나 명령을) 기다리다, 대기하다.

23 背後火把照耀 - 照는 비칠 조. 耀는 빛날 요. 照耀는 밝게 비추다.

24 被關公攔腰一刀 砍爲兩段 - 攔은 막을 난(란). 쳐내다. 腰는 허리 요. 砍은 쪼갤 감.

벽 안 아 좌 령 강 동

32 碧眼兒坐領江東
파란 눈의 청년은 강동을 차지하다.

孫堅(손견, 155 – 191년, 字 文臺)의 기반을 이어받은 孫策(손책, 175 – 200년, 字 伯符)은 豫章太守 華歆(화흠)의 항복을 받으며[1] 세력을 키웠고, 조조에게 자신을 모함했다 하여 吳郡太守 許貢(허공)을 죽였다.[2] 그러나 사냥하던 중에 허공의 家客에게 습격당해 큰 부상을 당한다.

치료 과정에서 道士 于吉(우길)을 죽이나 손책은 그 虛像(허상)에 시

---

1 孫堅의 기반을 이어받은 孫策(손책, 孫權의 형)은 興平 원년(서기 194)에 강동을 차지하였으나 건안 5년(서기 200)에 26세에 죽었다. 손책은 豫章太守 華歆(화흠)의 항복을 받으며 세력을 키웠고, 자신을 曹操에게 모함한다고 吳郡太守 許貢(허공)을 죽였다. 그러나 사냥하던 중에 허공의 家客에게 습격당해 큰 부상을 당한다. 치료 과정에서 도사 于吉(우길)을 죽이나 손책은 그 虛像에 시달리다가 26세에 죽었다. 華歆(화흠, 157 – 232)은 管寧(관녕, 158 – 241)과 함께 공부한 벗이었다. 화흠은 《三國演義》에서는 伏皇后를 죽이는데 악역을 담당하였고 권세에 추종하는 악인으로 묘사되었다. 화흠은 獻帝가 제위를 曹丕에게 禪讓하는 과정에서 중요 역할을 했고 魏의 司徒, 太尉를 역임했다. 正史《三國志 魏書》13권,〈鍾繇華歆王朗傳〉에 입전. 管寧은 魏에 끝까지 출사하지 않았다. 화흠이 勢利를 탐하는 것을 보고 자리를 갈라 앉고 단교하였다(割席斷交). 관녕은 正史《三國志 魏書》11권,〈袁張涼國田王邴管傳〉에 입전.

2 許貢(허공, ? – 197년?) – 후한 말 吳郡의 都尉와 태수를 역임. 손책에 의해 오군 태수직에서 쫓겨난 허공은 조정에 '손책을 중앙에 불러 통제해야 한다.'고 상서하였다. 중앙에서 손책을 소환하자, 손책은 응하지 않으면서 상서를 한 허공을 찾아내 죽였다.

달린다. 손권은 부친과 형의 遺業(유업)을 물려받아 江東[3]을 영유하였고, 뒷날 稱帝(칭제)하였다. 碧眼兒(벽안아)는 손권의 별명이다.

原文

言未已, 忽見于吉立於鏡中. 策拍鏡大叫一聲, 金瘡迸裂, 昏絶於地. 夫人令扶入臥內. 須臾甦醒, 自歎曰, "吾不能復生矣!" 隨召張昭等諸人, 及弟孫權, 至臥榻前, 囑付曰, "天下方亂, 以吳越之衆, 三江之固, 大可有爲. 子布等幸善相吾弟."

乃取印綬與孫權曰, "若擧江東之衆, 決機於兩陣之間, 與天下爭衡, 卿不如我. 擧賢任能, 使各盡力以保江東, 我不如卿. 卿宜念父兄創業之艱難, 善自圖之!"

權大哭, 拜受印綬. 策告母曰, "兒天年已盡, 不能奉慈母. 今將印綬付弟, 望母朝夕訓之. 父兄舊人, 愼

---

3 江東은 江左. 옛날에는 南面하는 황제가 볼 때 동쪽은 좌측이었다. 長江은 西에서 동쪽으로 흐르지만 일반적으로 南京 이후의 하류지역, 곧 손권 吳의 통치지역을 江東이라 통칭했다.

勿輕怠." 母哭曰, "恐汝弟年幼, 不能任大事, 當復如何?"

策曰, "弟才勝兒十倍, 足當大任. 倘內事不決, 可問張昭, 外事不決, 可問周瑜, 恨周瑜不在此, 不得面囑之也!"

國譯

(손책이) 말을 마치지도 전에,[4] 홀연히 거울 속에 于吉(우길)의 서 있는 모습이 나타났다.[5] 손책이 거울을 집어던지고 큰 소리로 외쳤는데, 槍(창)에 다친 상처가 모두 터지면서 바닥에 쓰러져 昏絶(혼절)하였다.[6] 吳夫人[7]이 손책을 부축하여 내전으로 데려다가 눕혔다. 얼마 뒤에 깨어난[8] 손책은 홀로 탄식하였다.

---

4 孫策은 道士 于吉을 죽인 뒤, 허상에 시달리며 쇠약해진다. 어머니 吳夫人과 이야기하다가 孫策은 거울을 보며 "내가 왜 이렇게 초췌해졌는가!"라고 말한다.

5 忽見于吉立於鏡中 – 忽은 문득 홀. 갑자기, 어느 덧. 于 ~에. 장소와 시간을 표시, ~보다. 於와 同.

6 金瘡迸裂 昏絶於地 – 瘡은 부스럼 창, 상할 창. 金瘡은 쇠붙이나 연장에 다친 상처. 迸은 솟아나올 병. 裂은 찢어질 열. 迸裂은 쪼개지다, 튀어나오다. 昏絶(혼절)은 의식을 잃고 卒倒(졸도)하다.

7 吳夫人(오부인, 160年代 – 202년. 207년?) – 原名 미상, 吳郡 吳縣(今 江蘇省 蘇州市) 출신. 孫堅의 元配, 孫策과 孫權, 孫翊(손익)과 孫匡(손광) 등 4남1녀의 親母. 孫破虜吳夫人, 吳太夫人, 吳太妃로 호칭. 孫權 自立 後 皇后로 추존. 사후 孫堅과 高陵에 合葬. 正史《三國志 吳書》5권, 〈妃嬪傳〉의 吳夫人傳 참고.

8 須臾甦醒 – 須는 모름지기 수. 臾는 잠깐 유. 須臾는 잠깐 뒤, 곧. 甦는 깨어날 소.

"나는 다시 살아날 수 없을 것이다!"

그리고서는 張昭(장소)[9] 등 여러 사람과 동생 孫權(손권, 182 – 252 년, 字 仲謀)[10]을 침상 앞으로 불러 모은 뒤[11] 부탁하였다.

"지금 천하가 한창 어지러운데, 吳越 땅의 군사[12]와 三江의 험고한 지형으로도[13] 큰 나라를 만들 수 있소.[14] 子布(張昭) 등은 나의 아우를 잘 도와주기 바라오."

그리고서는 인수를 꺼내 손권에게 넘겨주며 말했다.

"만약 강동의 군사를 가지고 두 진영 간에 승기를 잡거나, 天下

蘇와 同. 醒은 술 깰 성. 甦醒(소성)은 소생하다.

9 張昭(장소, 156 – 236, 字 子布) – 彭城郡 出身. 박식한 학자였고, 손책의 신임을 받았으며, 서기 200년 손책이 죽자, 손권을 主君으로 옹립했다.《三國志 吳書》7권, 〈張顧諸葛步傳〉에 입전.

10 孫權(손권, 182 – 252년, 字 仲謀) – 吳王 재위 222 – 229년, 칭제 재위 229 – 252 년. 시호는 大帝. 吳郡 富春縣(今 浙江省 杭州市 富陽區) 출신. 부친 孫堅(손견) 과 兄 孫策(손책)이 평정한 江東 6郡의 기반을 이어받았다. 형 손책이 자객에 피습당해 죽을 때 손권은 19세였다. 손권은 나라를 확장하여 揚, 荊, 交州에 걸친 영역을 확보했다. 221년 曹丕(조비, 文帝)가 손권을 吳王에 봉하고 九錫을 내려주었다. 222년 조비와 결렬하고 대결 형식을 취하다가 229년에 제위에 올랐는데, 사후 시호는 大皇帝, 묘호는 太祖이다. 江東 땅을 52년간 통치했으니 천운을 타고났다고 할 수 있다.

11 至臥榻前 – 榻은 걸상 탑. 臥榻(와탑)은 寢牀(침상). 침대.

12 以吳越之衆 – 吳는 나라 이름 오. 越은 넘을 월. 나라 이름. 春秋時代에 한때 패권을 잡았던 吳와 越(월) 두 나라는 怏宿(앙숙)이 되었다. 여기서는 吳와 越이 자리 잡았던 양자강 하류지역 전체를 뜻한다. 衆은 무리 중. 많다, 많은 사람, 군사.

13 三江은 일반적으로 長江의 하류지역을 지칭하는 옛 호칭. 長江, 錢塘江(전당강), 吳淞江(오송강)의 합칭. 또는 吳江, 錢塘江, 浦陽江(포양강)의 합칭.

14 大可有爲 – 有爲는 장래성이 있다. 해볼 만하다(有所作爲也).

를 놓고 승부를 가르기로 한다면 그 대가(卿, 孫權) 나만 못할 것이다.[15] 현명하고 유능한 인재를 찾아 등용하거나 각자의 능력을 발휘케 하여 강동 땅을 보유하기로는 내가 아우만 못할 것이다. 그러니 아우는 父兄이 겪은 創業의 어려움(艱難)을 생각하여[16] 스스로 잘 꾸려나가기 바라네!"

손권은 큰 소리로 울면서 절하며 인수를 받았다. 손책이 母親(吳夫人)에게 말했다.

"저의 명이 이제 다 끝나기에 어머니를 모실 수가 없습니다. 지금 인수를 아우에

孫策(손책, 서기 175-200년)

15 與天下爭衡 卿不如我 – 衡은 저울대 형. 爭衡은 승패를 다투다. 기량을 겨루다. 卿은 벼슬 경. 그대. 임금이 신하를 부르거나, 친구지간에 친구를 높여 부르는 호칭.

16 卿宜念父兄創業之艱難 – 宜는 마땅할 의. 艱은 어려울 간. 難은 어려울 난. 艱難은 어려움. 곤란하다. 우리 말 '가난'의 어원. 중국에 '創亦難, 守亦難, 知難不難.(창업 역시 어렵고, 守成 역시 어렵지만, 어렵다는 것을 알면 어렵지 않다.)'는 속담이 있다.

게 넘겨주었으니 어머니께서 아침저녁으로 깨우쳐 주십시오. 부형이나 옛 신하에게 소홀하지 않게 일러주십시오." [17]

모친도 통곡하며 말했다.

"행여 네 동생이 어려 大任을 감당하지 못하면 어찌해야 하겠는가?"

손책이 말했다.

"아우의 재능은 저의 10배나 되니 충분히 대임을 감당할 것입니다. 만약 조정의 일을 결정하지 못한다면[18] 張昭에게 묻고, 조정 밖 대사를 결정하지 못하면 周瑜(주유)[19]에게 물으면 될 것입니다만, 지금 주유가 여기에 없어 직접 부탁하지 못하니 한스럽습니다!"

---

17 父兄舊人 愼勿輕怠 - 舊人은 代를 이어 섬긴 신하(世臣舊家之人), 오랫동안 사귄 옛 친우. 愼은 삼갈 신. 輕은 경시하다. 怠는 게으를 태. 업신여기다.

18 倘內事不決 - 倘은 혹시 당. 만약, 가령.

19 周瑜(주유, 175 - 210年, 字 公瑾) - 瑜는 아름다운 옥 유. '周郞' 이라는 애칭으로 불렸다. 廬江郡 舒縣 사람(今 安徽省 合肥市 廬江縣). 赤壁之戰은 以少勝多한 전쟁으로 유명한데, 그 주인공 주유는 적벽대전 2년 뒤에 36세로 죽었다. 주유는 魯肅(노숙), 呂蒙(여몽), 陸遜(육손)과 함께 四大都督로 불린다. 주유는 군사작전에서 대성공을 거둔 만큼 聰明 謙虛하고 氣量이 관대했으며 相貌가 당당하고 音律에 정통하였다. 손책과 주유는 동갑인데 손책의 생일이 주유보다 한 달 빨랐다. 두 사람은 아주 가까운 친우로 義同斷金하며 同壻(동서)였고, 주유는 손권의 절대적 신임을 받았다. 부인 小橋(소교) 역시 國色이었기에 많은 사람들의 존경과 추모를 받았으며 英雄의 형상으로 남았다. 北宋 대문호 蘇軾(소식)의 詞 〈念奴嬌・赤壁懷古〉(1082) 명작 속에 살아있다. 《三國演義》에서는 제갈량의 재덕이 탁월한 것을 강조하기 위하여, 주유를 제갈량과 경쟁하고 질투하는 속이 좁은 인물로 묘사하였다. 正史 《三國志 吳書》 9권, 〈周瑜魯肅呂蒙傳〉에 입전.

又喚諸弟囑曰, "吾死之後, 汝等並輔仲謀. 宗族中
敢有生異心者, 衆共誅之. 骨肉爲逆, 不得入祖墳安
葬." 諸弟泣受命.

又喚妻喬夫人謂曰, "吾與汝不幸中途相分, 汝須孝
養尊姑. 早晚汝妹入見, 可囑其轉致周郎, 盡心輔佐
吾弟, 休負我平日相知之雅." 言訖, 瞑目而逝. 年止
二十六歲.

孫策旣死, 孫權哭倒於床前. 張昭曰, "此非將軍哭
時也, 宜一面治喪事, 一面理軍國大事." 權乃收淚.
張昭令孫靜理會喪事, 請孫權出堂, 受衆文武謁賀.

孫權生得方頤大口, 碧眼紫髯. 昔漢使劉琬入吳, 見
孫家諸昆仲, 因語人曰, "吾遍觀孫氏兄弟, 雖各才氣
秀達, 然皆祿祚不終. 惟仲謀形貌奇偉, 骨格非常, 乃
大貴之表, 又享高壽, 衆皆不及也."

그리고서는 여러 아우들을 불러 당부하였다.

"내가 죽은 뒤에 너희들은 모두 仲謀(중모, 孫權의 字)를 보필하라.²⁰ 종족 중에서 감히 딴마음을 가진 자가 있다면 모두가 함께 주살해야 한다. 반역하는 骨肉(골육)이라면 조상의 분묘 지역에 안장할 수 없다.”

모든 형제가 울면서 遺命(유교)을 받았다.

또 아내인 喬夫人(교부인)²¹을 불러 말했다.

“나와 너는 불행히도 중도에 헤어져야 하지만, 너는 시어머니를 효성으로 봉양해야 한다.²² 조만간 네 여동생(小喬)을 불러 周郞

---

20 汝等並輔仲謀 - 汝는 너 여. 汝等은 너희들. 並은 아우를 병. 모두, 나란히. 仲謀는 孫權의 字. 손권은 吳부인 소생 아들 4형제 중 둘째였다. 仲은 버금 중. 둘째.

21 喬夫人(교부인) - 正史《三國志 吳書》5권, 〈妃嬪傳〉에는 喬夫人(높을 교, 성씨.)에 대한 기록이 없다. 다만《三國志 吳書》9권, 〈周瑜魯肅呂蒙傳〉의 〈周瑜傳〉에 「그때 橋公(교공)에게 두 딸이 있었는데 모두 國色이었다. 손책은 큰딸 大橋(대교)를, 주유는 小橋(소교)를 맞이하였다.」고 기록하였다. 손책과 주유는 同壻(동서)로, 손책의 부인(또는 妾)이 大橋(대교), 주유의 부인이 小橋라고 했다. 대교의 신혼은 불과 몇 달이었고, 손책이 죽자 대교는 몇 달을 통곡하다가 절명했다는 이야기가 전한다.

正史《三國志》에는 二橋의 부친인 廬江郡(여강군) 橋公이 누구인지 설명이 없다.《三國演義》에서는 橋公 또는 喬國老라 하면서 漢朝의 太尉를 역임한 橋玄(교현)으로 설정했지만, 橋玄은 靈帝 光和 6년(서기 183년)에 향년 75세로 죽었다. 당시 橋玄(교현, 字 公祖)은 靈帝 때 三公과 太尉를 역임했다.《後漢書》51권, 〈李陳龐陳橋列傳〉에 立傳. 교현은 젊은 날의 조조에게 “天下가 크게 어지러울 텐데 命世之才가 아니면 不能濟인데, 천하를 안정시킬 사람은 바로 당신이요.”라고 말했다. 손책이 격파한 皖城(환성)은 袁術의 故地였기에 橋公(喬公)은 원술의 옛 부하로 대장군이었던 橋蕤(교유, ? - 197년)로 추정할 수 있다. 그렇다면 二橋는 승전의 결과로 얻은 여인이었고, 그때까지 손책과 주유가 미혼일 수 없기에 正妻가 아닌 첩실로 맞이했을 것이다. 大橋, 小橋를《三國演義》에서는 大喬, 小喬로. 蘇軾(소식)의 〈念奴嬌〉에서는 嬌(아리따울 교)로 표기했다.

22 汝須孝養尊姑 - 須는 모름지기 수. 마땅히. 尊姑(존고)는 시어머니.(시아버지는

(周瑜)에게도 마음을 다해 내 동생을 보필해주기 바라는 내 뜻을 전해주고, 나와 그간 만나 믿고 지내던 좋은 인연을 잊지 말라."

말을 마친 손책은 눈을 감고 죽었다.[23] 그때 손책의 나이 26세였다.

孫策이 죽자, 손권은 통곡하다가 침상 앞에서 졸도하였다. 이에 張昭가 말했다.

大喬 小喬(대교 소교)

"장군께서는 지금 통곡할 때가 아니오니, 의당 장례를 준비하면서 한편으로는 軍國大事를 처리해야 합니다."[24]

손권은 이에 눈물을 거두었다. 張昭는 孫靜(손정)[25]에게 상장례에 관한 일을 처리하게 하면서 손권을 모시고 조정에 나아가 모든 문

尊公)
23 言訖 瞑目而逝 - 訖은 마칠 흘. 瞑은 눈 감을 명. 逝는 갈 서. 떠나다, 죽다.
24 一面理軍國大事 - 理는 다스릴 이(리). 처리하다, 다스리다. 軍國은 軍事와 國政.
25 孫靜(손정, 생졸년 미상, 字 幼臺) - 孫堅의 동생. 손책과 손권의 작은아버지(叔父).

무 대신의 알현과 賀禮(하례)를 받았다.

孫權의 생김새는 네모진 턱(方頤)에 큰 입(大口), 푸른 눈(碧眼)에 붉은 수염이었다.[26] 옛날에 漢 조정의 使者로 劉琬(유완)이 吳에 와서는 손 씨 집안의 여러 형제들을 만나본 뒤에 사람들에게 말했다.

"내가 孫氏의 형제들을 모두 만나보았는데[27] 그들의 才氣가 비록 뛰어났지만 모두의 복록이 길지 않았다.[28] 다만 仲謀(중모, 孫權)만은 특별한 체구에 골격도 비상하니, 바로 大貴의 표상이며 또 長壽를 타고났기에 다른 형제들보다 아주 뛰어났다."

原文

且說, 當時孫權承孫策遺命, 掌江東之事. 經理未定, 人報周瑜自巴丘提兵回吳. 權曰, "公瑾已回, 吾無憂矣."

原來周瑜守禦巴丘, 聞知孫策中箭被傷, 因此回來

---

26 方頤大口 碧眼紫髯 – 頤는 턱 이. 方頤는 사각 턱. 碧은 푸를 벽. 碧眼은 파란 눈. 紫는 자줏 빛 자. 검붉다. 髯은 구레나룻 염, 수염. 또 손권은 눈에 광채가 있고, 활달 쾌활한 성격에 도량이 넓었으며, 인자하면서도 결단력이 있었다.

27 見孫家諸昆仲 – 昆은 맏이 곤(兄也). 仲은 버금 중. 둘째. 昆仲은 형제, 남의 형제를 높여 부르는 말.

28 然皆祿祚不終 – 祿은 복 녹(록). 관리 봉급. 祚는 복 조. 祿祚는 福祿, 행복, 번영. 不終은 끝까지 가지 못하다. 짧다.

問候. 將至吳郡, 聞策已亡, 故星夜來奔喪. 當下周瑜哭拜於孫策靈柩之前.

吳太夫人出, 以遺囑之語告瑜. 瑜拜伏於地曰, "敢不效犬馬之力, 繼之以死!"

少頃, 孫權入. 周瑜拜見畢, 權曰, "願公無忘先兄遺命."

瑜頓首曰, "願以肝腦塗地, 報知己之恩."

權曰, "今承父兄之業, 將何策以守之?"

瑜曰, "自古得人者昌, 失人者亡. 爲今之計, 須求高明遠見之人爲輔, 然後江東可定也."

權曰, "先兄遺言, 內事託子布, 外事全賴公瑾."

瑜曰, "子布賢達之士, 足當大任. 瑜不才, 恐負倚託之重, 願薦一人以輔將軍."

第二十九回 小霸王怒斬于吉 碧眼兒坐領江東 中 節錄

國譯

한편, 孫權이 손책의 遺命을 받아 江東의 軍國大事를 장악하였지만, 정사가 아직 안정되지 않았는데,[29] 周瑜가 巴丘(파구)[30]에서 군

___

29 經理未定 - 經理는, 國政의 經營과 治理.

사를 거느리고 吳郡[31]으로 돌아오고 있다는 보고가 있었다. 이에 손권은 "公瑾(공근, 주유의 字)가 들어오고 있으니, 나는 걱정이 없다."고 말했다.

원래 주유가 巴丘(파구)를 지키면서, 손책이 화살에 맞아 부상당했다는 소식을 듣고서는 기회에 돌아가 문안할 생각이었다. 吳郡에 이를 즈음에 손책이 이미 죽었다는 소식을 듣고 밤새워 달려와 문상하였다.[32] 주유는 손책의 靈柩(영구) 앞에서 통곡하며 배례하였다.

吳太夫人이 나와 손책의 부탁을 주유에게 말해주었다. 이에 주유는 바닥에 엎드려 말했다.

"죽을지언정 어찌 충성의 도리를 다하지 않을 수 있겠습니까![33]

곧이어 손권이 들어왔고 주유가 인사를 마치자 손권이 말했다.

"公께서는 돌아가신 형의 遺命(유명)을 잊지 마십시오."

주유가 머리를 조아리며 말했다.

"제 목숨을 다 바쳐[34] 知己의 대은에 보답하겠습니다."

---

30 巴丘(파구) - 東吳 廬陵郡의 巴丘縣, 今 湖南省 동북단 岳陽市. 서기 210년 周瑜(주유)가 36세에 죽은 곳.

31 吳郡의 治所는 吳縣, 今 江蘇省 남단 蘇州市. 吳郡 영역은 今 江蘇省, 浙江省(절강성), 上海市 일대.

32 故星夜來奔喪 - 奔은 달릴 분. 奔喪(분상)은 喪事를 당하여 먼 곳에서 급히 돌아오다.

33 敢不效犬馬之力 繼之以死 - 效는 바치다, 이바지하다. 犬馬之力은 상전을 위해 힘쓰다, 충성을 다하다. 犬馬之勞.

34 願以肝腦塗地 - 肝은 간 간. 腦는 두뇌 뇌. 塗는 바를 도. 肝腦塗地(간뇌도지)는 간과 뇌가 흙과 섞이다, 몸을 바쳐 충성을 다하다.

"지금 부형의 대업을 계승하였는데 어떤 방책으로 지켜나가야
합니까?"

"예로부터 인재를 얻는 자는 번창하고, 인재를 잃으면 망한다고
하였습니다. 지금의 大計는 오로지 고명하고 멀리 내다볼 줄 아는
인재를 얻어 보필 받는다면 江東을 안정시킬 수 있습니다.

"先兄의 유언에 內事는 子布(張昭)에게, 外事는 전부 公瑾(周瑜)
에게 맡기라고 하셨습니다."

"子布는 현명하고 통달한 사람이니 대임을 충분히 감당할 것입니
다. 제 능력이 모자라 부탁하신 중책을 제대로 수행하지 못할까 걱
정이 되기에 장군에 보임할 만한 한 사람을 천거하고자 합니다."[35]

---

35 여기서 주유는 魯肅(노숙)을 천거한다. 魯肅(노숙, 172 – 217년, 字 子敬)은 臨淮郡
東城縣(今 安徽省 중동부 定遠縣) 사람. 체격이 장대하고 젊어서도 큰 뜻을 품
고 奇計를 잘 꾸몄다. 사람이 엄정하면서도 검소했고, 군진에서도 책을 손에서
놓지 않았으며, 글을 잘 지었고 생각이 깊으며 사리가 명철했다. 東吳의 著名한
外交家, 政治家. 孫權을 위한 외교방책을 수립했고, 주유가 죽자 東吳의 군사 전
략을 운용하며 유비와 연합 조조와 대결했다. 周瑜, 魯肅, 呂蒙, 陸遜을 東吳의
四大都督이라 하지만, 노숙은 都督(지역 군 사령관)을 역임하지는 않았다. 正史
《三國志 吳書》9권, 〈周瑜魯肅呂蒙傳〉에 입전.

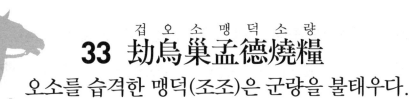

33 劫烏巢孟德燒糧
겁 오 소 맹 덕 소 량
오소를 습격한 맹덕(조조)은 군량을 불태우다.

官渡大戰(관도대전, 서기 200년)은 《三國演義》의 3大 전투의 하나로, 원소는 결정적으로 몰락했고, 조조는 華北을 완전 장악한다.
이 전투는 원소의 70만 대군과 조조 7만의 대결로 조조가 확실한 열세였다. 하지만 許攸(허유)의 건의를 받아들인 조조가 烏巢(오소)에 비축한 원소군의 군량을 소각하면서 70만 대군은 궤멸한다.

原文

且說 曹操軍糧枯渴, 急發使往許昌 教荀彧作速措辦糧草, 星夜解赴軍前接濟. 使者齎書而往, 行不上三十里, 被袁軍捉住, 縛見謀士許攸.

那許攸字子遠, 少時曾與曹操爲友, 此時却在袁紹處爲謀士. 當下搜得使者所齎曹操催糧書信, 逕來見紹曰,

"曹操屯軍官渡, 與我相持已久, 許昌必空虛, 若分

一軍星夜掩襲許昌, 則許昌可拔, 而曹操可擒也. 今
操糧草已盡, 正可乘此機會, 兩路擊之." 紹曰, "曹操
詭計極多, 此書乃誘敵之計也."

攸曰, "今若不取, 後將反受其害."

國譯

한편, 조조는 군량이 枯渴(고갈)되려 하자, 급히 사자를 許昌(許
都)에 보내 荀彧(순욱)에게 속히 군량과 馬草를 조치하여 밤을 새워
서라도 부대에 공급하게 하였다.[1] 사자가 문서를 가지고 출발하여
30리도 채 못가서 원소의 군사에 사로잡혀 묶인 채로 원소의 모사
인 許攸(허유)[2] 앞에 끌려갔다.

그 허유의 字는 子遠(자원)인데, 젊었을 적에는 曹操의 벗이었지
만 지금은 원소 밑에서 謀士로 있었다. 허유는 사자의 몸을 뒤져 군
량 공급을 재촉하는 조조의 서신을 찾아가지고 곧바로 원소를 만
나서 말했다.

---

1 教荀彧作速措辦糧草, 星夜解赴軍前接濟 - 教는 시키다. 하여금 교. 사역. 措는 둘
조. 조치하다. 辦은 힘쓸 판. 措辦은 조치하다, 변통하다. 준비하다. 解赴(해부)는
호송하여 보내다. 接濟(접제)는 보급하다, 원조하다.

2 許攸(허유 ? – 204년, 字 子遠) – 袁紹(원소)에게 방략을 건의했으나 받아들이지 않
자 나중에 조조에 귀부하였다. 허유가 조조를 찾아오자, 조조는 맨발로 달려 나와
맞이했다. 원소 격파와 冀州 성 함락에 공을 세웠지만 그 공을 믿고 조조를 무시
하다가 잡혀 처형되었다.

"曹操가 官渡(관도, 官度)[3]에 주둔하며 우리와 오랫동안 대처하기에 許昌(許都)[4]은 틀림없이 군사가 없을 것이니, 만약 우리가 한 부대를 밤새 보내 허창을 급습하면[5] 허창을 점거하고, 조조를 사로잡을 수 있습니다. 지금 조조의 군량과 마초는 이미 바닥났으니 이 기회를 이용하여 양쪽으로 공격해야 합니다."

그러나 원소가 말했다.

"曹操는 詭計(위계)에 아주 능한 자이니[6] 이런 서신은 적을 유인하는 계책일 것이오."

순유는 "만약 이번에 조조를 잡지 않으면 뒷날 도리에 해악을 당할 것입니다."라고 말했다.

原文

(前略) 却說, 許攸暗步出營, 逕投曹寨, 伏路軍人拿住. 攸曰, "我是曹丞相故友, 快與我通報, 說南陽許攸來見."

---

3 官渡(官度) – 당시 魏郡 黎陽縣(여양현)의 지명. 今 河南省 중부 鄭州市 관할 仲牟縣(중모현). 황하의 작은 지류의 나루터. 조조와 원소의 河北 패권을 결정지은 전투가 있었던 곳.

4 許昌은 許縣. 허현에 도읍했다는 뜻으로 許都로 불렸다. 조조의 아들 曹丕(文帝)가 칭제하면서 허도를 許昌으로 개명하여 지금까지 사용되고 있다.

5 星夜掩襲許昌 – 掩은 가릴 엄. 襲은 뜻밖에 칠 습. 掩襲(엄습)은 급습하다.

6 曹操詭計極多 – 詭는 속일 궤. 詭計(궤계)는 모략.

軍士忙報入寨中. 時操方解衣歇息, 聞說許攸私奔到寨, 大喜, 不及穿履, 跣足出迎. 遙見許攸, 撫掌歡笑, 携手共入.

操先拜於地. 攸慌扶起曰, "公乃漢相, 吾乃布衣, 何謙恭如此?"

操曰, "公乃操故友, 豈敢以名爵相上下乎!"

攸曰, "某不能擇主, 屈身袁紹, 言不聽, 計不從, 今特棄之來見故人. 願賜收錄." 操曰, "子遠肯來, 吾事濟矣. 願卽教我以破紹之計." 攸曰, "吾曾教袁紹以輕騎乘虛襲許都, 首尾相攻."

操大驚曰, "若袁紹用子言, 吾事敗矣." 攸曰, "公今軍糧尚有幾何?" 操曰, "可支一年." 攸笑曰, "恐未必." 操曰, "有半年耳."

攸拂袖而起, 趨步出帳曰, "吾以誠相投, 而公見欺如是, 豈吾所望哉!"

國譯

(前略)[7]

却說(각설)하고, 許攸(허유)는 몰래 군영을 빠져나와 걸어서 곧바

7 (前略) - 冀州에 있는 袁紹의 참모 審配(심배)가 허유의 아들과 조카가 죄를 지었

로 조조의 군영을 찾아가다가 길에 매복 중이던 군사에 사로잡혔다. 허유가 말했다.

"나는 曹 丞相의 옛 벗이니 빨리 南陽郡 사람 허유가 찾아뵙겠다고 보고하라."

군사가 서둘러 본부 군영에 보고하였다. 그때 조조는 옷을 벗고 쉬려고 했었는데[8] 허유가 몰래 도망 나왔다는[9] 보고를 받고 크게 좋아하며 신발을 신지도 못하고 맨발로 나와[10] 허유를 맞이하였다. 멀리서 허유를 본 조조는 손뼉을 치며 기뻐 웃으면서[11] 손을 잡고 함께 들어갔다.

조조가 먼저 바닥에서 절을 하자, 허유는 황망하게 조조를 잡아 일으키며 말했다.

"公은 지금 漢의 승상이고 나는 평민이거늘, 어찌 이리 겸양하십니까?"[12]

"公은 나의 옛 벗이거늘, 어찌 명성이나 작위로 상하를 비교하겠소!"

기에 잡아 가두었다는 보고를 袁紹에게 올린다. 이에 원소는 허유를 '濫行匹夫(남행필부, 행실이 더러운 놈)'이라 욕하며 허유를 내쫓는다.

8 時操方解衣歇息 – 歇은 쉴 헐. 息은 쉴 식. 歇息(헐식)은 쉬다, 자다, 숙박하다.

9 許攸私奔到寨 – 私는 가만히, 은밀히. 奔은 달아날 분. 私奔은 몰래 도망하다, 사랑의 도피를 하다. 寨는 울짱 채. 軍營.

10 不及穿履 跣足出迎 – 穿은 뚫을 천. 옷 입다. 신발을 신다. 履는 신 리. 跣은 맨발 선.

11 遙見許攸 撫掌歡笑 – 遙는 멀 요. 撫는 어루만질 무. 撫掌(무장)은 손뼉을 치다.

12 吾乃布衣 何謙恭如此 – 布衣는 평민, 서민. 謙恭(겸공)은 겸허하고 공손하다.

劫烏巢孟德燒糧(겁오소맹덕소량)

繡像 三國志演義(수상 삼국지연의) – 上海 鴻文書局 印行, 국립중앙도서관 소장

"저는 섬길 주인을 제대로 고르지 못해 원소에게 몸을 굽히고 있었지만, 원소는 내 말을 듣거나 내 계책을 따라주지 않아, 이번에 원소를 버리고 옛 벗을 찾아왔을 뿐입니다. 저를 받아주시기 바랍니다."

"子遠(자원, 許攸)이 찾아왔으니 나의 일은 잘 될 것이요.[13] 내가 원소를 격파할 계책을 가르쳐주기 바랍니다."

"나는 전부터 원소에게 경기병으로 비어있는 허도를 엄습하여 머리와 꼬리 양쪽을 함께 공격하라고 건의했었습니다."

이에 조조는 크게 놀라며 말했다.

"만약 원소가 그대의 말에 따랐으면 나는 그대로 패망했을 것이요."

그러자 허유가 물었다.

"지금 公의 군량은 얼마나 있습니까?"[14]

"1년을 견딜 수 있습니다."

허유는 웃으면서 "아마 절대로 아닙니다."[15]라고 말했다.

"반년 치는 있습니다."

허유는 소매를 뿌리치며 일어나 빠른 걸음으로 장막 밖으로 나가며 말했다.[16]

---

13 子遠肯來 吾事濟矣 - 子遠는 허유의 字. 肯은 옳게 여길 긍. 승낙하다, 기꺼이 ~하다. 濟는 건널 제. 구제, 성공하다.

14 公今軍糧尙有幾何 - 尙有는 아직 ~있다. 幾는 기미 기. 몇? 幾何(기하)는 얼마.

15 恐未必 - 恐은 두려울 공. 위협하다, 아마.

16 攸拂袖而起 趨步出帳曰 - 拂은 뿌리칠 불. 袖는 소매 수. 趨는 달릴 추. 趨步(추

"나는 진심으로 투항했지만 이렇게 무시당하니 이 어찌 내가 바라던 것인가!"[17]

原文

操挽留曰, "子遠勿嗔, 尙容實訴. 軍中糧實可支三月耳." 攸笑曰, "世人皆言孟德奸雄, 今果然也."

操亦笑曰, "豈不聞兵不厭詐?" 遂附耳低言曰, "軍中止有此月之糧." 攸大聲曰, "休瞞我, 糧已盡矣!"

操愕然曰, "何以知之?" 攸乃出操與荀彧之書以示之曰, "此書何人所寫?" 操驚問曰, "何處得之?" 攸以獲使之事相告.

操執其手曰, "子遠旣念舊交而來, 願卽有以敎我."

攸曰, "明公以孤軍抗大敵, 而不求急勝之方, 此取死之道也. 攸有一策, 不過三日, 使袁紹百萬之衆, 不戰自破. 明公還肯聽否?"

操喜曰, "願聞良策."

―――――

보)는 빨리 걷다.

17 而公見欺如是 豈吾所望哉 – 見은 동사 앞에 쓰여 피동을 나타냄. 見欺(견기)는 속임을 당하다. 豈吾所望哉는 어찌 내가 바라던 것이겠는가?

攸曰, "袁紹軍糧輜重, 盡積烏巢, 今撥淳于瓊把守. 瓊嗜酒無備. 公可選精兵詐稱袁將蔣奇領兵到彼護糧, 乘間燒其糧草輜重, 則紹軍不三日將自亂矣."

操大喜, 重待許攸, 留於寨中.

國譯

조조는 허유를 만류하며 말했다.

"子遠은 성내지 마시오(勿嗔). 사실대로 말하리다. 군중 군량은 사실 3달은 버틸 것이요."

허유가 웃으며 말했다.

"세상 사람들 모두가 孟德(맹덕)은 간웅이라더니 지금 보니 과연 그러하군요."

조조 역시 웃으며 말했다.

"用兵에는 속임수(詐)가 나쁘지 않다는 말도 있소."

그리고서는 허유의 귀에 대고 작은 소리로 "군중에는 겨우 이번 달 군량밖에 없소이다."라고 말했다. 이에 허유가 큰 소리로 말했다.

"나에게 거짓말하지 마시오. 군량은 이미 바닥이 났습니다!"

조조가 놀라면서 "어떻게 알았소?"라고 말했다. 그러자 허유는 조조가 순욱에게 보낸 서신을 보여주며 "이 서신은 누가 썼습니까?"라고 물었다. 조조가 놀라 "어디서 났습니까?"라고 말했다.

허유는 사자를 생포한 사실을 모두 말해주었다. 이에 조조는 허유의 손을 잡고 말했다.

"子遠께서 이미 옛 정을 생각하여 나를 찾아왔으니 내가 할 일을 말씀해 주시오."

허유가 말했다.

"지금 明公은 고립된 군사로 대적에 맞서고 있으니 서둘러 승리할 방책을 찾지 못한다면, 이는 죽음을 찾아가는 길입니다. 나에게 한 방법이 있으니 3일이면 원소의 백만 군사가 싸우지도 못한 채 저절로 패망할 것이요. 명공께서는 따를 수 있겠습니까?"

조조는 기뻐하며 "좋은 방책을 말씀해 주시오."라고 말했다. 이에 허유가 말했다.

"袁紹의 군량과 장비물자는 모두 烏巢(오소)에 비축되었는데,[18] 지금 淳于瓊(순우경)을 보내 지키고 있습니다.[19] 순우경은 술을 좋아하며 방비도 허술합니다. 그러니 公께서는 精兵을 골라 원소의 부장 蔣奇(장기)를 사칭하며 오소에서 군량을 지키려 한다면서 틈을 보아 군량과 마초 군수물자 등을 소각해 버리면 원소의 군사는 3일도 안 되어 저절로 혼란에 빠질 것입니다."[20]

---

18 袁紹軍糧輜重 盡積烏巢 - 輜는 짐수레 치. 輜重은 군수품. 巢는 둥지 소. 烏巢(오소, 地名)는 烏巢(오소, 烏巢澤. 地名, 今 河南省 북부 新鄉市 관할 原陽縣 동북).

19 今撥淳于瓊把守 - 撥은 다스릴 발. 배치하다, 떼어주다. 瓊은 붉은 옥 경. 淳于(순우)는 複姓.

20 이 부분에 관한《三國志 魏書 袁紹傳》의 기록은 아래와 같다.

조조는 크게 기뻐하며 허유를 잘 대우하며 군영에 머물게 하였다.

原文

次日, 操自選馬步軍士五千, 準備往烏巢劫糧. 張遼
曰, "袁紹屯糧之所, 安得無備? 丞相未可輕往. 恐許
攸有詐."

操曰, "不然. 許攸此來, 天敗袁紹. 今吾軍糧不給,
難以久持, 若不用許攸之計, 是坐而待困也. 彼若有
詐, 安肯留我寨中? 且吾亦欲劫寨久矣. 今劫糧之擧,
計在必行, 君請勿疑."

遼曰, "亦須防袁紹乘虛來襲." 操笑曰, "吾已籌之

「그 무렵 원소는 淳于瓊(순우경) 등을 보내 장병 1만여 명을 동원하여 북쪽에서
군량을 운반케 하였는데, 이때도 沮授(저수)가 원소에게 말했다. "장수 蔣奇(장
기)를 보내 별도의 군사로 밖에서 호위케 하여 조조의 급습에 대비해야 합니다."
그런데도 원소는 또 따르지 않았다. 순우경의 군량수송 부대는 원소의 진영에서
40리 떨어진 烏巢(오소)란 곳에서 宿營(숙영)했다. 조조는 曹洪(조홍)을 남겨 본
군영을 지키게 한 뒤에 직접 5천 보병과 기병을 거느리고 밤을 틈타 몰래 접근하
여 순우경을 공격했다. 원소는 기병을 보내 구원케 하였지만 패주하였다. 조조는
순우경을 격파하고 모두 죽여 버렸다. 조조가 회군하여 군 본영에 아직 도착하지
않았는데, 원소의 部將인 高覽(고람)과 張郃(장합) 등이 그 군사를 거느리고 투항
했다. 원소의 군사는 완전 붕괴되었고, 원소는 (장남) 袁譚(원담)과 함께 단신으로
황하를 건너 패주하였다. 조조는 거짓 투항한 원소의 군사를 모두 묻어 죽여 버
렸다.」

熟矣." 便教荀攸, 賈詡, 曹洪 同許攸守大寨, 夏侯惇,
夏侯淵領一軍伏於左, 曹仁, 李典領一軍伏於右, 以
備不虞.

教張遼, 許褚在前, 徐晃, 于禁在後, 操自引諸將居
中, 共五千人馬, 打着袁軍旗號, 軍士皆束草負薪, 人
銜枚, 馬勒口, 黃昏時分, 望烏巢進發. 是夜星光滿天.

第三十回 戰官渡本初敗績 劫烏巢孟德燒糧 中 節錄

國譯

다음 날, 조조는 직접 기마병과 보병 군사 5천 명을 선발하여 烏
巢(오소)의 군량을 겁탈할 준비를 하였다. 이에 張遼(장료)가 말했다.

"원소의 군량을 비축한 곳에[21] 어찌 방비가 없겠습니까? 승상께
서 가벼이 출정해서는 안 됩니다. 또 허유의 거짓일 수도 있습니
다."

이에 조조가 말했다.

"그렇지 않소. 이번에 허유가 찾아온 것은 하늘이 원소를 멸망시
키는 것이다. 지금 우리의 군량 조달이 되지 않아 오래 버틸 수도 없
으니, 만약 허유의 방책을 쓰지 않는다면 이는 앉아서 죽기를 기다리

---

21 袁紹屯糧之所 – 屯糧(둔량)은 군량을 쌓아두다.

는 것이다.[22] 허유가 만약 거짓이라면 우리 군영에 남아 있으려 하겠는가? 나 역시 오래전부터 원소의 군영을 겁탈하려 생각했었다. 지금 군량을 겁탈 작전은 꼭 실천해야 하나니 君은 의심하지 마시오."

이에 장료는 "그래도 원소가 우리 빈틈을 노려 공격할 수도 있습니다."라고 말했다. 이에 조조가 웃으며 말했다.

"나도 이미 충분히 생각하고 있도다."[23]

조조는 荀攸(순유), 賈詡(가후),[24] 曹洪(조홍) 등에게 許攸(허유)와 함께 본영을 방비케 하고, 夏侯惇(하후돈), 夏侯淵(하우연)에게 一軍을 거느려 좌측에 매복하고, 曹仁(조인), 李典(이전)은 一軍을 거느리고 우측에 매복하여 예상 밖의 상황에 대비케 하였다.

조조는 張遼(장료)와 許褚(허저)를 선봉으로 삼고, 徐晃(서황)과 于禁(우금)을 후방에 배치하고 조조가 중앙에서 직접 군사를 거느렸다. 모두 5천 병력으로 원소 군사의 깃발을 들었으며, 모든 군사가 건초와 장작을 묶어 등에 지고서, 군사들은 입에 재갈을 물리고 말은 입을 묶어 맨 채,[25] 해질 무렵에 오소를 향하여 출발하였다. 그날 밤, 하늘에는 별빛이 가득했다.

---

22 坐而待困(좌이대곤)은 앉아서 죽기를 기다리다.

23 吾已籌之熟矣 – 籌는 산(算)가지 주. 마련하다. 대책. 熟은 익을 숙. 잘 아는.

24 賈詡(가후, 147 – 223) – 동탁과 張繡(장수)의 謀士였다가 曹操의 모사가 되었다. 袁紹 격파에 공을 세웠다. 詡는 장담할 후.

25 人銜枚, 馬勒口 – 銜은 재갈 함. 머금다, 입에 물다. 枚는 낱개 매. 하무(나무 막대). 행군 중 떠들지 못하도록 입에 무는 막대. 勒은 재갈 늑(륵). 강제하다, 핍박하다, 단단히 묶다, 졸라매다.

저자 약력

도연 진기환(陶硯 陳起煥)

jin47dd@hanmail.net

서울의 大東稅務高等學校 교장 퇴임 (2009)
개인 문집《陶硯集》(2008)

《儒林外史》(상·중·하권) (1991)
《중국인의 속담》(2008)
《水滸傳 評說》(2010),《金瓶梅 評說》(2011)

《東遊記》(1996),《神人》(1994)
《중국의 神仙이야기》(2011),《上洞八仙傳》(2012)
《중국의 土俗神과 그 神話》(1996)

《三國志 故事成語 辭典》(2001)
《三國志 故事名言 三百選》(2001)
《三國志의 지혜》(2009)
《三國志 인물 평론》(2010)

《논술로 읽는 論語》(2012)
《論語名言三百選》(2018)

《唐詩三百首》全 3권 (2014, 공역)
《唐詩逸話》(2015),《唐詩絶句》(2015)
완역《王維》(2016)

《史記講讀》(1993),《史記人物評》(1994)
완역《十八史略》全 5권 (2014, 공역)
완역《漢書》全 10권 (2017)
완역《後漢書》全 10권 (2018)
완역 (正史)《三國志》全 6권 (2019)

〈저자 약력〉

도연 진기환(陶硯 陳起煥)
jin47dd@hanmail.net

서울의 大東稅務高等學校 교장 퇴임 (2009)
개인 문집《陶硯集》(2008)

《儒林外史》(상·중·하권) (1991),《東遊記》(1996),《史記講讀》(1993),《史記人物評》
(1994),《神人》(1994),《중국의 土俗神과 그 神話》(1996),《중국의 神仙이야기》(2011),
《上洞八仙傳》(2012),《三國志 故事成語 辭典》(2001),《三國志 故事名言 三百選》
(2001),《三國志의 지혜》(2009),《三國志 인물 평론》(2010),《중국인의 속담》(2008),
《水滸傳 評說》(2010),《金瓶梅 評說》(2011),《논술로 읽는 論語》(2012),《論語名言三
百選》(2018),《唐詩三百首》全 3권 (2014, 공역),《唐詩逸話》(2015),《唐詩絶句》
(2015), 완역《王維》(2016), 완역《十八史略》全 5권 (2014, 공역), 완역《漢書》全 10권
(2017), 완역《後漢書》全 10권 (2018), 완역 (正史)《三國志》全 6권 (2019)

三國演義 원문 읽기(上)
   삼 국 연 의

초판 인쇄   2020년 2월 3일
초판 발행   2020년 2월 10일

역   주 | 진기환
발행자 | 김동구
디자인 | 이명숙·양철민
발행처 | 명문당 (1923. 10. 1 창립)
주   소 | 서울시 종로구 윤보선길 61 (안국동)
          우체국 010579-01-000682
전   화 | 02)733-3039, 734-4798(영), 733-4748(편)
팩   스 | 02)734-9209
Homepage | www.myungmundang.net
E-mail | mmdbook1@hanmail.net
등   록 | 1977. 11. 19. 제1~148호

ISBN 979-11-90155-30-4 (04900)
ISBN 979-11-90155-29-8 (세트)
20,000원